指文® 战争事典 003

战争事典

WAR STORY

宋毅 主编

中国长安出版社

图书在版编目（CIP）数据

战争事典 / 宋毅主编. -- 北京：中国长安出版社，
2013.12

ISBN 978-7-5107-0623-3

Ⅰ.①战… Ⅱ.①宋… Ⅲ.①战争史－世界－通俗读
物 Ⅳ.①E19-49

中国版本图书馆CIP数据核字(2013)第287847号

战争事典 003

宋 毅 主编

策划制作：指文文化

出版：中国长安出版社

社址：北京市东城区北池子大街 14 号（100006）

网址：http://www.ccapress.com

邮箱：capress@163.com

发行：中国长安出版社

电话：（010）85099947 85099948

印刷：重庆大正印务有限公司

开本：787mm×1092mm 16 开

印张：13

字数：250 千字

版本：2019 年 1 月第 2 版 2019 年 1 月第 1 次印刷

书号：ISBN 978-7-5107-0623-3

定价：69.80 元

CONTENTS
目录

前言

  1396 年的尼科波利斯战役是土耳其奥斯曼帝国与欧洲基督教诸国联军进行的一次战役。此战汇集了匈牙利王国、法兰西王国、医院骑士团、威尼斯共和国及欧洲各地的的骑士精英，号称 14 世纪以来最为强盛的十字军。《最后的十字军——1396 年尼科波利斯战役》一文将为您揭开这段波澜壮阔的东西方大会战。

  纪元 1600 年，关原合战决定了日本从战国时代以来最终的天下归属，但这场战役的序幕，却是从德川家康讨伐上杉景胜开始的。然而，关原合战真正打响时，上杉景胜反而并未参加这场决定日本天下谁属的战争，倒是向东与最上义光和伊达政宗进行了激烈的火并。到底是什么让上杉景胜不顾天下大势？《东国之关原——庆长出羽合战探本》将为您解说。

  一场战争，让法国的"太阳王"路易十四称霸欧洲的计划彻底化为泡影；一场战争，让英国踏上了日不落帝国的辉煌历程，《"日不落帝国"的雏音——布伦海姆会战浅析》一文不但能让我们了解这场战争，还能让我们认识英国历史上最伟大的统帅之一，二战著名英国首相丘吉尔的直系祖先——第一代马尔伯勒公爵约翰·丘吉尔。

  众所周知，是巴尔干引发了第一次世界大战，从此，巴尔干成为一个巨大的火药桶，最终引起了世界格局的巨大变化。但是，巴尔干为什么会成为一个巨大问题呢？《点爆世界的"火药桶"——"一战"前的巴尔干战火》将会为您揭开这段历史。

  第一次世界大战对中国人来说非常陌生，与抗日战争相比，似乎是另一个世界发生的事情。但"一战"中唯一一场发生在远东的大规模战役却是在中国的土地上打响的。讽刺的是，两个帝国主义列强在中国的土地上开战，中国的北洋政府却只能宣布中立。这样的耻辱在清末并不是第一次，阅读了《"一战"在中国——记 1914 年日德青岛之战》后，相信大家对"弱国无外交"会有更深刻的理解。

  太平天国是清末最无法让人忽视的，不论争议如何，总有那么几个忠臣，演绎这一段苍凉的末路悲歌。《太平军之末路杀劫》将为您带来这一精彩的战争文学。

2013 年 11 月

最后的十字军
1396 年尼科波利斯战役

作者：马千

◎ 彼得·布吕赫尔《死亡的狂欢》

纷乱的世纪

对于欧洲而言，14 世纪是多灾多难的世纪。1348 年，随着东方商船而来的神秘黑死病，在欧亚大陆肆虐了整整二十载，令欧洲人口锐减三分之一。前所未见的瘟疫席卷了一切，无论王公贵族、主教修女，还是市井乡民，在疾病面前都没有特权。黑死病在小亚细亚与黑海沿岸发端后，迅速传播至巴尔干、意大利、法兰西、不列颠，直至北欧、莫斯科与伊比利亚半岛。所到之处，田地荒芜，商业凋敝，幸存的难民四处游荡，将绝望的消息传向远方，而最虔诚的圣徒也束手无策。在人们心目中，也许正如教会宣称的，这是上帝震怒下的"天谴"。最能体现这一时期欧洲人感受的，恐怕当属老彼得·布吕赫尔（Pieter Bruegel de Oude）16 世纪的一幅油画。在这张画作上，一支支骷髅大军席卷着大地，处处哀鸿遍野，惨如地狱，恰如油画的名字——《死亡的狂欢》（The Triumph of Death）。

与瘟疫接踵而至的，还有战争。自诺曼底公爵"征服者"威廉（William the Conqueror）1066 年于黑斯廷斯战役击败英王哈罗德二世（Harold Godwinson）后，英格兰王室便一直在法国北方拥有大片领地。1328 年法王查理四世去世，留下一名独女，没有男性后裔，最有资格继承王位的分别为英王爱德华三世（查理的外甥）与安茹伯爵腓力（查理的堂兄）。由于对英格兰的不信任及对萨利克法①的坚持，法兰西贵族们最终推举腓力登上了王位（即腓力六世，Philippe VI），而爱德华三世对此耿耿于怀。当新任法国国王试图剥夺英王在法国北部的领地时，新仇旧恨之下，爱德华三世终于向法国宣战，并要求获得王位，这揭开了英法两国断断续续长达116年"百年战争"的序幕。"百年战争"的惨烈是空前的，西欧最为强大的两个国家，势如水火。1356年，法军在普瓦捷会战中大败，国王约翰二世被俘，4年后，面对围攻巴黎的英军，太子查理不得不签署城下之盟——丧权辱国的《布雷蒂尼条约》，令法兰西丧失了卢瓦尔河以南至比利牛斯山脉的全部领土。但不久，查理便展开反攻，不仅收复了失地，还将英国的势力赶回北方沿海几座城镇，英王失去了几百年来在法国北部的传统领地。随着战事的扩大，越来越多的国家和地区卷了进来：勃艮第、布列塔尼、葡萄牙、纳瓦拉、法兰德斯、阿基坦、卢森堡、苏格兰、热那亚、阿拉贡、神圣罗马帝国、卡斯蒂利亚……长长的名单最终形成了绞肉机，英法这两个基督教强国的肉都被绞碎了。

此刻，东方也颇不平静。

横跨欧亚大陆的拜占庭帝国，千年以来，一直扮演着欧洲看门人的角色，一次次将波斯人、阿拉伯人、蒙古人、塞尔柱突厥人拒之门外，令西欧的基督徒免遭劫难。然而如今，这扇大门已经千疮百孔，摇摇欲坠了。早在1204年，十字军就在威尼斯的怂恿之下，血洗了君士坦丁堡，使帝国再也未能恢复元气。对于拜占庭废墟上的天主教十字军国家，如拉丁帝国（The Latin Empire）、雅典公国（Duchy of Athens），希腊人恨之入骨，自然难以承担保境安民的重任。偏安于达达尼尔海峡对岸的拜占庭残余势力（尼西亚帝国）虽然励精图治，也赢得了民心，但无奈只有半壁江山，完全无法和昔日的东罗马相提并论。它大体抵挡住了东方突厥人与土库曼人的一波波攻势，并同罗姆苏丹国建立了友谊。但好景不长，1261年米哈伊尔八世意外收复了君士坦丁堡，在市民的拥戴和欢呼下加冕登基，正式宣告拜占庭帝国光复首都。然而，残存的十字军国家依然虎视眈眈。为了保护新近收复的欧洲领土，帝国不得不将大部分兵力与精力从安纳托利亚西部投放到巴尔干与色雷斯，这必然造成东部防御的松懈，而更加强大的敌人，此刻也来临了。

13世纪后半叶，一个新兴的国家在比提尼亚（Bithynian，为古罗马小亚细亚西北部行省）出现了。它的创始人埃尔托格鲁尔（Ertughrul），卒于1281年。继任者为著名的奥斯曼帝国创始人（Osman）——奥斯曼。奥斯曼家族的起源众说纷纭，一些在奥斯曼帝国兴盛之后流传下来的材料颇有牵强附会之味。例如，有记载称奥斯曼人

---

① 拉丁语"lex Salica"，源于法兰克人萨利克部族中通行的各种习惯法，公元6世纪初，这些习惯法被法兰克国王克洛维一世汇编为法律。萨利克法是查理曼帝国法律的基础，对欧洲的很多天主教国家具有深远影响。法典的一项重要内容是不承认女性对土地的继承权，剥夺了女性的诸多继承权利。

的祖先为《圣经》中的先知诺亚。有世系表把乌古斯土耳其人的同名祖先——乌古斯可汗也列入表中，其中还包括乌古斯可汗的儿子阿尔普（Gök Alp）和孙子恰伍德尔（Chavuldur）。而还有传说认为奥斯曼人是乌古斯的第24代后裔（还有一说，奥斯曼是乌古斯支系后裔）。虽然13世纪晚期时奥斯曼人已成功将部分乌古斯族人纳入了自己的统治阶层，但他们与后者从族源看相去甚远，甚至后者最初对土耳其人的领导尚怀有敌意。15世纪的一些宫廷弄臣甚至宣扬奥斯曼王族乃先知穆圣的后裔——奥斯曼王族耻于编造此说，因为穆罕默德的后裔谱系几乎是众所周知的。撇开这些传言不谈，现在的历史学家只能说埃尔托格鲁尔并非部族首领，而是一位干练但出身不明的加齐指挥官（穆斯林的边区领主

常常被称作 Ghazi，来自阿拉伯语，原意为"攻击"，后来代指"勇士"，大致相当于西方的"骑士"）。出于某种原因，他来到边区，依靠自身英勇吸引了大批追随者，并建立了自己的酋长国。他主要的财富就是他所征服的土地。加齐领地的繁荣往往是建立在掠夺异教徒领土的基础上的，而奥斯曼的首要目标自然是衰退中的拜占庭。

拜占庭不可能完全无视这些威胁，但它的注意力集中在西方，对东方新的敌人，便采取了绥靖政策。拜占庭主动放弃了大片领地，并将部队撤往欧洲——这看上去是相当明智的，因为拜占庭占具有压倒性优势的海军和达达尼尔海峡，足以保护帝国欧洲部分免遭奥斯曼人的侵袭。直到 1301 年，奥斯曼人在科尤尔希萨尔（koyunhisar，亦称 Baphaeum）击败拜

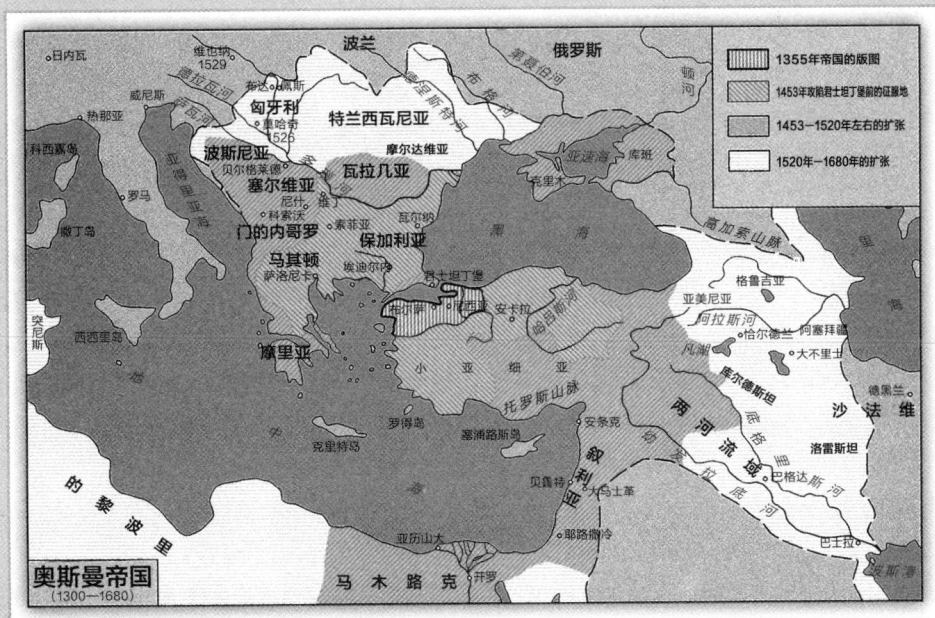

◎ 奥斯曼帝国的扩张

◎ 以弗所（*Ephesus*）大图书馆遗迹

占庭人后开始向奥林匹亚山以北移民时，他们才引起拜占庭的警觉。拜占庭此时在小亚细亚的领土仅剩西北一隅，奥斯曼人对这一地区的侵犯令拜占庭再也无法容忍（何况该省正好位于君士坦丁堡的对面）。但是，拜占庭的防御杂乱无章，缺乏成效。1305 年，拜占庭皇帝安德罗尼库斯二世雇佣的加泰罗尼亚军团在洛伊克（Leuke）附近击败了奥斯曼人，但是该雇佣军很快掀起了叛乱，并使帝国陷入长达十年的内战。内战期间，奥斯曼军队时而为皇帝卖命，时而为加泰罗尼亚军团效力，借机扩张了自身势力，直达马拉马拉海。1308 年，奥

斯曼人成功夺取了小亚细亚西部最后一座大城——以弗所，随后，又夺取了拜占庭在黑海沿岸伊内博卢（İnebolu）至珊伽里乌斯（Sangarius）之间的若干市镇。他们的部队大部分为骑兵，缺乏攻城设备，因此攻城的方式一般为驱逐市郊居民后再长期围困城市，直至被围人员投降。奥斯曼集中全力围攻拜占庭比提尼亚行省首府布尔萨（Bursa，后来一度成为土耳其首都）。该城坐落在奥林匹斯山脚，地势险要，城墙坚固，虽然周边地区纷纷沦陷，但它在拜占庭的海军支援下依然坚持了近 10 年，最终因弹尽粮绝，于 1326 年 4 月 6 日开城

◎ 奥斯曼骑兵

◎ 奥尔汗

尼科米底亚为据点，奥斯曼人大肆扩张，疆域到了博斯普鲁斯海峡。

虽然拜占庭几乎丢失了整个小亚细亚（特拉布宗除外），作为帝国欧洲部分守护神的爱琴海和海峡依然属于拜占庭，因为游牧出身的土耳其人缺乏航海技术与船只。然而，这看似稳定的局面也随着拜占庭的内乱灰飞烟灭了。1341年，拜占庭皇帝安德罗尼库斯三世去世后，爆发了"两约翰之战"——摄政约翰·坎塔库震努斯（John Cantacuzenus）与新皇约翰五世为争夺王位而发生的内战。坎塔库震努斯可算是拜占庭晚期最有才干的政治家之一，安德罗尼库斯三世弥留之际原本想将皇位禅让与他，后者却坚辞不接受，一心要辅佐幼君，但皇后安娜对摄政的存在如鲠在喉，便设计加以陷害。约翰·坎塔库震努斯被迫起兵反叛，并一度加冕成为共治皇帝。他与奥斯曼人私交甚笃，内

投降。

奥斯曼去世后，长子奥尔汗（Orhan）继承了王位，并继续蚕食拜占庭帝国。1329年，经过长期围困，奥尔汗攻占了历史名城尼西亚（Nicaea）。拜占庭皇帝安德罗尼库斯三世与宰相约翰·坎塔库震努斯也曾试图收复该城，然而战事陷入了僵局，部队渐生不满，同时帝国内部爆发了叛乱，这一计划不得不终止。接下来厄运轮到了重要的港口城市尼科米底亚（Nicomedia），它在得到海上补给的情形下坚持了9年。然而，随着海上通路被奥斯曼人封锁，它在1337年时也陷落了。以

战时向奥斯曼大量借兵，最多时达 2 万，奥斯曼人借助这个千载难逢的机会，名正言顺登陆欧洲，并建立了基地。按照和坎塔库震努斯的约定，内战胜利以后，土耳其军队就应被礼送出境。可惜，坎塔库震努斯失败了，苏丹也就撕毁了协议，命令军队在色雷斯定居下来。后来，土耳其军队攻占了乔尔卢（Chorlu）及狄迪蒙特乔（Didymoteicho），打开了通往亚得里亚堡（今土耳其埃尔迪内）的门户。内战中取得胜利的约翰五世对此无力抵抗，加上坎塔库震努斯的垮台使帝国失去了唯一能与奥斯曼斡旋的政治强人，帝国便只能坐视土耳其开疆拓土。约翰五世曾一度于 1369 年启程前往教廷进行外交活动，向教皇表示归顺之意，希望以此获得教皇的大力扶持，但教皇态度暧昧，而国内的东正教民众对天主教的痛恨远甚对伊斯兰教（毕竟十字军的背叛还被拜占庭人铭记在心），约翰五世返回国内后，便不得不向奥斯曼人纳贡称臣了。皇子曼努埃尔（Manuel II Palaiologos，未来的曼努埃尔二世）更是作为质子被送入穆拉德一世（Murad I）苏丹的宫廷。此时的拜占庭已经像病入膏肓的老人，匍匐在奥斯曼帝国的铁蹄之下了。

收服拜占庭后，奥斯曼土耳其的下一个目标便是塞尔维亚。塞尔维亚作为东正教国家，历史上长期对拜占庭纳贡称臣，但是随着拜占庭的衰落，它便逐渐成了巴尔干地区令人生畏的强国。自 1346 年起，国王斯蒂芬·乌罗什四世（Stefan Uroš IV Dušan）开始自称"塞尔维亚与希腊的沙皇"（Czar），并几乎夺走了拜占庭第二大城市塞萨洛尼基（Thessaloniki）。塞尔维亚人开始觊觎拜占庭昔日的荣耀地位，但这一进程随着乌罗什四世去世以及奥斯曼人的突然入侵而被打断。继拜占庭沦为奥斯曼藩属后，1385 年，保加利亚也战败投降。此时，塞尔维亚大公拉扎尔（Lazar Hrebeljanović）不愿坐以待毙，便集结了举国精锐，与土耳其苏丹穆拉德一世决战于科索沃平原，是为著名的第一次科索沃战役。据说，塞尔维亚军队的总人数达到了 10 万人，而苏丹的部队最多不超过 6 万。战役初期阶段，塞尔维亚略占上风，并且一名叫作奥比利奇（Miloš Obilić）的塞尔维亚骑士诈降后，用毒匕首成功将苏丹穆拉德一世刺杀，但奥斯曼军队的素质，尤其是土耳其禁卫军的素质远高于塞尔维亚人。皇子巴耶济德（Bayezit，曾获得"雷霆"的称号）隐瞒了父亲死讯，接过了战场指挥权，并派出刺客勒死了兄长雅库布（Yakub Çelebi）。在他的反击下，塞尔维亚联军动摇了，尤其是拉扎尔的女婿布朗科维奇（Vuk Branković）率领自己的部队临阵脱逃后，更是将动摇变成了溃败。拉扎尔被俘后，被处死在苏丹的营帐外。他的女儿送入了新任苏丹巴耶济德一世的后宫，他的儿子斯蒂芬·拉扎列维奇（Stefan Lazarevic）向苏丹称臣，忠心耿耿地为苏丹效劳，直至苏丹去世。塞尔维亚人有组织的抵抗就此终结了。

此后，在巴尔干地区，唯一有能力阻挡奥斯曼人的大国就只剩匈牙利了。这个国家中西部主要是以信仰天主教的匈牙利人为主的地区，北部则是以信仰天主教的斯洛伐克人为主的地区，南方是信仰天主教、东正教的斯拉夫地区，东部为混杂有天主教徒和东正教徒的特兰西瓦尼亚（Transsilvania，今属罗马尼亚）。特兰西瓦尼亚公国具有半独立地位，当地的部分王公贵族接受了匈牙利文化和天主教，而另一些则与摩尔多瓦（Moldova）和瓦拉几亚（Wallachia）文化更为亲近。南部边界则大体延伸至克罗地亚一带，与塞尔维亚王国接壤。摩尔多瓦和瓦拉几亚有时也承认匈牙利的宗主权。它们通过控制贸易通道获得了大量财富。摩尔多瓦将边界向东北扩展到和蒙古金帐汗国接壤的地区。瓦拉几亚则打开了通向黑海

的道路。14世纪晚期，在米尔恰一世（Mircea）的领导下，瓦拉几亚实力达到了顶峰，以至于他在19世纪被罗马尼亚人尊奉为"大帝"（the Great）。但与强大的外敌相比，这个国家的军事力量仍显得相当薄弱。

拉约什一世（Lajos，1326—1382）在位期间，匈牙利在巴尔干令人敬畏。他成功地抵御了奥斯曼人，并且还取得了波兰王位，建立了匈牙利 - 波兰联合王国，但当他去世以后，匈牙利便开始走下坡路了。老国王驾崩时，只留下寡妇伊丽莎白和两个女儿——11岁的玛利亚（Maria）和9岁的雅德维加（Jadwiga）。玛利亚在拉约什

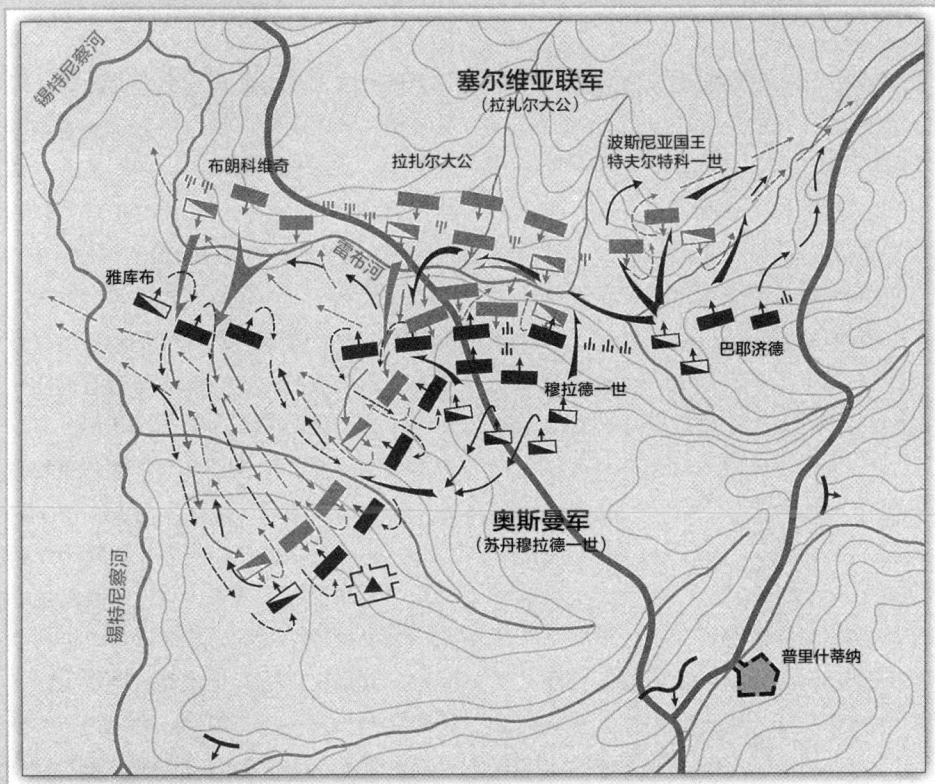

◎ 第一次科索沃战役态势图

◎ 1389年，第一次科索沃之战的情景。

死后加冕，但波兰人拒绝承认她的统治地位。经过长时间的争吵，他们转而同意拥立雅德维加。自此，匈牙利－波兰联合王国正式分裂为两个独立国家。雅德维加嫁给了立陶宛大公雅盖沃（Jagiello）后，波兰和立陶宛宣告联合（这奠定了波兰－立陶宛联邦长达几世纪的基础）。而玛利亚则与卢森堡的西吉斯孟德（Sigismund von Luxemburg，1368年2月15日—1437年12月9日，勃兰登堡选帝侯、神圣罗马帝国皇帝查理四世之子）订婚。西吉斯孟德从来不肯接受波兰人的分离，并且一直希望获得匈牙利的统治权。由于西吉斯孟德和玛利亚没有立即结婚，匈牙利暂由伊利莎白摄政。但此时那不勒斯国王查理（拉约什一世的养子）也提出了王位继承权，并于1385年兴兵进犯。玛利亚战败，被迫退位。然而查理很快被伊利莎白的追随者

刺杀。最终，西吉斯孟德解救了妻子，软禁了伊丽莎白太后，在1387年加冕为匈牙利国王。数年后，玛利亚在一场蹊跷的事故中意外殒命，西吉斯孟德终于成了匈牙利唯一的主宰。但他毕竟有着德意志血统，很多匈牙利人因此认为西吉斯孟德剥夺了他们的权利，时不时发起叛乱。虽然国王平定了这些叛乱，但他无法获得拉约什一世那样的权威和认同，地位并不稳固。不过，事实证明西吉斯孟德是个有战略眼光的君主。目睹南方的邻居在土耳其人面前纷纷倒下，他深谙"摒弃门户之见，联合一切力量共同抗敌"的道理。此时，拜占庭皇帝已是曼努埃尔二世，曼努埃尔二世饱读经书，具有很高的文化素养，曾在奥斯曼的宫廷充当质子，了解自己的对手。他是个有才能有抱负的皇帝，不愿做亡国之君。然而时运不济，即位之初，君士坦丁堡便

遭到了同样野心勃勃的巴耶济德一世的不断围攻。这时西吉斯孟德抛来了橄榄枝，表示愿意不计前嫌，与东正教国家通力合作，共同抗敌，曼努埃尔二世别无选择，只能把希望寄托在西吉斯孟德及其许诺的援军上。与此同时，西吉斯孟德也着力修复和瓦拉几亚的关系。他将原本自己控制的弗格拉什公国（Făgăra□）及什未林伯爵领地（Severin）让给了米尔恰一世，两者结成了盟友，决定在多瑙河防线上共同进退。为了策应围攻君士坦丁堡的军事行动，奥斯曼土耳其加强了对多瑙河一线的兵力部署。1395 年，米尔恰率领 1 万人马，试图在阿尔杰什河（Arge□ River）一带遏制巴耶济德的推进，于是爆发了罗文（Rovine）战役。米尔恰的部队表现英勇，给苏丹造成了很大损失，但苏丹的部队（连同仆从的巴尔干王公）多达 4.8 万人，虽然双方都声称获得了胜利，但最终结果却是瓦拉几亚人被迫后退。巴耶济德还一并攻破了匈牙利人 7 座要塞和设防城镇，其中包括多瑙河重镇尼科波利斯（Nicopolis）。很明显，仅仅依靠米尔恰一世的勇敢，还不足以掌握多瑙河南岸。西吉斯孟德清醒地认识到无论拜占庭还是瓦拉几亚，都过于虚弱，要对抗如日中天的巴耶济德，还必须面向西方，寻找天主教盟友的援助。他往各国派出使节，希望能鼓动起一支新的十字军，来拯救巴尔干的危局。

鼓动新的十字军需要宗教的力量，西吉斯孟德能否一呼百应似乎是值得怀疑的。此时距离 1291 年十字军在叙利亚海岸的最后一个重镇阿卡（Acre）被穆斯林攻

◎ 斯蒂芬·拉扎列维奇

◎ 米尔恰一世

陷，耶路撒冷王国覆灭已经过去了整整一个世纪。十字军的理想与浪漫，似乎早已是明日黄花。雪上加霜的是，基督教会在14世纪下半叶，还出现了空前的分裂。早在1054年，君士坦丁堡大牧首与罗马教皇，就为种种宗教上的分歧，互相开除对方教籍，导致了基督教的一次巨大"地震"（由此产生了天主教和东正教），1204年的悲剧更是令两派教徒结下了不共戴天之仇（1965年，教皇与大牧首才正式和解）。1303年，因为对君主是否有权任命神职人员的纷争，法王菲力四世唆使暴徒暴打并折磨教宗卜尼法斯八世（Bonifacius VIII），造成教宗在数日后伤重身亡。然后法王立克雷芒五世（Clement V，法国籍）为教皇，进而逼迫教皇将教廷从罗马迁至法国南部的阿维尼翁（Avignon）。从此，在长达70余年的时间里，教皇成为法王的囚徒，史称"阿维尼翁之囚"。由于失去了位于意大利的教皇国的几乎全部税收，幽禁在法兰西的历代教皇们不得不另辟财源，其中最为臭名昭著的一项便是大量兜售赎罪券。天主教教义规定，一个罪人（因为原罪的缘故，几乎没有人是无罪的）若向神父虔诚忏悔并被宣布赦免罪孽，便能免受入地狱之苦。若要进入天堂，还需取悦上帝——通过苦修、祷告、斋戒、朝圣等来净化自己灵魂，这也是基督徒热衷于前往圣地的原因之一。求财若渴的教皇们想出了一条捷径——教徒们被准许通过捐献财物来获得宽恕，哪怕他（她）曾经犯下重罪。此类捐献的凭证被称作"赎罪券"。起初，教廷还有些遮遮掩掩，后来，赎罪券就像今天的债券那样开始在市面上泛滥了。这种乖谬的敛财之举无疑是对教会形象的玷污，自然遭到了那个时代欧洲民众的唾弃和憎恶。难怪，意大利文豪薄伽丘《十日谈》中的神父，几乎都是脑满肠肥，鸡鸣狗盗之徒。欧洲各国（法兰西除外）舆论都要求教皇尽快迁回罗马。经过多年延宕，1377年，格列高利十一世（Gregory XI）终于连同整个教廷回到罗马，但不幸的是，他于翌年逝世。罗马民众担心主要由法兰西人组成的枢机主教会会再次选举出一名法国教皇并回归阿维尼翁，于是，他们走上了街头，高呼："我们需要一位意大利教皇！"在选举的前夜，枢机主教

们被罗马人告知，如果选出一位法国教皇，他们的安全将不能得到保证。强大的压力之下，枢机主教们最终选举了意大利主教巴托罗曼（Bartholomew），后者履行了全部仪式，于当年4月正式加冕为乌尔班六世（Urban VI）。法兰西主教们原本认可这一切，但新教皇上任后，宣布要改组教廷，尤其是要改变枢机团中法兰西人过多的现状，这就严重触犯了枢机主教们的利益。1378年夏天，成功逃离罗马后，法国枢机们发表宣言，声称之前的选举是在胁迫下进行的，是无效的。他们进而举行了第二次选举，选出了一名法兰西教皇，即克雷芒七世（Clement VII）。克雷芒携支持者回到阿维尼翁，而乌尔班六世留在了罗马。由于两位教皇从选举程序上看似乎都是合法的，于是史上第一次，同时出现了两位天主教教皇，两人都视对方为异端。欧洲主要列强被迫在两个教廷间进行选择。法兰西拥戴克雷芒七世，英格兰自然支持乌尔班六世，西班牙人认可克雷芒七世，日耳曼人则视乌尔班六世为正统……现代人恐怕很难想象这样的大分裂对西欧人造成的心理冲击。作为圣彼得的传人，教皇被认为掌握着"天国的钥匙"，是天主教世界的最高领袖和共同纽带，但这条纽带如今也断了。由于两个势均力敌的教廷出现，人们无法分辨谁是正统，两位教皇都各自任命欧洲各地区的主教，于是经常出现同一地区拥有两名敌对主教的情况，甚至同一教堂也拥有两名神父，这造成了民众思维的普遍混乱。王公们的政治动机更加剧了这一现象。如在英法战争中，因两国分

别支持不同的教宗，英格兰人每每攻城略地成功后，便会赶走原有主教，任命罗马认可的人选，而法国一旦占据上风，自然也会以其人之道还治其人之身，从而让这种分裂更加难以弥合。直到1418年，德国康斯坦茨（Konstanz）大公会议选出了各方一致认可的教宗马丁五世（Martin V），这种分裂才得以结束。此时此刻，面对两位敌对教皇，西吉斯孟德呼吁圣战，能够得到回应吗？

然而幸运的是，西方的时局已经悄然发生变化。英法两国经过多年鏖战，此时都已身心疲惫。英王理查二世1377年登基后，因为横征暴敛，国内屡有叛乱，加之与法王查理五世作战多有不利，渐渐产生了休战的念头。查理五世在4年后去世，继位者查理六世患有间歇性精神病，时常不能理事。查理六世的兄弟奥尔良公爵路易一世（Louis I）与叔叔勃艮第公爵腓力二世（Philippe II）为了摄政权明争暗斗，法国人也不愿再打下去了。经过斡旋，英国人同意只保留法国北部的五座市镇，两国正式化干戈为玉帛（这段和平持续了28年）。1396年，法王查理六世将自己6岁的女儿伊莎贝拉（Isabella of Valois）嫁给理查二世，两国结下了秦晋之好。由于英法两国分别为两位敌对教皇的最大支持者，他们的修好也令教皇之间的紧张关系得到了缓解。恰在此时，西吉斯孟德派出的使臣来到了法国宫廷。使节团包含四名骑士及一位主教，他们绘声绘色地描绘了土耳其人的种种恶行，并央求援助。查理在清醒的时候，依然是个拥有侠义精神的国王，

并且以基督教的保卫者自居。在了解了东方的危险局面后，他在给英王理查二世的一封信中意气风发地说："真诚的好兄弟，现在正是时候……你和我，带着祖先需要拯救的原罪，组织起一支十字军去拯救那些苦难的基督徒们，去解放圣地……"英王不愿令未来的岳父失望，虽然对出兵意兴阑珊（虽然有记载提到十字军中亦有说英语的骑士，但很可能并非英国官方派出的部队），却在表面上表示了附和。起初人们希望英法两国国王能够携手带队亲征，但这一期望落空了。鉴于查理的病情，组织十字军的重任便落在了勃艮第公爵腓力二世的肩上。

◎ 法王查理六世

当时，勃艮第是西欧最为富庶的公国。腓力二世以发动十字军为名，很快便得到了12万里弗尔（法语：Livre，法国古代货币单位，1里弗尔约相当于1磅白银）的巨款。不过，绰号为"勇者"（the Bold）的腓力二世是个野心勃勃，渴望建立一番伟业的贵族，他参与十字军并非为了敛财，而是要通过此举树立在法兰西乃至全欧洲的威望。再加上查理六世的精神状况，一次十字军的辉煌胜利或许还能成为他掌控法国的跳板。腓力的宗教热忱与他对个人利益的索求相辅相成。他甚至早在法王应允匈牙利请求之前，便派出了纪尧姆·德·拉特雷姆瓦（Guillaume de la Tremoille）

和雷涅尼尔·波（Regnier Pot）率领的军事代表团前往匈牙利一探虚实。因此，当法王征询其意见时，他便立即表示应当鼎力支持。腓力原本计划亲征，但他的儿子约翰【Jean sans Peur，即讷韦尔伯爵（Count of Nevers）】主动请缨，于是便任命约翰为法国十字军的总帅。约翰，25岁，被称作"瘸子"约翰（因为有一次骑马时受伤，所以被称为"瘸子"约翰）。他在出发前才被匆匆册封为骑士。腓力希望让儿子得到历练，以便日后继承公国。勃艮第人费了很大工夫为十字军置办锦衣华服、马具。约翰部队的器物，不论是绿绒帐篷、束腰外衣，还是铠甲和餐具，均

◎ 英王理查二世　　◎ 勃艮第公爵腓力二世

◎ 腓力二世之子约翰

为当年的顶级货。有人这样评价腓力二世："他是一个自大的贵族，炫耀阔气才是战争真正的主题。在他心中，敌人的计划、后勤及情报可能是第二位的。"腓力二世此番的不惜工本固然令十字军拥有了精良的装备，但也为日后的危机埋下了伏笔。考虑到约翰经验不足，38 岁的厄镇伯爵腓力（Philip of Artois, Count of Eu）被指定为主要顾问。此外，还有多位知名骑士，如法国海军上将让·德·维埃纳（Jean de Vienne）、法国元帅让·布锡考特（Jean II Le Maingre Boucicaut）、库西堡－欧夫里克的领主昂盖朗七世（Enguerrand VII, Lord of Coucy）以及让·德·卡鲁日爵士（Jean de Carrouges）。

法国人提供了当时西欧最强大的骑士，但成功的远征还离不开海上力量的支持。意大利诸国，尤其是热那亚与威尼斯共和国，是当时地中海的海上霸主。热那亚以克里米亚半岛为基地，几乎垄断了黑海贸易；威尼斯则在黎凡特发展自己的商路。考虑到两国在拜占庭的贸易利益（威尼斯、热那亚均获得了拜占庭许可的商业特权，并在君士坦丁堡拥有租界），它们无法坐视后者的灭亡而无动于衷，但两国也和奥斯曼帝国维持着商业往来。基于商人的天性而非基督徒的狂热，威尼斯与热那亚表示愿意出动船队运载十字军，提供后勤支援，但拒绝直接出兵。奥斯曼的海军当时过于弱小，足以保证十字军获得制海权。尤其是热那亚在黑海沿岸拥有大片殖民地，它的货物可以沿着东欧的几条大河（如多瑙河）逆流而上抵达内陆深处。事实上，在久尔久（Giurgiu，位于罗马尼亚南部）附近就有一个热那亚岛屿要塞，离日后的战场只有 100 公里，这可能就是热那亚船队运送部队到匈牙利的起点。

陆军和海军的阵容都堪称鼎盛，两位对立教皇也难得地达成了一致，共同发出十字军的号召。于是，越来越多的势力都加入进来了：阿拉贡王国、德意志诸国派出了自己的部队；条顿骑士团也不甘落后；以罗德岛为大本营的医院骑士团紧邻奥斯曼帝国，在新任法裔大团长菲利贝尔·德·纳亚克（Philibert de Naillac）的统领下，也是派出了所有的精锐；甚至正处于土耳其围攻中自身难保的拜占庭，也向联军表示，愿意出资在威尼斯建造 10 艘战船，加入十字军舰队。终于，一支充满了基督徒期待和理想的大军，在动荡起伏、多灾多难的14世纪被组织起来了。西吉斯孟德的大使终于为他带回了曙光。虽然普通百姓缺乏当年的热情，但这支贵族武装却是令人生畏的。勃艮第著名诗人厄斯塔什·德尚（Eustache Deschamps）豪情满怀地写道：

"今日的王公们，我请求你们，请求你们帮助我征服撒拉森人。

我代表主上的意志，请求你们跟随我去征服圣地的心脏吧！"

骑士与加齐

历史上，十字军能够在东方叱咤风云，骑士是其中的核心力量。中世纪拉丁文中骑士一词，通常用 miles 表达，原意仅仅为"战士"而已。法语中骑士一词 chevalier 最早意指"马夫"，后来扩展到"骑马的人"，最后定位为"骑马作战的贵族"，因为骑兵中还包括更低一级的扈从（squire）和军士（sergeant）。十字军踏上近东与中东土地后，与穆斯林士兵相比，其装备上的巨大优势使他们称作"铁人"，而穆斯林士兵则被称作是"赤裸的"。

骑士的装备虽然优良，但价格却相当昂贵。查理曼大帝时期保留下来的一份详细记录表明，当时的骑士需要自备战马、盾牌、长矛、剑（短剑不带鞘）、弓和箭袋，另外，还需自备服装和食品，甚至餐具、帐篷等，而全套行头异常昂贵。以8世纪中叶的装备价格为参考：头盔6索里达（金币），盔甲12索里达，剑和剑鞘7索里达，没有剑鞘的剑3索里达，护腿6索里达，长矛及盾牌2索里达，战马12索里达。当时，一头健壮公牛的价格大约是2索里达，因此，8世纪时期一套骑士装备的花费大概可以购买23头公牛。这对普通欧洲家庭来说，简直是个天文数字，因为很多自耕农甚至买不起1头公牛。随着时间的推移，装备的价格还在上涨。1297年，维赛吉姆的领主杰拉德·德·莫尔（Geraard de Moor）拥有的战马价值1200英镑。当时一名农夫一年的收入大约3英镑，也就是说，仅此人的战马费用就需要一名普通农夫劳作400年。

中世纪的骑士通常没有固定的薪俸，必须自给自足。为了满足如此巨大的开销，他们往往需要一块庞大的地产，也就是通常所说的封邑。公元805年的《提恩维沃法令集》条文中规定，一名全副武装的骑士，至少需要12份采邑，总计大约300—450英亩。另有研究表明，查理曼大帝时期要维持一名骑士平日与战时的各项花销，至少需要300—600英亩耕地和超过100名隶农（villeins）的劳作。而当时自耕农的土地一般在60—90英亩左右。

在封邑制度下，骑士平日作为地主，经营自己的农庄，战时自筹装备，为领主或国王效力。按照惯例，中世纪骑士一年

◎ 14世纪英法骑士典型装备，来自：Carol Belanger Grafton, *Arms and Armor: A Pictorial Archive from Nineteenth-Century Sources, Dover Publications, 1995.*

需为领主服役的时间不超过 40 天。然而，他们却是西欧最专业和强悍的战士。贵族头衔可以世袭，但骑士资格只能建立功勋后由骑士册封，这就要求骑士们必须要具备真才实学。同时，按照惯例，骑士无论是在比武还是战斗中，胜利方都有获得失败方全套装备的权利。考虑到骑士装备惊人的价格，那些武艺精湛的骑士便可通过一次次战斗而发家致富，反之，那些技不如人的骑士就可能输到倾家荡产。这也迫使骑士们必须自幼就勤练技艺——当他们成功被册封为骑士的那天，往往已经身经百战。另外，他们的战斗技巧远远强于临时征召的民兵，并且比雇佣军忠诚。骑士通常左手持盾，右手持矛，经过长距离冲刺后，平端长矛，给对手致命一击（老练的骑士通常会攻击对方护颈甲和盾牌把手）。木柄的长矛在巨大冲击下容易折断，因此往往是一次性的。长矛用尽之后，他们便抽出长剑等武器，进行白刃战，偶尔，也下马作战。14世纪晚期，西欧的骑士们已经开始使用整块铁板制作盔甲，据说，这也是英国"黑太子"爱德华（Edward the Black Prince）绰号的由来（因为他使用的整块铁板使铠甲呈黑色）。不过，此时的板甲并非15世纪中期赫赫有名的全身板甲（Full-Plate armor），而是介于锁子甲（chainmail）和全身板甲之间的复合盔甲（mixed armor，在传统锁子甲的基础上，于身体重要部位，如胸部、臂部、小腿等铺设的整块铁板）。即便如此，它的防护力也远好于奥斯曼士兵的。奥斯曼的很多士兵甚至只有简单的皮甲和棉甲。不过，一流的防护装备也相应地拖累了骑士的机动能力。中世纪晚期，骑士全套装备的重量竟然高达2.5公担（约125千克），仅盔甲的重量，就有60—70磅（约27—31千克）。很多骑士在一个全力冲锋后，便汗如雨下，气喘吁吁了，甚至平日披甲后还需要扈从时刻跟随，以防猝然跌倒。另一方面，骑士们普遍对弓弩一类的投射武器抱有不屑甚至仇视的态度。他们不仅自身不会操练弓箭，还将依赖弓箭的对手视为卑鄙龌龊的小人。中世纪盛行的宫廷诗歌中常常称弓箭手是歹毒和卑劣的。1246年，奥地利公爵弗里德里希二世对阵波西米亚国王文策尔一世时，不循骑士传统，命令手下用密集的弓箭射对方骑兵的马铠，引来文策尔一世的一阵痛斥："你们这些奥地利的贵族本该像骑士一样，为了自己的贵妇用

◎ 骑士马上长矛比武的情景

刀剑和我们作战，但竟然用弓箭射我们，射穿我们的马铠，令我们摔下马来。如此胜之不武，愿你们所有拿武器的人都遭到诅咒，灵魂永远得不到救赎！"1139年拉特兰宗教会议对弓弩的禁令，可算是对这一痛斥的最好诠释："禁止对基督徒和信教者使用弓弩这等为上帝不齿的致命武器，违者将革出教门。"如此，法兰西骑士中没有弓骑兵便不足为奇。事实上，约翰率领的法国十字军中，弓弩手的比例只有13.6%（按照法国的标准，已经算相当高），远远低于弓弩手在土耳其军队中所占的比例。对弓箭的轻蔑会使法国在往后的战役中苦不堪言。

自基督教会成立以来，"基督的战士"（milites Christi）或"上帝的战士"（milites Die）便从教会思想中获得了不可动摇的地位。虽然早期的欧洲武士们颇有些粗暴的蛮族遗风，但经过教会数个世纪的循循善诱，在中世纪后期，骑士阶层已经普遍树立了新的道德规范，也就是通常说的"骑士精神"。首先是对宗教的绝对虔诚，骑士被教会定位为在世间用武器保卫基督教的勇士，因此，与异教徒作战、"收复"圣地是他们的职责。这也是十字军能够在数百年间一呼百应的原因之一。此外，诸如谦逊、纯洁、诚实、正直等品质也是人们认为骑士应当具备的美德。除对宗教应绝对虔诚外，行侠仗义、保护弱小亦是骑士应当履行的义务。在爱情方面，他们流行"宫廷之爱"——也就是骑士寻求某位已婚的贵妇名媛作为自己的灵魂伴侣为她征战，赴汤蹈火，在所不辞。另外，这种

骑士之爱还有经济上的考虑。中世纪西欧的妇女通常只有出嫁后才能拥有一笔可自由支配的财产，其婚姻往往是指定的，但她们通常会对自己的骑士情人慷慨解囊。于是，成为某位贵妇的情人便是许多年轻骑士在白手起家阶段获得资助的重要途径了。此外，中世纪的骑士还受到诸多清规戒律的限制，因此，在素质方面，要好过之前和之后的很多士兵。

宗教的热情容易带来狂热和盲目。虽然骑士大体上对自己有很高的道德要求，但他们在和异教徒作战时，就经常不遵循这些要求了。如此一来，十字军中便出现了很多灭绝人性的暴行。例如，第一次十字军东征攻下圣城耶路撒冷及安提阿后，骑士们便进行了不分信仰种族，男女老幼的屠杀，这在穆斯林心中埋下了仇恨的种子。另外，他们对异教徒的文化、生命与财富，往往也缺乏基本的尊重。骑士美德中，勇敢与忠诚是核心部分。骑士强调勇往直前，禁止临阵退缩本无可厚非，但后来对这一规定的执行到了近乎偏执的程度，以致很多骑士认为在战争中只能战死或被俘，绝对不能后撤。圣殿骑士团的团规就明确要求，轻装的军士可以自行撤退，但重装的骑士严禁后退。骑士的字典缺乏诈败、佯攻、包抄、袭扰这样的词汇。如果遇到狡诈且训练有素的对手，这种做法便会导致灾难性的后果。骑士的忠诚同样也不是无懈可击的——中世纪的贵族没有"国家"的概念，骑士效忠的对象只是领主或者青睐的贵妇，于是，军队中骑士们各为其主，视统帅如无物的情况便屡屡发生。他们作

战的目的，常常是赚取个人荣誉威望、虏获战利品或博得情妇欢心。就算不幸战败，通常也不会遭到杀身之祸（骑士们的装备使他们在战场上较少受到致命伤，而被俘后，敌军一般愿意留下活口以换取高额赎金）——这样一来，战争对他们来说，更像是斩获个人利益的投机行为，由此，便导致骑士们的集体主义观念淡漠。另外，骑士组成的部队往往是临时征集的，平日里各在封地，也谈不上深厚的袍泽之谊。

尽管有诸多不完美，14 世纪的骑士依然光彩夺目，是普通民众艳羡的对象。法兰西是骑士的摇篮。法国拥有中世纪欧洲数量最多、质量最高的骑士群体，当时与骑士相关的军事术语也几乎都来自法国，甚至欧洲通行的骑士比武规则也是由法国人制定的。英格兰、德意志的骑士视法国同行为楷模。勃艮第约翰手下的法兰西骑士累计有 2000 名，考虑到欧洲很多小国

只能动员数百名骑士，这支部队的战力不容小觑（1300 年，英王爱德华一世召集封臣出征，甚至只有 30 名骑士响应）。勃艮第是法国最强大的诸侯国。公爵的军事实力可以和国王相媲美，他控制下的弗兰德斯（Flanders）是中欧的经济中心。勃艮第的军事力量是围绕公爵卫队建立起来的，这是一支相当职业化的军队，其核心是重装骑士，这些骑士既可以下马作战，也可以在马背上施展武艺。此外还有一些乘马弓手、弩手（这些弓手和弩手其实是乘马步兵）以及轻骑兵。对重装骑兵的倚重，在法兰西已形成风气。在那里，传统贵族气息远比欧洲其他地方浓厚。法国的骑士精英总是自认为比其他地方的骑士高人一等。那些依靠军功得到爵位的新晋骑士在血统悠久的豪门贵族面前不得不十分谨慎。骑士对步兵重要性的认知在 14 世纪90 年代有所加强，特别是在法国和德意志。

◎ 现代人模拟的骑士决斗

◎ 15世纪中期产于意大利的全身板甲，14世纪末已有其雏形。

由于在英法战争中屡次败于英国长弓手，这次的法兰西十字军中也配备了不少热那亚弩手（其实，这些人并不是真的热那亚人，他们仅仅是在热那亚被招募的）。此外，法兰西十字军中还装配了大量的四轮马车作为他们长征的主要交通工具。如果有可利用的河川，他们也使用运输船沿水路进军。

另一方面，匈牙利军队在14世纪一直不停地变化。安茹王朝（Angevin）国王们引进的西方军事体系和已经存在多年的男爵武装制度，形成了新式军队的基础。同时，部分旧的军事体制也被保留了下来，如从整个骑士阶层及非贵族阶层中征兵，特别是在人口聚集的地区。这使得当时的匈牙利军队与欧洲其他军队存在着显著差异——庞大而又多样。同法兰西一样，它的精英是重装骑士，但同时它也拥有大量的轻骑兵。

事实上，轻骑兵是匈牙利军队中最具特色的。轻骑兵主要是塞克利人（Szekelys），他们被编为6个团和24个连，每连拥有100名精锐轻骑兵和100名辅助民兵。匈牙利的土耳其裔数量稀少，而且被完全同化了。但那些被蒙古人驱赶过来的钦察人（Kipchaks）数量众多，且在当时的匈牙利军队中颇有影响（历史上迁往匈牙利的钦察人被称作库曼人，约有20万人）。此外，还有被蒙古人赶过来的雅西人（Iasians）——部分说伊朗语的奥斯坦人（Ossetians）和阿兰人（Alan）。与法兰西对轻骑兵的蔑视不同，匈牙利人重视这一兵种。1395年，西吉斯孟德国王要求每名匈牙利长矛重骑兵务必配置两名乘马弓手。尼科波利斯战役 50 年后，波特兰特（Bertrand de la Brocqiere，1400—1459）[1]如此评价匈牙利军队："他们使用短矛……总是成双结对地发起冲锋……在奥地利和波希米亚的交界处，盛行的是轻弩手。尽管匈牙利的弓箭手与土耳其的相类似，但他们却不如土耳其的弓箭手技艺精湛。他们算不上一流的射手——土耳其人只用拇指与食指搭弓扣弦，匈牙利人却需要用三个指头。"

此外，匈军中还有一些步兵（包括雇佣军），虽然其中包括那些名声显赫的意大利弓弩手，但他们的数量尚不足以改变战局。正如波特兰特记载尼科波利斯战役时所谈到的："西吉斯孟德有 25000 至 30000 名匈牙利士兵，但其中只有 200 名伦巴第和热那亚弩手。"

大多数关于尼科波利斯战役的文献都说瓦拉几亚人在关键时刻是不可信赖的。事实上，他们也是一支重要力量。瓦拉几亚与其说是一个国家，不如说是一个部落群体，他们并未建立西欧式封建制度。大部分瓦拉几亚人是在山谷和山脚游牧的牧民，其他的瓦拉几亚人，包括一些突厥 - 蒙古人后裔，则在多瑙河北的平原上游牧。瓦拉几亚军队的组织方式虽然比较原始，但他们却位居巴尔干最优秀的武士之列。瓦拉几亚拥有一流的弓骑兵和擅长林地战斗的步兵。骑马步兵被称为尤纳西（Iunaci），而精锐骑兵被称作维特吉（Viteji，相当于

西欧的"骑士"）。除去少量外国雇佣军外，瓦拉几亚的精锐是总督卫队，由总督（voivode）和波耶尔（Boyar，东欧与俄罗斯的高级贵族头衔）指挥。

此时，米尔恰一世已建立起一支类似土耳其模式的常备军。他雄心勃勃，意图沿着黑海拓展瓦拉几亚的疆土。由于瓦拉几亚地处匈牙利和奥斯曼土耳其两大强国之间，为保住公国的自治地位，米尔恰也曾摇摆不定。但在 1396 年前，面对咄咄逼人的巴耶济德一世，除了加入基督教十字军外，他别无选择。尽管西欧的骑士们并不敬重这位王公，但土耳其人深谙他的能力，称他是"东正教诸侯中最勇猛、最机敏的一个"。

尼科波利斯战役中，十字军基于威尼斯和热那亚舰队的强大海军经常被忽略。热那亚在黑海地区最主要的殖民地是克里米亚的卡法（Kaffa）。卡普特（Caput Gazarie）担负着护卫所有热那亚黑海港口安全的重要职责。他麾下有大批装备精良的士兵（包括大量弓弩手）和一支私人舰队。意大利舰队只要愿意，它可以攻击任何敌对海岸，并且占领其沿海要塞。与这支强大的舰队相比，医院骑士团的船队未免有些相形见绌。不过，骑士团规模虽小，但成员皆训练有素，纪律严明。他们以罗德岛为基地，常年出动舰队与骑士，袭扰奥斯曼帝国沿海地带，战果丰硕。与西方的骑士相比，直属于教皇的医院骑士团更具宗教热情，而且更加熟悉奥斯曼军队的

---

[1] 保加利亚旅行家，著有法语游记《海外游记》（Le Voyage d'Outre-Mer）。

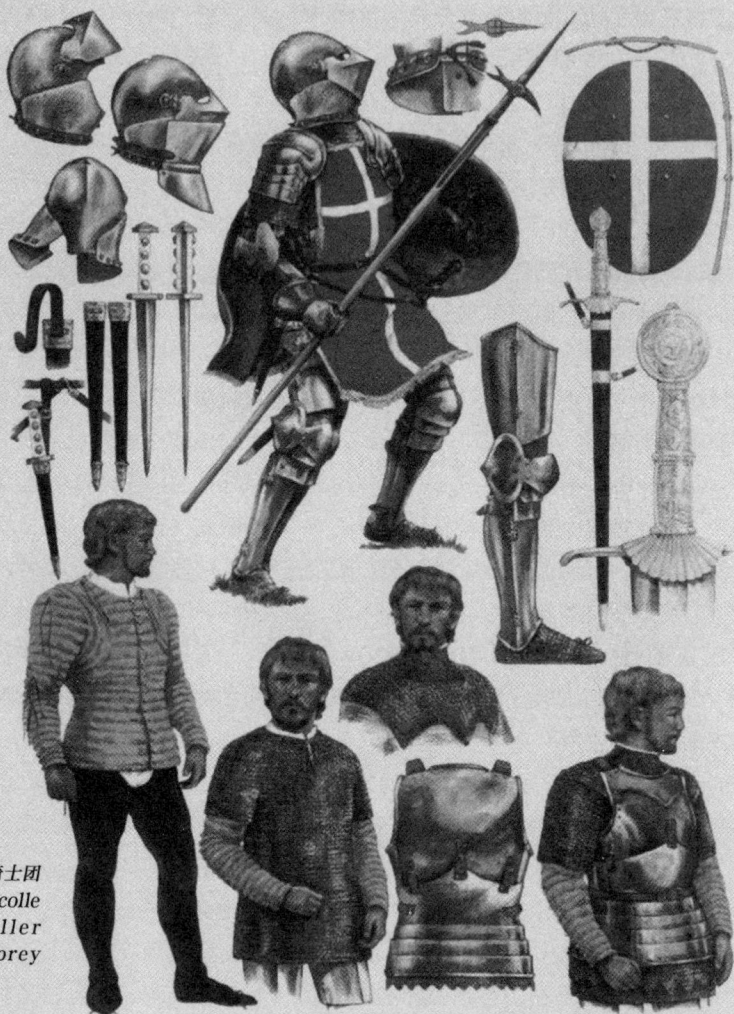

◎ 15世纪初的医院骑士团装备，来自: David Nicolle *Knight Hospitaller (2)1306-1565, Osprey Publishing, 2001.*

战法，他们还算是西方最早的一批职业战地医生——骑士团成立之初，以耶路撒冷圣约翰医院骑士团为名，主要以照顾伤员、援助贫苦朝圣者为己任，12世纪后才开始兼具军事功能。因此，医院骑士团的加入是对十字军的有力补充。

虽然有奥斯曼历史学家声称十字军的总数多达13万人，但今天的历史学家相信其总数在16000人左右。十字军虽然看似规模不大，然而由于集中了欧洲各国的精锐，尤其是汇集了法兰西骑士的精华，无愧于14世纪以来"最强盛的十字军"称号。不过，同历史上各次十字军东征一样，缺乏强有力的领导是它的痼疾。教皇算是名义上的发起者，但宗座无法亲临指挥，何况当时还有两位敌对教皇。西吉斯孟德在匈牙利和巴尔干具有很高威望，但在心高气傲的法兰西骑士眼中，不过是一介村夫。法兰西骑士势必很难会听从匈牙利人的指挥。法国军队的统帅——勃艮第的约翰只是个初出茅庐的年轻人，血统固然高贵，但几乎毫无战功与指挥经验，也难以担当大任。约翰的座右铭是"永不放弃"，他也被同时代贵族认为过于严肃，不解风情，对上层社会中流行的华丽服饰不感兴趣，勇敢，狡猾而又野心十足。但这些特质要等到 1401 年他继承勃艮第公爵之位后才渐渐显山露水。要指望十字军唯其马首是瞻，是不现实的。十字军看似阵容鼎盛，但潜藏着各自为政的危险。而他们的对手——土耳其军队，却只有一位苏丹，一位真主，便不存在类似的忧虑。

穆斯林的领主常常被称作"加齐"（Ghazi，阿拉伯语，原意为"攻击"，后来代指"勇士"），大体也相当于西方的"骑士"。他们被授予某种贵族纹章，对君主（通常是哈里发或苏丹）宣誓效忠，并且遵守富图瓦规范（Futuwwa，穆斯林苏菲派术语，与西方的"骑士精神"类似）。奥斯曼的军队中，同样存在封建因素。最初，在奥尔汗时代，土耳其的主力步兵被称为"亚亚"（yaya），骑兵则称作"穆色林姆"（müsellems）。这些士兵也拥有自己的采邑（timar），而他们的领袖被称为"帕夏"（pasha）或"桑贾克贝伊"（sanjakbey）。随着时间的推移，这些步兵与他们的西欧同行一样，土耳其封建士兵只知领主，不

知苏丹，作战往往为了一己私利，不愿为国捐躯。穆拉德一世大刀阔斧地改革了军制，最具影响的措施，便是建立了卡皮库鲁（Kapikulu，原意为国家奴隶）制度。这支军队的士兵虽然都是由苏丹的私人奴隶组成，但实际上可算作土耳其的常备禁卫军。其中步兵主要是加尼沙里军团（Janissary），也称作土耳其新军。它被分作 101 个团队。士兵大部分通过德米舍梅制度，从帝国的基督徒儿童中征集而来。一旦被选入军团，这些孩子便开始接受伊斯兰教义的熏陶，同时经受极其严格的军事训练。他们被要求能够娴熟使用复合弓、土耳其弯刀（Kilij）及长矛等武器。加尼沙里士兵既可用弓箭远距离狙击，又能白刃

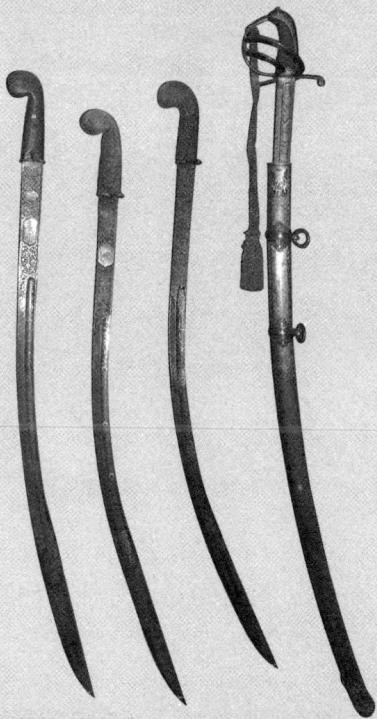

◎ 土耳其弯刀（Kilij）

◎ 基督教幼童加入新军部队的情景，来自：*David Nicolle The Janissaries Osprey Publishing, 1995.*

近战，还可对抗骑兵。他们不属于传统的重步兵、轻步兵，而属于某种复合型步兵，这就大大增强了他们的战斗力和战术多样性。新军士兵不装备西欧贵族的奢侈重甲，因此在战场上有优良的机动性。他们并非封建贵族，而是苏丹的私人奴隶，因此，只对苏丹一人负责，忠心耿耿，纪律严明，没有十字军骑士各为其主的困扰。加尼沙里士兵禁止结婚，故而他们没有那些风花雪月的念头，只将战争作为自己的"情人"。更可贵的是，这些新军士兵从孩童时代便在同一所军营里接受教育和军事训练，和平时期守卫宫廷、维持首都治安，战时随苏丹出征，他们之间有很深的感情，集体荣誉感也要远远强于西欧那些渴望为自己建立功勋的骑士，这一点在战场上可能是生死攸关的。

卡皮库鲁中也有精锐的骑兵部队——卡皮库鲁苏瓦里勒里（kapikulu Süvarileri），一般也被称作西帕赫（Sipâh）。整个禁卫骑兵军团包括6支分队。前两支分队称为乌卢菲西扬（Ulufeciyân，意为"领薪水的人"），细分为左右两翼，一般由穆斯林组成。接下来是两支古里巴（Gureba，意为"外国人"），一般由基督徒充当。最后两支分队被称为希拉赫塔尔（Silahtars，意为"持兵器者"）及西帕希欧古兰（Sipahi oglan，意为"西帕希之子"），它们建立时间最晚（穆拉德一世时期），是精锐中的精锐。在战斗时，他们负责保护苏丹。卡皮库鲁骑兵同样精通长矛、弓箭、弯刀及战斧，他们的铠甲相对轻便，机动能力很好。他们从苏丹处直接领取高额薪俸，具有近代常备军的影子。他们的装备虽然比西欧骑士的略逊一筹，但在灵活性、纪律性方面却远胜对手。

卡皮库鲁军团虽然精锐，但作为苏丹高薪供养的职业常备军，因财力有限、成员甄选严格等原因，不可能维持太大规模（在苏莱曼大帝极盛时期也不超过3万人），故还需要辅助部队。奥斯曼军队的

◎ 16世纪奥斯曼重装骑兵甲胄

◎ 新军弓箭手

其他力量有行省封建士兵，骑兵为西帕希（每人通常还要提供 3 至 5 名侍从），步兵为皮亚德（piyade），其中弓箭手一般被称作阿赞布（Azabs）。他们保持着各自的采邑，战时自备武装和扈从。某种程度上，他们与昔日拜占庭的军区士兵更类似。而在帝国的欧洲部分与亚洲部分，分别设置了一位贝伊勒贝伊（beylerbey，也就是"领主中的领主"），负责招募组织这些战士。此外，负责侦察袭扰对手的轻骑兵为阿基比（akibi），负责守卫与基督教国家边界的边防军被称作阿金日（akinci，意为"袭击者"）。还有一支数量不固定的非正规军队，也就是臭名昭著的巴希巴祖克（bashi-bazouks），由土匪流民组成。他们作战的目的是为了战利品和奸淫劫掠，虽然素质良莠不齐，难当大任，却是优良的炮灰。他们在奥斯曼军队中一直服役到 19 世纪。

14 世纪奥斯曼军队作战思想继承的是埃及和叙利亚马木留克的伊斯兰军事理论，着重训练士兵对各种武器的使用。当时，大部分的军事书籍是用阿拉伯文书写的，只有那些受过教育的奥斯曼人才能阅读。但土耳其人在东部、中部伊斯兰地区和北方的草原地区的精锐部队已统一了语言，并且有些军事书籍（包括一些训练手册）已被翻译成土耳其文。

曾任埃尔津詹（Erzincan）宗教法官的布尔罕·阿勒丁（Burhan Al-din），在尼科波利斯战役两年后就去世了，他曾这样描述安纳托利亚的宗教气氛："感谢真主，这是英雄的时代，整个世界都关注着这次

◎ 巴希巴祖克士兵

◎ 土耳其行省封建士兵

严厉的惩罚。从太阳升起的地方到太阳落下的地方，您忠诚的信徒都在屏息注视着。"同西欧骑士阶层一样，土耳其的精英阶层也同样渴望用战功获得进入天堂的机会。多年后，土耳其作家艾赫迈迪（Ahemedi）这样描写他们对战争的热情："那些留下

伟名的人将永生，那些默默无闻的将永逝。确认你们为什么来到这个世界，那是人们在呼唤你存在的价值。战斗吧，人民将记住，并且祝福你们的英名！"

依照土耳其另一个作家奥尔乌耶（Oruj）的记述，那些前线将士们描述自己是"陌生人的朋友，将伊斯兰的光辉从东方带到西方"。然而，早期位于欧洲的奥斯曼军队中大部分是东正教徒，或者说是对东正教与伊斯兰教都接受的泛教信徒。一些巴尔干与色雷斯的基督教王公也为土耳其宗主作战。其中名声最为显赫的是塞尔维亚大公斯蒂芬·拉扎列维奇。由于新近发现了银矿，塞尔维亚人得以有财力从意大利进口最优良的盔甲和兵器。大公与他的东正教骑兵，在代表土耳其与基督徒的作战中，屡屡立下军功，成为苏丹的宠臣。

最后，如土耳其史籍的描述，战场上旗徽和军乐对奥斯曼军队的士气及调度起到了关键作用。一些旗帜具有宗教含义，一些则是君主的标记。这一点要比欧洲军队的旗徽特征明确、合理。康斯坦丁·米哈伊洛维奇（Konstantin Mihailovic）在尼科波利斯战役后总结道："他们的旗号十分明显。镶有金色字母的那面白旗是君王的旗帜，这是最高级别的，它代表苏丹的权力和王帐。其次是一面红旗，是宫廷禁卫骑兵团的标志。第三、第四面分别是红绿色和金红色的，它们代表令人生畏的加尼沙里军团。"

巴耶济德生于 1354 年，同父亲穆拉德一样，具有希腊血统，不过据说他母亲并非显贵之女，而是个基督教奴隶，名叫"玫瑰花"（Gulchichek）。他继承了父亲对华丽之风的爱慕，且性格火爆，对他人不够宽容。但他行事果断，深知兵贵神速之理。1386 年击败卡拉曼尼德（Qaramanids）后，他赢得了"勇敢但不鲁莽"的美誉，由此获得了绰号"雷霆"。穆拉德一世在科索沃战役中遇刺后，巴耶济德继承了王位，成为奥斯曼土耳其帝国的统治者。他不仅仅是一名优秀的战士，也是一名虔诚的穆斯林，还是第一个赞助文学艺术的奥斯曼君主。同时，他还热心支持伊斯兰教派的神秘主义流派——苏菲派。穆拉德为他留下了一台高效且完整的军事机器，在他的铁腕政策下，这台军事机器发挥了它的极致。

奥斯曼帝国的首相被称作大维齐，巴

◎ 巴耶济德一世

耶济德时期的大维齐是干练的卡拉·帖木儿塔斯（Kara Timurtas），著名将领卡拉·阿里·贝伊之子。帖木儿塔斯第一次为人们所知，是在穆拉德一世时期，指挥一支军队穿过了图卡河（Tunca）。随后数年，他征服了东保加利亚的大部地区，因此晋升为鲁美利的贝伊勒贝伊，即奥斯曼军队在欧洲的最高军事长官。随即，他主持建立了卡皮库鲁骑兵中的精锐团队乌卢菲西扬，并招募当地的东正教士兵。他的努力使他获得了"三马尾花翎"，这是众多贝伊勒贝伊中第一个获此殊荣的人。苏丹的另一员骁将为盖兹·艾弗瑞罗丝·贝伊（Gazi Evrenos Beg）。他来自一个拜占庭贵族家庭，14世纪初其家族投靠了土耳其人并皈依伊斯兰教。盖兹·艾弗瑞罗丝·贝伊曾经参加过由奥尔汗苏丹派遣的支援拜占庭坎塔库震努斯用于对抗约翰五世（即拜占庭两约翰之战）的军队。1354年奥斯曼土耳其帝国成功赢得欧洲一块登陆点后，艾弗瑞罗丝又成为巴尔干地区最成功的奥斯曼指挥官之一。他是五朝元老，并一步步荣升至乌克贝伊（Uc Beg，左翼军总督）高位。经过他的南征北战，奥斯曼帝国控制的地区到了塞萨洛尼基、马其顿、阿尔巴尼亚，最后还到了拜占庭的心脏地带。艾弗瑞罗丝不仅擅长武功，也擅长文治。与同期的其他土耳其贵族不同的是，他更接近于理想中的正统穆斯林——到麦加朝圣，兴建清真寺，为百姓修建学校、医院、修道院，为商人修建浴池、旅馆。在他统治下，科莫蒂尼（Komotini，今希腊东北部城镇）成为奥斯曼土耳其在欧洲的文化中心之一。1396年，正当苏丹率领主力部队围攻君士坦丁堡之际，传来了一支十字军进入巴尔干的消息。由于土耳其与匈牙利的军队大体在多瑙河的南北对峙，这支十字军的锋芒便直接指向了多瑙河的重镇——新近被巴耶济德征服的尼科波利斯。

初试锋芒

法兰西十字军是否像查理国王宣称的那样，准备向耶路撒冷进军，至今已无从考证。按照最为理想化的设定，十字军应当首先将土耳其人驱逐出巴尔干半岛及援救君士坦丁堡，然后越过达达尼尔海峡，进घ安纳托利亚与叙利亚，解放巴勒斯坦及耶路撒冷的圣墓教堂，最后经海路凯旋而归。当然，法兰西贵族们能否就如此宏图达成默契值得怀疑。相反，西吉斯孟德的计划则务实许多，虽然他力所能及地招募了士兵，但不能时时刻刻保持、供养它。他真正的目的似乎只是想进攻保加利亚，尽量扫清巴尔干的土耳其势力，并援助拜占庭人。匈牙利国王也需要强有力的军事行动来确认特兰西瓦尼亚和瓦拉几亚的同盟意愿。

法兰西十字军的指挥官们担心喀尔巴阡山脉的道路难以通行，倾向于利用多瑙河的便利航运输送部队。到达河岸后，他们计划直捣虎穴，穿过保加利亚去进攻奥斯曼帝国首都埃迪尔内，至少将奥斯曼帝国赶回小亚细亚。这样一来，多瑙河岸边的尼科波利斯城堡便会成为必经之地。不过，当时尼科波利斯附近的资源较为贫瘠，难以长时间供给这支外来部队（中世纪的欧洲军队普遍没有补给线的概念，一般是就近获得资源），这就需要速战速决。自信满满的法兰西贵族们认为苏丹不堪一击，也就不屑去制定稳扎稳打的方略。然而，他们即将面对的绝非散兵游勇，而是那个年代由土耳其最伟大统帅之一的巴耶济德领导的虎狼之师。

十字军来临以前，巴耶济德的战略目标是巩固保加利亚地区的奥斯曼统治，而不是大肆向北扩张，因为这一地区刚被征服，统治并不稳固。多瑙河北岸的防御重镇维丁（Vidin，位于保加利亚西北，靠近塞尔维亚与罗马尼亚），是保加利亚一个藩属的领地。多瑙河南岸的防御重点则是尼科波利斯，它控制着多瑙河这条战略水道的咽喉。

事实上，目光敏锐的巴耶济德之前便将尼科波利斯作为核心要塞加以了经营。为此，他派遣经验丰富的都根贝伊（Dogan Beg）出任这里的军事总指挥。不过，明智的苏丹用巴尔干辅助军和当地藩属的军队来充任堡垒守卫，而将精锐的卡皮库鲁带在身边，作为机动部队。这就意味着，大批土耳其正规军可以随时投入战场应付突发事件。

倘若传说中的十字军入侵果真上演，都根贝伊的任务则是闭门不出，坚守到最后一人，等待苏丹的驰援。巴耶济德交给尼科波利斯守军的任务是拖住对手，以便他能够判断十字军的目的、动向，然后迅速召集秋高马肥、养精蓄锐的骑兵部队与正在围攻君士坦丁堡和在小亚细亚监视贴木尔动向的部队，合围对手，追求一劳永逸的完胜。

一份勃艮第的记录文件显示法兰西的十字军于1396年4月20日开始集结。按照人们的想象，这支以骑士为主的部队应该是温文尔雅、道德高尚的，但史籍中提到的一些事情却说明当时的情况不是这样的。例如，贵族会斗殴，非贵族会争吵。

整个勃艮第军队由大大小小的贵族护卫队组成。战役开始时，讷韦尔伯爵约翰的护卫队拥有108名骑士、107名武装侍从、12名弓手和22名弩手。其余的大贵族也纷纷拥有自己的扈从，如布锡考特元帅的护卫队有15名骑士和70名"绅士"（指尚未正式获得骑士资格的"准骑士"）。

腓力二世公爵为儿子讷韦尔伯爵至少准备了16面旗帜，这足以体现腓力对这次十字军东征的重视。对十字军而言，参与"圣战"，宗教的目的理当置于首位。其中最重要的8面旗帜（4面白色，4面蓝色）描绘的是十字军的主保圣徒——圣母玛利亚，其余8面则作为普通军旗代表勃艮第的不同军队。腓力·德·穆兹（Phillip de Mussy）和其他3名高级骑士组成了主旗旗队，让·德·格鲁休斯（Jean de Gruuthuse）和其他2名侍从则组成了伯爵燕尾旗的旗手。伯爵的贴身卫队则是从他的护卫队中精选出的 6 名骑士。粮草、军需军官也被选举出，并一一获得任命。

约翰手下人才济济。很多指挥官来到勃艮第大公帐下。被勃艮第公爵和公爵夫人誉为"法国最有经验的骑士"的昂盖朗，在远征军出发前专程从意大利赶来；包括亨利·德·蒙特拜利尔德、亨利·德 查隆、圭尧姆·德·维埃纳等在内的勃艮第高级骑士也在大军出发时加入了行军队伍，他们多数都来自腓力二世的公爵府，是约翰值得以性命相托的心腹。

讷韦尔伯爵护卫队中的 35 人有参加十字军的经验，除让·德·维埃纳曾参加过 1366 年萨伏伊伯爵反抗土耳其的战争外，他们的活动区域主要在波罗的海和北非，因此，他们对巴尔干的情况、土耳其军队的底细并不了解。当然，在十字军的所有士兵中，不仅有人参加过反抗土耳其人的战争，还有部分人曾以雇佣军的身份加入过奥斯曼军队，但这些普通士兵与骑士很难有机会进入约翰的营帐。总体来说，十字军统帅层对他们即将遭遇的敌人，是不了解的。

同时，其他的规模稍逊的十字军部队在德意志集结，除了巴伐利亚大公罗伯特三世的长子皮潘伯爵（Pipan）外，还有卡策内尔恩博根（Katzenelnbogen）伯爵、西利的赫尔曼（Herman）三世伯爵、纽伦堡伯爵约翰三世以及其他从巴伐利亚、美因茨、图林根、萨克森、汉莎、莱茵兰等地赶来的骑士。据说亨廷顿（Huntingdon）伯爵麾下还有一些英格兰骑士。另外，少量的阿拉贡骑士和波兰骑士也汇入了十字军。

在十字军士气高涨的时候，基督徒内部也发出了批评十字军的声音。长期致力于十字军宣传的腓力·德·美兹埃尔伯爵（Phillip de Mezieres）就坚信这次进军不合时宜。在他看来，野心勃勃的十字军成员们的动机不纯，贸然劳师远征必将遭到惨败，但十字军领袖们对他的逆耳之言置若罔闻，依然热情地从事着准备工作。

集结于第戎（Dijon）的法兰西 - 勃艮第十字军士兵们得到了 4 个月的薪俸，133 名讷韦尔伯爵护卫队成员还得到了统一的绿色制服。1396 年 4 月 20 日，大军从这里出发，开赴巴尔干。在此之前，昂盖朗与亨利·德·巴尔（Henri de Bar）已率领部分先遣队前往米兰和威尼斯。4 月 30 日，十字军主帅讷韦尔伯爵约翰在蒙贝利亚尔（Montbéliard）加入部队，一同向东方进军。

大约是此时，医院骑士团大团长海瑞德（Heredia）病逝，菲利贝尔被选为继任者。（大团长逝世时，菲利贝尔是否已从法国赶来，这一点尚不清楚。）他继任后，迅速武装了一个船队，并按约定与从热那亚、威尼斯驶来的远征船队汇合。

十字军开赴维也纳的第一阶段的行程可谓风平浪静。5 月 11 日，法国十字军抵达雷根斯堡（Regensburg，位于今巴伐利亚境内）后，当地议会收到了租借船只沿多瑙河运送给养的请求。皮潘伯爵和卡策内尔恩博根伯爵带领的德国十字军也在这里与远道而来的勇士会合。5 月 21 日，部队前锋在厄镇伯爵腓力和布锡考特的指挥下到达维也纳。随后三天，联军主力陆续抵达。他们在这里得到了前奥地利公爵

（Duke of Further Austria）的热情款待。

此时，昂盖朗七世和他的先遣队赶到了米兰，觐见了米兰公爵居安·加利阿索·维斯康蒂（Gian Galeazzo Visconti）。但劝说米兰参战的愿望最终落空。维斯康蒂不满法国企图削弱他对热那亚影响力的举动，尝试阻止热那亚与法国的联合。昂盖朗受命前往米兰警告维斯康蒂切勿从中作梗。4月，法国王后伊萨贝拉（Isabeau of Bavaria）施计流放了奥兰多公爵的妻子、维斯康蒂的爱女瓦伦蒂娜·维斯康蒂（Valentina Visconti）。米兰公爵视这为奇耻大辱，扬言要派遣骑士捍卫女儿的名节。由于十字军同米兰公国的关系持续紧张，使他们不仅未得到米兰公国的强力援助，甚至还有被维斯康蒂出卖的可能（虽然没有确凿证据）。同米兰交涉的失败，使心情沮丧的昂盖朗和亨利·德·巴尔赶往威尼斯，于5月30日在克罗地亚港口塞尼（Senj）登陆，随即便前往预定的会合地点——布达佩斯。在这里，除法国的故交外，他们还会合了萨伏依人、波希米亚人、条顿骑士和波兰骑士。匈牙利人与米尔恰的瓦拉几亚军队也集结完毕，蓄势待发。

7月底，又有一支由70只战舰和运输船组成的船队从威尼斯赶往多瑙河口的布达佩斯。大队人马集结在匈牙利首都周围。西吉斯孟德自豪地这样描述十字军："他们的长矛甚至要刺破蓝天了。"

在布达佩斯举行的战争会议上，十字军各方统帅就下一步的动作争辩不休。巴耶济德一世一年前曾扬言他将会在来年5月进攻匈牙利，然而直到7月末，仍不见

◎ 米兰公爵居安·加利阿索·维斯康蒂

奥斯曼帝国军的踪影。米尔恰派出轻骑兵远行达达尼尔海峡也未发现巴耶济德一世的主力部队，于是，急不可耐的法国-勃艮第骑士们认为巴耶济德是一介懦夫，不敢与十字军正面对垒。他们坚持应该主动出击，深入敌境，给奥斯曼人一个教训。但老练的西吉斯蒙德坚信巴耶济德一世不会对十字军的到来熟视无睹，他建议应按兵不动，等待土耳其人长途跋涉攻打匈牙利时再进攻，从而以逸待劳，增加胜算。法国人及其盟友则不赞成这一作战计划，昂盖朗七世代表法国发言："即使苏丹曾夸下海口，我们也可以主动去杀敌。按兵不动不是我们远道而来的初衷。"西吉斯蒙德仰仗法国骑士的战斗力，只能表示同意。编年史家写道："昂盖朗七世这番言论引起了厄镇伯爵腓力的不满——厄镇伯

爵腓力认为自己的身份比昂盖朗七世的高贵，更适合代表法兰西进言献策，昂盖朗不应该越俎代庖。这件事情为十字军的分裂埋下种子。"

匈牙利将领尼古拉斯·德·格拉（Nicolas de Gara）带领匈牙利前锋率先到达多瑙河左岸，紧随其后的是法兰西 - 勃艮第和西吉斯孟德的主力部队。与此同时，一些担任辅助任务的诸侯也在陆续到达。由于奥尔绍瓦（Orşova）的铁门峡谷（Iron Gates Valley）是多瑙河较狭窄的河段，十字军选择在这里使用浮桥和舟船渡河，总共花了8天时间（现代的历史学家便是据此推断出十字军总人数在16000人左右，如果按某些记载说的，其总人数有13万人的话，渡河时间则会超过1个月）。法兰西十字军进人敌人的境地后，就开始对当地的穆斯林及东正教居民进行烧杀抢掠的"救赎"。

过于自信的法国人十分轻视向维丁进军的计划，甚至没有认真考察过补给船能否穿过铁门峡谷狭窄、湍急的地段，尽管后来证明一些小型运输船只可以通过，但总体而言，这里的地形不适合大批船只穿行，一旦作战遭遇重大挫折，便有全军覆没的危险。

部分匈牙利军队走了其他路线，他们从特兰西瓦尼亚翻越喀尔巴阡山（Carpathian），穿过瓦拉几亚地区。这些人主要是特兰西瓦尼亚人，行军目的是帮助米尔恰对付奥斯曼王公弗拉德（Vlad），驱逐驻守在尼科波利斯高地上的少量奥斯曼守卫。这两个目的都达到了，但行军的最主要目的——占领尼科波利斯，一直没

有实现。米尔恰随后协助十字军船队在多瑙河河口抛锚停泊。此刻，由44艘运输舰组成的船队驶离了罗得岛，在威尼斯著名海军上将托玛索·摩契尼哥（Tommaso Mocenigo，他后来于1414年当选威尼斯执政官）的指挥下，于8月29日至30日陆续到达多瑙河口锚地。

根据弗偌萨特（Froissart）的记载，十字军渡河后，攻击了多个地区，其中有一个城堡，可能是贝洛格拉奇克（Belogradchik，位于今保加利亚境内）。但这些鲁莽的攻击仅仅起到了打草惊蛇的作用，因为守军在顽强抵抗的同时，派信使给巴耶济德送去了敌人已入侵的警报。

◎ 今日的铁门峡谷

◎ 今日的贝洛格拉奇克城堡

十字军期望的迅雷不及掩耳的突袭落空了。

维丁是保加利亚一个小王国的首府，同时也是奥斯曼帝国的藩属，在14世纪60年代曾经被匈牙利统治过。维丁的城堡坚固，护城河可直通多瑙河。但十字军9月初到达维丁后，保加利亚王公约翰却选择投降。十字军随后残忍地处决了全部守军，并用300名十字军取而代之。这是本次十字军东征的第一场"大胜"。维丁的不战而降加深了法国人的自满情绪。为庆祝胜利，讷韦尔伯爵的300名部下在这片给他们带来"荣誉"的土地上被授予骑士头衔。

十字军接下来面对的奥雷霍沃（Oryahovo）则是多瑙河边一个十分坚固的要塞，据说拥有两层城墙。因为它是多瑙河上的重要渡口，所以留有大量守军。这里是奥斯曼真正的国土，而不是其藩属的领土。为了取得出其不意的效果，一队由500名法国人和勃艮第人组成的分队由厄镇伯爵腓力和布锡考特带领，在没有匈牙利人的支持下，一夜急行后于凌晨突袭奥雷霍沃。他们刚好遇上了出来破坏护城河桥梁的土耳其人。经过一番激战，法国人占据了桥梁并推进至城墙处，但因兵力不足及缺乏攻城机械，不得不暂时停下来，等待西吉斯孟德的匈牙利部队的增援。匈牙利人赶到后，奥斯曼指挥官认为坚守无望，便同意放下武器有条件投降，以换取守军和城中居民的生命安全。西吉斯孟德做了承诺，但法国人在进城后立刻把他的承诺当作一纸空文。他们在奥雷霍沃大肆抢劫及屠杀——他们认为奥雷霍沃是被法

兰西勇士们武力征服的而非和平投降的，因为他们在进城前一晚已占据了城墙。城中大约有1000名土耳其人和保加利亚人沦为了人质。奥雷霍沃几乎成为废墟，匈牙利人认为法国人背信弃义的行为侮辱了他们的国王西吉斯蒙德，而法国人却认为匈牙利人嫉妒贤能，试图在战争里剥夺属于他们的光荣胜利。

与此同时，威尼斯、热那亚和医院骑士团组成的联合舰队自多瑙河逆流而上，大约12天后，终于抵达尼科波利斯附近水域。多瑙河下游河面宽广平缓，中型船只可自由通行。尼科波利斯附近水面更是宽达1公里。船队于9月10日抵达后，便在离岸一箭距离处抛锚停泊，等待两天后十字军大队人马的到来。

尼科波利斯城堡建在一片相对陡峭的山地上，可以俯瞰多瑙河。城堡靠近奥尔特河（Olt River，这条河流向北可以到达瓦拉几亚甚至特兰西瓦尼亚）和奥萨山口

◎ *同时期法国编年史作家让·傅华萨（Jean Froissart）作品中关于围攻尼科波利斯城堡的插图。需要注意的是，画中的场面与史实不符，史上的十字军并未装备火炮等重型攻城器械。*

（Osâm，这里的山谷直通巴尔干中部）。尼科波利斯不仅是多瑙河地区一个重要的战略枢纽，也是十字军面临的最坚固的要塞——有高大的双层城墙、装备精良的守军以及经验丰富的守将都根贝伊。

了解对手的地利优势后，十字军选择驻扎在尼科波利斯东侧较平坦的高地上。法兰西联军扎营面向城堡中心，西吉斯孟德和匈牙利人则面向市镇。尼科波利斯防御工事建在四面陡峭的平台上，在其东南段尽管有深沟截断，但是城墙还是向内凹下一片并且在城墙外形成一片台地。于是，十字军选择这里作为主攻点。法兰西人与勃艮第人偏爱攻城梯，匈牙利人则偏爱在城墙下挖掘隧道。但这些尝试均以失败告终。中世纪编年史学家后来抱怨十字军攻城失利是因为缺乏足够的攻城器械，不过这却让人困惑。为什么十字军选择攻坚，却竟然"遗忘"携带攻城器械？或者他们急于求成，将这些重装备落在了后方？又或者十字军指挥官认为尼科波利斯难以在短期内被攻克，因而试图围城打援（后来战局的发展令此说难以成立）？或许他们准备采用漫长但低伤亡的方法，即长期围困，加上瓦拉几亚盟友的支持，逼迫守军投降？

尼科波利斯久攻不下算不上致命的错误，但明知巴耶济德正在某处虎视眈眈，十字军却没有派出足够斥候去侦察、确定敌人的动向，就不能说不是一个重大错误了。当然，来自瓦拉几亚有限的后勤供给，也在一定程度上限制了十字军侦察敌人的能力。虽然编年史作者们对十字军士气低迷的描述有夸大之嫌，但不可否认，法兰西人与匈牙利人的裂痕正在不断扩大。联军中信仰东正教的瓦拉几亚人同样对十字军屠杀劫掠当地东正教居民的行为义愤填膺，何况本地区大部分百姓从血缘来看都是他们的同胞。十字军在这一时期甚至具有鸵鸟心态——只要有人说巴耶济德的大军即将到来，那人就会被当作异端和叛徒拖出营帐，按照散布谣言、蛊惑军心的罪名被处以极刑。来自西欧的十字军虽然蔑视土耳其人的战斗力，但尼科波利斯守军的积极抵抗使他们不得不改变了当初的看法（后来，守城的都根贝伊由此被苏丹授予"信仰卫士"的称号）。

当十字军入侵开始的时候，巴耶济德和他的精锐部队正在围困君士坦丁堡。得知布达佩斯集结了一批从西方来的干预部队后，苏丹的智囊团建议暂时解围，全力迎击北方的敌人。于是，土耳其人撤走并烧毁了所有无法携带的重型装备。拜占庭人虽然得到了拯救，但他们的兵力过于弱小，依托城墙固守尚可，出城追击对手则无异于以卵击石，也就只能"目送"土耳其人撤走。十字军船队穿越达达尼尔和博斯普鲁斯海峡的消息也传到了苏丹耳中。这支船队或许暂时能够掌控海峡，但却不能阻止奥斯曼军队穿越巴尔干的行动，因为帝国已经在欧洲经营了40余年，有一定的根基。当巴耶济德在埃尔迪内集结主力时，一位土耳其间谍给他带来曼努埃尔二世写给西吉斯孟德的一份信件副本，信中拜占庭皇帝焦灼万分地问西吉斯孟德："为什么你一再延迟？土耳其人已经把矛头指向你了，请尽快备战！"

奥斯曼方面关于这次战役的记载十分稀少，巴耶济德身边的史学家达卡斯（Dukas）仅留下了片言只语："几天前便派了使者在帝国的西部召集人马。现在，来自帝国东部和西部的军队同时开始集结，其中也包括那些围困君士坦丁堡的部队。巴耶济德苏丹将亲自率领大军。"根据编年史资料，主力逐步解除对君士坦丁堡的围困前，奥斯曼就已经派盖兹·艾弗瑞罗丝贝伊带领一支轻骑兵去侦察十字军动向了。于是，十字军的部署已尽在苏丹心中。巴耶济德严令禁止部下与十字军私自交战，并且要求各主力集结在埃尔迪内和普罗夫迪夫（Plovdiv，今保加利亚第二大城市）之间。他们高效地完成了这一任务。由桑贾克贝伊（sanjakbey，相当于地方封建贵族）招募的各行省部队骑兵，除一部分留在驻地保护自己家园外，其余皆在各个指定集结点汇合。巴耶济德一世为全军统帅，掌握着精锐的土耳其禁卫军，而他的儿子们则分别被派往鲁美利亚（主要指土耳其帝国的欧洲部分）、安纳托利亚的封建部队以及卡拉·帖木儿塔斯贝伊的部队中。诸侯联军集结于普罗夫迪夫，随后与塞尔维亚大公拉扎列维奇的军队一同前往索菲亚（Sofia）。为了减轻后勤压力，奥斯曼的部队集结地基本分布在马里查河（Maritsa）。位于埃尔迪内和普罗夫迪夫之间的军营其实距离十字军外围侦察部队的巡逻范围只有一线之隔，但幸运的是，十字军并没有发现他们。

有着"雷霆"称号的巴耶济德一世深晓兵贵神速的道理。他在1396年快速渡过多瑙河的行军行动令十字军猝不及防。一份早期的土耳其文学作品如此描绘了大军出发的场面："高级官员骑着骏马，周围是象征荣誉的旗徽、宗教标记、巨大的战鼓以及镀金的小战鼓……"奥斯曼军队通常的行军次序是先派出由阿金日组成的先头部队在前方探路（这次可能由盖兹·艾弗瑞罗丝贝伊指挥），其后是穆色林姆骑兵组成的前锋部队，他们的重要职责是勘测整修道路桥梁，保证它们的畅通。再往后，便依次是精锐骑兵团、封建步兵团、禁卫骑兵团和加尼沙里军团，最后是后勤辎重车队。两翼则由西帕希骑兵负责掩护。

奥斯曼主力从埃尔迪内往特尔诺沃（Tarnovo，曾是保加利亚第二帝国首都）出发，塞尔维亚人则从普罗夫迪夫出发。两军最终于9月22日在特尔诺沃会师。在这里，奥斯曼军队终于被匈牙利约翰的斥候发现了。不过，奥斯曼主力似乎无意在抵达尼科波利斯前与十字军正面接触。9月24日，巴耶济德在离城几公里的一处高地上立起了营帐。14世纪末，土耳其作家优素福（Yusu-i）在他的传奇小说中这样

◎ 今日的尼科波利斯

◎ 苏丹夜访尼科波利斯城堡。右侧为十字军营帐，左侧骑马者为巴耶济德一世，城中回话者为都根贝伊。这是一幅1523年的奥斯曼手稿插图，现藏于伊斯坦布尔托普卡帕宫。

描述苏丹营地："战鼓、横笛与喇叭齐鸣，马尾麾、长矛与旌旗林立。诸军如层峦叠嶂，披挂齐整。他们面向敌人建起军营，一座座帐篷——主帐、从帐、阁帐雨后春笋般布满大地，帐篷的绳索互相缠绕，几乎想

要遮住太阳。"

奥斯曼方面的资料显示巴耶济德一世曾经在战前，乘着夜色潜行至尼科波利斯城下，与都根贝伊有过短暂对话。他似乎表示不能立即给守军强力的支援。事实上，

奥斯曼史学家的记录认为守军并不需要物资援助，他们的储备十分充分。都根告诉巴耶济德说："我们物资充裕，现在陛下又来到我们身边，我军士气大振，定能克敌制胜。"巴耶济德最后说："坚持住，我的勇士们，我将一直与你们同在。很快，你们就会发现我军如闪电已在城下。"

巴耶济德一世现在决定使用穆斯林的传统战术，引诱敌人前来进攻。他精心挑选战场，并构筑了野战工事。根据14世纪末马木留克的战斗手册，他让士兵挖掘了战壕、筑垒等防御工事，并安排弓箭手和骑兵防御。这样的布阵能够最大程度抵消十字军的重骑兵优势。欧洲的记录也提到了尖锐的拒马和坚固的筑垒，但没有提及奥斯曼人挖掘的大量壕沟。正是奥斯曼人对这些工事综合巧妙的应用，让十字军骑兵在之后的进攻中进退维谷。

之前信心满满的十字军久久不能攻克城堡后，发现自己落入了腹背受敌的险境——尼科波利斯守军在他们后方，苏丹在其正面不远处严阵以待，而湍急的多瑙河将他们与补给基地瓦拉几亚隔绝。一旦战败，他们将被合围。对十字军高层而言，便有了些许背水一战的意味，他们必须主动进攻，来打破僵局。不过，对西欧的骑士们而言，这正合胃口，法兰西人的传统战术便是进攻，骑士的荣誉感不允许他们后退半步。

9月24日，米尔恰一世与昂盖朗七世率领各部（其中可能包含部分的日耳曼十字军）开始对整个区域展开侦察搜索。土耳其方面并未记载这次行动，而基督教历

史学家的记载又不乏夸大其词。例如，米尔恰一世带领1000人侦察了敌情后回来说，土耳其人至少有20面帅旗，每面帅旗下至少有1万名士兵。但实际上，他们发现的只是盖兹·艾弗瑞罗丝贝伊的前锋部队而已。昂盖朗七世为此提议发起一次试探性攻击。这个建议被批准了，雷诺·德·罗耶和其他4名将领带领500名士兵和500名乘马弓弩手（其中包含少量瓦拉几亚人及匈牙利向导）开始出击。根据法国编年史作家弗瓦萨尔（Froissart）的记载，这些士兵遭遇了正在通过附近一个关隘的大批土耳其士兵。昂盖朗七世让200名骑士佯退，吸引追兵进入伏击地点，预先埋伏在暗处的十字军则袭击敌人的殿后部队。最后，昂盖朗七世的军队漂亮地将敌人一网打尽，凯旋回营。观战的将士们不禁高呼："圣母玛利亚与昂盖朗七世同在！"考虑到编年史家惯有的夸大，这可能仅仅是双方试探接触中的一场小胜。但这再次引起了厄镇伯爵的嫉妒——厄镇伯爵认为昂盖朗七世企图从主帅约翰身上窃取荣誉和权威。

同一天，面对越来越大的压力，十字军屠杀了在奥雷霍沃俘获的几千名俘虏（其中不乏平民）。理由是苏丹将至，没有充足人力去看守这些囚徒。虽然西欧骑士从来便不乏此类暴行，但这对奥斯曼人来说却是第一次。连偏向联军的西欧历史学家们也异口同声地称之为耻辱。仓促之际，十字军甚至都没有掩埋尸体。这次暴行直接导致了战后巴耶济德一世雷霆般的报复。

喋血旷野

最后的决战于 1896 年 9 月 25 日（星期一）在尼科波利斯城外不远处的旷野展开。依据文献，战场位于尼科波利斯和村庄贝勒弗达（Belevoda）之间的谷地。土耳其人十分擅长利用自然地形加强防御——左翼有树林做掩护，右翼有崎岖的湿地提供天然防护，前方又有一道密布着灌木丛的沟壑（可以限制十字军骑兵的冲击力）。

土耳其军队的阵型通常是按照 14 世纪安纳托利亚军事传统排列的：队列最前方是弓箭手，靠后是骑兵部队，中间安排的人员最多，两翼略少，整支军队宛如新月。依照传统，鲁美利亚和巴尔干骑兵位居部队右翼，安纳托利亚骑兵部署在左翼（即帝国欧洲部分骑兵居右，亚洲部分骑兵居左）。此次会战，苏丹命令中央的步兵在阵前布满了锋利的拒马。由于忌惮十字军骑兵的冲击力，部分加尼沙里军团被临时安排加入到普通阿赞布弓兵方阵中，而不是和苏丹的整个禁卫军一起位于后方。考虑到阿金日骑兵作为边防突袭部队，正面攻坚能力较弱，巴耶济德一世将他们布置在拒马前方。其任务是引诱敌人进攻土耳其军正面，旋即后退将敌军放入土耳其的陷阱中；当反击时，他们则作为侧翼骑兵进行包抄合围。

巴耶济德一世本人的营帐位于稍远些的小丘上，周围由他的亲兵簇拥，卡皮库鲁骑兵则拱卫在两翼。他忠诚的盟友拉扎列维奇率领的塞尔维亚部队与他的左翼禁卫骑兵团并肩战斗。根据奥斯曼颂歌中的记载，鲁美利亚骑兵由巴耶济德的儿子苏里曼·切莱比（Suleyman Celeb）统帅，阿里帕夏（Ali Pasha）和鲁美利亚贝伊勒贝伊菲鲁兹（Firuz）等人辅佐。安纳托利亚骑兵则由巴耶济德的另一儿子穆斯塔法·切莱比（Mustafa Celeb）统帅，安纳托利亚贝伊勒贝伊卡拉·帖木儿塔斯帕夏协助。安纳托利亚骑兵包括土耳其在小亚细亚很多仆从国的部队。巴耶济德计划将十字军的进攻引到队列的中央，当十字军与己方步兵部队厮杀时，再派遣骑兵从两翼攻击。当然这一计划也不无风险——由于苏丹将精锐机动兵力置于两翼，如果十字军迅速突破中央防线，他的部队就可能从中被撕裂，从而首尾难于相顾陷于崩溃。

大敌当前，不论是远道而来的法兰西骑士，还是西吉斯孟德与他的巴尔干联军，

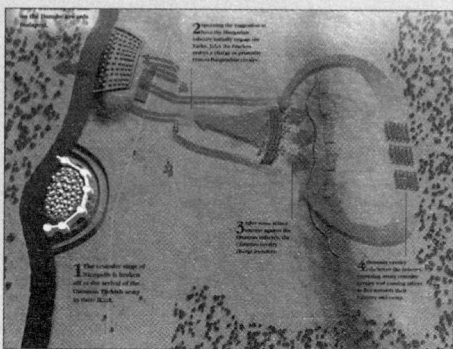

◎ 双方兵力布置及作战进程图释。来自 Jean-Denis G. G. Lepage, *Medieval Armies and Weapons in Western Europe: An Illustrated History*, McFarland & Company, 2004.

都士气高涨，枕戈待旦。虽然他们取胜的愿望同样强烈，但因配合不佳，他们不可避免地产生了矛盾。法国十字军将士倾向于直接发起冲锋，靠强有力的正面突击一举打垮对手；匈牙利与瓦拉几亚人因先前已吃尽奥斯曼军队的苦头，则倾向于制定严谨的计划，协同出战。是日破晓时分，全体十字军将领在约翰的营帐召开了战前会议。西吉斯蒙德向约翰表示他的侦察兵已目睹了土耳其人的军阵，请求将攻击延缓两个小时，使他的侦察兵得以回报敌军的数量及具体部署，然后由刚与土耳其交手、熟悉敌情的米尔恰用轻骑兵试探攻击，最后再用西欧十字军与匈牙利部队发动主攻。

昂盖朗七世、法国海军上将让·德·维埃纳及十字军的一些资深骑士都建议依从匈牙利国王的老成之言。但厄镇伯爵腓力长期的不满和嫉妒在此刻终于爆发，声称西吉斯蒙德只是想包揽战功，为自己树立权威。他希望能捍卫法兰西骑士的荣誉，请缨带队冲锋。昂盖朗七世当众怒斥腓力的傲慢无礼，让维埃纳发表意见。维埃纳说道："实情和情理若不被接纳，那就是傲慢无礼。"他又认为，如果腓力果真孤身挺进，那么法兰西同胞们不会见死不救，也将一同出击，但是与匈牙利人和其他盟友一起合作才更为明智和稳妥。可是腓力依旧坚持己见，不愿再等下去，于是会议演变成激烈的争吵。此时，法国军中较年轻的鹰派骑士心高气傲，急于崭露头角，便鼓噪老将们不是谨慎行事，而是畏敌如虎，把法兰西骑士的颜面都丢光了。在他们的言语相激下，约翰最后采纳了腓力的

建议，决定立刻进攻。西吉斯孟德不得不让步。最终，法兰西-勃艮第联军被部署于阵型中央最前线，在他们的后方，匈牙利人、日耳曼人，医院骑士团、波兰与波希米亚的少量军队依次摆成了横列；右翼是特兰西瓦尼亚人，左翼是米尔恰的瓦拉几亚人。这就意味着十字军的左翼一直延伸到多瑙河，右翼则暴露在了尼科波利斯的守军面前。

进攻命令传达下去后，清晨，厄镇伯爵一马当先，充当前锋，约翰和昂盖朗率领的法兰西骑兵主力紧跟其后。其他十字军和部分瓦拉几亚人也一同出击。由于奥斯曼人狡黠的部署，十字军侦察骑兵能够发现的土耳其军队，只有那些在灌木沟壑后面较远山丘斜坡上的阿金日轻骑兵。不过，十字军估计高地下的树林里可能隐藏有大量的拒马和奥斯曼步兵，所以冲上山头后，没有立即全速下山。他们和阿金日轻骑兵曾在高地短暂接触过。但阿金日轻骑兵并不恋战，很快就有组织地分散到远处的山丘，而那些起伏不定的山丘则藏有巴耶济德的主力和塞尔维亚骑兵。

可能是轻信了土耳其只有轻骑兵的传言，也可能是因为盲目自大，法兰西十字联军向前推进到高地边缘时，并没有及时通知西吉斯孟德。位居最前列的法国人独自发动冲锋后，后面不知情的匈牙利人以步兵为主，显然无法跟上法国骑兵的速度，两翼的巴尔干轻骑兵距离又过于遥远，于是这便导致了十字军的前后脱节。虽然双方总兵力不相伯仲，但此刻法国人面临的以少打多的窘境，则是由他们自身造成的。

冲上高地的骑士们很快发现下方是干涸的溪流与茂密的树林，并不利于他们机动。虽然阿金日轻骑兵看似完全不是西欧重骑兵的对手，一触即溃，但这不是真正的战斗。欧洲历史学家用了很多篇幅来描绘十字军初战告捷，阿金日骑兵四散奔逃的场面，但阿金日骑兵只是按计划佯败诱敌深入而已，且高地下的树林里便藏有大量奥斯曼步兵。很快，轻盈的阿金日骑兵便消失在十字军的视野，退回后方重整旗鼓。

被"胜利"鼓舞的法兰西骑士们推进到奥斯曼军队阵前时，才恍然发觉早先以为的灌木丛，竟是密集的拒马，而拒马后面埋伏着大量的土耳其弓箭手。他们曾短暂停顿，但事已至此，已没有其他出路，何况骑士规范不允许他们后撤。于是，他们以惊人的勇气咬牙继续冲锋。可以想象，他们已是奥斯曼弓箭手极佳的活靶。布锡考特元帅的个人传记有着这样的记载："箭雨比小溪瀑布的水点还要密集。"而布锡考特不断激励他的部下继续向前，不能像懦夫一样死于箭下。这时，法国骑士装甲上的优势便体现出来了。土耳其步兵使用的复合弓在射程、精度、射击频率上远优

◎ 十字军骑兵冲向严阵以待的奥斯曼军阵

于西欧长弓，但箭头太轻，面对西方最为优良的复合盔甲，穿透力不足，于是多数箭矢都在十字军的甲胄前弹开。这些法兰西骑士便在土耳其士兵诧异的目光中，顶着箭雨冲上了山头。

然而，山坡陡峭，并不适合战马冲刺，虽然骑士的伤亡不大，但战马的装甲防护并不结实，很多战马中箭后甩下骑手便跑回了营垒，致使很多落马骑手不得不徒步作战。那些徒步骑士尽力为战友推倒拒马，令后面的骑士得以通过。西欧十字军的装甲给土耳其人留下了不可磨灭的记忆。14世纪末的土耳其诗歌总是描绘西欧的骑士"全身披挂重甲"，如发表于尼科波利斯战后的史诗《乌马尔帕夏》就这样描写十字军在清晨的进攻："敌人穿着铠甲，连马匹也不例外。他们的锁子甲令人艳羡，他们的胸甲、臂甲、腿铠以及头盔在阳光下发出耀眼的光芒。"

只用了很短的时间，十字军便冲过拒马，进入了对方步兵阵列。此时接战的土耳其步兵仅为普通的阿赞布弓兵或巴希巴祖克非正规军，面对几乎"刀枪不入"的十字军骑士，他们纷纷退向两翼。传统土耳其史学家解释这为有意的诈败，是一个陷阱，目的是让十字军陷入重围。但事实上，这恐怕是一场溃败。因为步兵方阵后的骑兵部队也抵挡不住，被法兰西骑士冲得七零八落。这些骑兵可能是先前退回休整的阿金日轻骑兵，也可能是负责连接两个步兵方阵的西帕希骑兵。步兵方阵这么快即告陷落，大大出乎巴耶济德的预料，对土耳其人而言，到了千钧一发之际。

击败土耳其步兵后，昂盖朗七世和让·德·维埃纳试图暂停攻击，整理队列并等待后方匈牙利人的增援。如果做到了这一点，他们还有取胜的希望。但那些年轻的骑士已被"胜利"冲昏了头脑，坚持继续进攻，幻想着再稍稍努力，就能直捣苏丹大营。然而，如前文所说，一名法国贵族骑士的全套装备重量超过100磅，经过了长时间的全力冲刺和箭雨、拒马的洗礼，多数士兵的体力已经枯竭，而他们此时面对的，是最为精锐的土耳其禁卫军。同时，他们的侧面也开始受到两翼西帕希骑兵的攻击。虽然骑士的装备给了他们最好的防护，但侧面依然是脆弱的。这一切都发生在有着明媚阳光的陡峭山坡上。很快，约翰和其他贵族就陷入了层层包围，但他们并没有放弃战斗。长矛断了，战马死了，他们便抽出短剑，与敌人展开了白刃战。西帕希骑兵几乎就要支撑不住了。

千钧一发之际，土耳其禁卫骑兵突然高呼着"真主伟大"从树林中杀出，十字军顿时陷入了恐慌，他们大声叫喊着："土耳其人从后面冲上来了！我们被包围了！"

让·德·维埃纳海军上将试图将军心稳定下来，但他周围可用的兵力越来越少。神圣的圣母旗倒下了，圣母旗又树起来了，又倒下了，又树起来了……它第六次倒下的时候，维埃纳也倒下了。让·德·卡鲁日（Jean de Carrouges）、腓力·德·巴（Philippe de Bar）及奥达德·德·沙斯龙（Odard de Chasseron）等法国贵族及大部分日耳曼骑士也都英勇战死。约翰本想玉碎殉国，但他的贴身侍卫劝他暂且投降，以便来日东山再起。约翰便放下了武器。随后，厄镇伯爵腓力、德·拉·马尔什伯爵、布锡考特元帅、昂盖朗七世等人与一些瓦拉几亚骑士，目睹了主帅的作为后，也相继放下了武器。土耳其人知道这些贵族的分量，准备留待将来换取巨额赎金，也就乐于保全俘虏的性命。

此时，尼科波利斯战役正式分为两个部分——即摧毁法兰西十字军和匈牙利联军的两场战斗。当法国人几乎全军覆没，奥斯曼人开始重整阵列的时候，后方的西吉斯孟德很可能还不明白战局的状况。因为法国人擅自发起的冲锋使前后军完全脱节，增援途中的匈牙利人又被小山遮蔽了视线，恐怕只能通过零星跑回的战马与跌跌撞撞的伤兵判断情势。而这样的场面肯定会对士气形成严重打击。虽然不清楚细节，但西吉斯孟德想必明白，他已经失去了最好的重骑兵。在西吉斯孟德写给医院骑士团大团长菲利贝尔的信中，他抱怨道："我们因为法国人的骄傲和无知失掉了这场战役，如果他们听从我的建议，我们就有足够的兵力对抗我们的敌人。"

匈牙利人、德意志人和其他十字军往前出击，试图挽救法兰西–勃艮第联军的命运。但特兰西瓦尼亚和瓦拉几亚却并没有如此忠心。当看见如狼似虎的奥斯曼军队从树林中杀出来时，他们便抛弃盟友自行撤退了。米尔恰明白这场战役已经没有胜算，于是选择保存实力。如此一来，中路的十字军便完全失去了两翼的掩护，再一次陷入土耳其人的合围圈。西吉斯孟德的主力继续前进，他们很快遭遇了正准备

◎ 描绘尼科波利斯战役的绘画（创作于1588年）

前往尼科波利斯城堡解围的奥斯曼步兵军团，完全失去骑兵掩护的匈牙利部队几乎成为待宰羔羊。当两侧的西帕希骑兵赶到后，十字军最后的抵抗演变成彻底的溃败。由于威尼斯的战舰吨位过大，无法靠岸，幸存的士兵只能依赖为数不多的小船渡河，这更加混乱，加重了伤亡。

当骑兵部队取得对匈牙利军队的胜利后，巴耶济德并没有将禁卫骑兵军团投入战场以获得荣誉，而是让拉扎列维奇和他的塞尔维亚部队去追击残敌。这些基督徒军队对昔日的战友毫不留情，他们缴获了

◎ 当匈牙利西吉斯孟德国王的部队击破了奥斯曼重新列阵的步兵，正在抵御冲锋的西帕希骑兵时，他们突然惨遭来自侧后方的斯蒂芬·拉扎列维奇部队的强力突袭，后者成功砍倒了西吉斯孟德的帅旗。

匈牙利国王以及各主要指挥官的战旗，这些战利品一直在土耳其保存了数个世纪。

当国王战旗倒下时，匈牙利军官们明白大势已去，纷纷劝说西吉斯孟德逃离战场。他们且战且退，向河边奔去。医院骑士团的一艘小船将西吉斯孟德运到威尼斯海军的战舰上。大约200名伦巴第和热那亚雇佣兵弩手在山丘上忠心耿耿地阻击土耳其的攻势直到匈牙利国王成功登舰。阵中的纽伦堡伯爵约翰三世、医院骑士团大团长菲利贝尔以及格兰大主教等也成功撤走。

不过，多数士兵就没有这么幸运了。将近6000名波兰骑士和瓦拉几亚人在离西吉斯孟德不远的战场被土耳其人撕成了碎片。其余士兵目睹国王远遁，也纷纷涌向多瑙河，企图随意找到一艘小艇逃走。但贵族们都不能全部得到救援，更不用提这些普通士兵了。当溃逃的士兵试图爬上船时，船上的人害怕超载翻船，就砍断了他们抓着船沿的手指，很多人被迫掉入河中。幸运的是，9月恰逢多瑙河枯水期，河中有一些较大的江心岛屿，所以，部分十字军得以存活，其中包括少数法兰西十字军。

这场战争，有多少人被俘，不同的资

◎ 仓皇渡河逃难的十字军士兵，来自: David Nicolle, Nicopolis 1396: The Last Crusade.

料有不同的说法，从 400 人至 12000 人不等。不过，今天的历史学家认为被俘人数在 3000 人左右。当巴耶济德一世作为胜利者进入敌军营地后，他才领略到十字军贵族的奢华，感到十分震撼。然而，当他目睹附近被屠杀的土耳其战俘尸体时，震撼转为震怒，当即他便决定用同样的方式向基督徒报复。

第二天（即 9 月 26 日）上午，余怒未消的巴耶济德一世下令检阅战俘。虽然根据伊斯兰法律，战俘是俘获者的财产，但苏丹享有五分之一的战利品。于是，俘虏中的五分之一被带到他的面前。雅克·德·埃利（Jacques de Heilly）原本是勃艮第公爵的侍卫，在英法百年战争中战功卓越，但他曾作为雇佣军为土耳其苏丹穆拉德一世效劳过，此次战役他加入了约翰的卫队。由于他同时得到双方的信赖和尊重，便奉命从诸多战俘中选了 50 名身份高贵、能换回高额赎金的贵族，这些人在后来的屠杀中幸免于难。

根据十字军幸存者的说法，暴怒的巴耶济德一世曾一度准备将大部分普通战俘屠戮。后来，他的群臣觉得过多的流血可能会引发真主的不满，他才决定少杀点。记录中被屠杀的战俘人数从 300 到 3000 不等。奥斯曼人可能希望通过这种方式，震慑那些潜在的抵抗者，并激励己方士兵的勇气，平息他们的愤怒。

据说，在十字军出发时，恶兆就已经在法国显现。不祥的乌云压在加来（Calais）附近的皇家营帐，目击者报告有一颗巨大的流星如长矛击中了其中 5 个帐篷。1396 年 12 月，第一批尼科波利斯战役的幸存者辗转回到了法国。很多人去了巴黎，但他们在那里被当作流浪汉或者匪徒关进了监狱。起初，他们关于这场灾难的描述无人相信，并且人们准备绞死这些妖言惑众之徒。然而幸存者不断出现，其中有两人得到了觐见勃艮第公爵腓力的机会。虽然得知了惨败的消息，但他们不会描述具体细节，也说不出约翰等贵族的下落，爱子心切的公爵遂派遣他的侍卫纪尧姆（Guillaune de l'Aigle）到东方去了解真相。

一些顺多瑙河而下的幸存者在热那亚殖民地卡法落脚了。威尼斯船队将西吉斯孟德和他的部下带到了君士坦丁堡。虽然匈牙利和西欧十字军战败了，但拜占庭首都至少暂时解围了，也不能说全无收获。在君士坦丁堡，西吉斯孟德和曼努埃尔二世皇帝讨论了当前局势。西吉斯孟德雄心勃勃地准备在来年春天再发起一次十字军远征，不过这已经是痴人说梦了。医院骑士团大团长菲利贝尔·德·莱雅克则在 12 月底经由医院骑士团控制的港口回到了罗得岛。

至此，十字军东征以失败落幕。

◎ 巴耶济德屠杀十字军战俘的情景

硝烟过后

战败后遭对手囚禁，对那些征战多年的西欧贵族而言，并不新鲜。那些身份高贵的战俘作为"财神"得到了悉心照料。对一些未满20岁的年轻战俘，土耳其人通常也网开一面。但那些逃脱处决命运的普通战俘的结局就无人知晓了，估计大部分成为奴隶，被贩卖到帝国各地，剩下的皈依伊斯兰教，获得自由后融入了伊斯兰社会。

最初，战俘被囚禁在距离战场350公里外的加里波利半岛（Gallipoli）。他们被剥去衣衫，没有鞋子，双手被绑，时常遭到狱卒毒打，苦不堪言。贵族俘虏被关在当地一座塔楼的上层房间内，苏丹又从普通战俘当中挑选300人关在下层的房间与他们"做伴"。后来，为了避免基督徒营救俘虏，他们被送到小亚细亚的前首都布尔萨严加看管。土耳其供应贵族囚徒面包和肉，容许他们拥有长时间的望风，甚至偶尔同意他们打猎解闷。不过，他们的健康问题还是很严重。很快，约翰就因病和他的同伴们分开了。厄镇伯爵腓力在战斗中负伤，最后死在他的囚禁地。昂盖朗爵士的身体状况亦十分糟糕，尽管他过去一直身强体壮，生病期间也得到了难友的精心照顾，但还是蒙主的召唤，上了天国。

曾替巴耶济德一世辨认贵族身份的雅克·德·埃利被双方选中，作为赎金特使，在起誓后回到了故国，向法国国王、勃艮第公爵通告土耳其人胜利的消息并为战俘索求赎金。圣诞节当日，雅克·德·埃利驭马进入巴黎，跪倒在国王前诉说十字军东征战败及巴耶济德一世屠杀俘虏的消息，此外，他还带来了约翰及其他贵族俘虏的信件。没有来信的人被假定为死亡。宫廷显贵都围在雅克身边打探亲人的状况，很多人痛哭流涕。德尚这样写道："丧礼从早上一直举行到傍晚。"法国政府更是宣布1月9日为全国哀悼日，当天"巴黎的所有教堂响起铃声，令人悲恸"。国王赐给雅克200个金币，并安排3名勃艮第骑士随他一道原路返回土耳其帝国，同巴耶济德商讨赎金问题。知道巴耶济德喜欢打猎，他们便特意准备了从米兰购买的白色猎鹰、精美的丝绸、用黄金和象牙雕饰的马具，以及用亚历山大的故事作为内容的挂毯当礼物。

◎ 巴耶济德收取十字军战俘赎金的情景

出发前，考虑到赎金金额恐怕会十分惊人，法国特使还特意去热那亚与威尼斯寻求当地商人借款。虽然法国和勃艮第是主要的支付者，他们为此还开征了特别税，但这笔巨款几乎是由整个西欧贵族阶层共同偿还的。最终，双方达成协议，法国支付 20 万弗罗林金币（Florin）作为赎金。在法国支付了首期的 7.5 万弗罗林金币后，俘虏在 1397 年 6 月 24 日被释放。在威尼斯，他们等所有款项结清后终于得以重返法国。

约翰在 1398 年 2 月 22 日到达第戎，这距他率领十字军出发差不多已有两年时间了。他和他的同伴们也收到巴耶济德赠送的一些小礼物：1 个铁杖、1 件土耳其风格的亚麻束身衣、一些皮弦弓和小鼓——这对十字军而言，是绝妙的讽刺。礼物透露出以下信息：奥斯曼人用最简单的装备，打败了奢华的十字军！

在分析十字军失败原因时，大多数法国人热衷于将原因归罪于匈牙利人。德尚在 1396 年底的一诗篇中这样写道：

"尼科波利斯，异教徒的城市。

我们目睹过的伟大围城攻坚，

却在傲慢和愚行中惨淡结束，

因为匈牙利人可耻地逃跑了。"

虽然战役的来龙去脉今天还未彻底理清，但将失败的原因完全归罪于匈牙利人显然并不公平。尼科波利斯战役的十字军是当时西欧国家所能召集到的最强大的军事力量，结果却在平原决战中彻底失败了。如果法国人最初听匈牙利人的建议，与之通力合作，而不是一心想着包揽头功；如果他们不是过分轻敌，而提前做到知己知

彼，尼科波利斯战役的结局或许就不一样了。然而，历史不可重演。尼科波利斯战役中的十字军可以说是"跨国骑士最后一次精神上的联合"。之后，英法两国再次陷入连绵的征战，再也无心无力，去干预东方事务。而巴尔干与意大利诸国更是各怀鬼胎，甚至希望同奥斯曼帝国与虎谋皮。至于拜占庭，则无可避免地衰落下去，直至 1453 年彻底覆灭。虽然之后也有欧洲军队联合起来对抗土耳其人并取得胜利，如 1571 年在勒班陀、17 世纪在维也纳，但那已经属于近代战争了，再也不属于中世纪那种充满宗教情怀和理想主义的十字军东征了。

虽然遭受了沉重打击，但尼科波利斯战役的灾难并没有浇灭勃艮第精英阶层的活力。约翰显然从尼科波利斯战役中吸取了教训，他在 1404 年成为勃艮第大公，因当年在尼科波利斯被麾下骑士架空的经历痛彻心扉，直到去世，他都一直牢牢掌握着军权，并在战场上颇有斩获。巴耶济德或许在政治上给了约翰不少启示，后者也青睐运用强力的手腕来解决难题。在同奥尔良公爵路易一世争夺法国摄政权的斗争中，约翰于 1407 年派出刺客结束了路易的性命，从而成为法国真正的主人。可惜好景不长，12 年后他在蒙特罗与法国王太子查理谈判时，被奥尔良公爵的支持者（阿马尼亚克派）暗杀身亡，年仅 48 岁。

布锡考特元帅是少数几个曾返回东方作战的十字军成员。他于 1399 年率领一支千余人的部队代表法王参加了援助君士坦丁堡抵抗巴耶济德的战斗，并帮助该城免

◎ 勃艮第公爵约翰被刺身亡的情景

遭陷落。历史学家们还发现了布锡考特在英法阿尔库尔金战役前制定的作战计划，这份计划充分展现了他在尼科波利斯战役时对抗奥斯曼弓箭手获得的经验。战役最终以法国惨败收场，布锡考特作为战俘在英国度过了余生。

毫无疑问，尼科波利斯战役对匈牙利产生了深远影响。这场战役严重损害了西吉斯孟德的威望和匈牙利本已脆弱的统治基础。1401 年，西吉斯孟德竟被政变的男爵们拘押起来。虽然最后得到释放，重新成为国王，但那是因为男爵们实在找不到可以替代他的人。他在惨败后卧薪尝胆，积极开展军事改革，常备军得到扩充，此外，他还进一步规范了主教和男爵们保护王国的义务。更主要的是，新的预备役体系也建立起来了，地主们被告知，每拥有 20 个佃农就得供养 1 名轻骑兵，每个轻骑兵还需配备 1 名乘马弓手。很明显，这套体系是针对奥斯曼的。南方前线的筑垒防御也被现代化，来自意大利的工程师帮助构筑新的防御工事。西吉斯孟德大体保住了他

◎ 加冕为神圣罗马帝国皇帝后的西吉斯孟德

的王国，并在 1433 年加冕为神圣罗马帝国皇帝。

对欧洲人来说，尼科波利斯战役还有一层特殊含义——在整个中世纪占据军事统治地位的骑士，开始走向没落。以往的西欧人总把骑士当天之骄子、军队的灵魂，但代表欧洲骑士最高水准的法兰西人，居然惨败于看似"粗野"的土耳其牧民之手，这就给西欧的军事体制敲了一记警钟。骑士对防护力近于畸形的追求、迂腐的清规戒律、散漫的纪律和个人至上的传统，在

◎ 1415年阿金库尔战役，以长弓手为主的6000名英军击败了以骑士为主的3.6万名法军。

生气勃勃的土耳其禁卫军面前，被击得粉碎。1396年尼科波利斯原野上的那场鏖战，开始让人们思索：或许加尼沙里军团才是未来军队的楷模。20年后的阿金库尔战役，法兰西骑士阶层的精华，尽数葬送在英格兰农民长弓兵之手，便真正敲响了骑士阶层的丧钟。而土耳其新军在随后的2个世纪，成为欧洲人竞相效仿的对象。

对土耳其而言，尼科波利斯战役的胜利意义也非同小可。奥斯曼人由此在巴尔干站稳了脚跟，并大大加强了对希腊地区的控制，以往一贯轻视土耳其的西欧诸强从此对它刮目相看，在巴尔干，再也无人能够轻易将穆斯林赶回海峡对岸了。6年后，面对东方迅速崛起的帖木儿帝国，巴耶济德在安卡拉战役遭到了生平唯一的一

次惨败，且最终死在帖木儿营中，只能坐视帝国的亚洲部分在后者的铁蹄下呻吟颤抖。成也萧何，败也萧何。或许巴耶济德需要为帝国此后陷入群龙无首的内战负责。当初臣服的诸侯也乘机纷纷反叛，如他生前最亲密的基督教战友塞尔维亚大公拉扎列维奇便脱离了土耳其统治，并四处开疆拓土。看上去，仿佛1396年的战果，在1402年的失败中已经消失殆尽了。其实不然。在尼科波利斯战役之前，土耳其帝国在欧洲的统治不过40余年，但在小亚细亚，已有百年。它骨子里依然是一个亚洲国家。倘若十字军在尼科波利斯取胜，恐怕至多只能将巴耶济德逐出欧洲，绝无染指安纳托利亚的可能，更别说收复圣城了。如果这一幕真的发生，几年后土耳其

◎ 土耳其禁卫军制服

帝国遭遇帖木儿时，便会蒙受灾难性的后果，即帝国的亚洲部分和欧洲部分，都会受到蹂躏。事实是，当奥斯曼帝国的亚洲行省陷入混乱时，它的欧洲部分却成了避风港和大后方。无数土耳其难民、士兵和精英，渡过海峡，到巴尔干、色雷斯定居。帝国在 20 年后能够得以恢复元气，靠的也是在欧洲的休养生息。如果巴耶济德在尼科波利斯战败，这一切就不会发生，土耳其历史将被彻底改写。1396 年 9 月发生的事件，决定了奥斯曼帝国往后是转向西方，还是倚重东方。此后，随着苏丹迁都君士坦丁堡，看重欧洲的倾向便越来越明显。直到今天，土耳其虽然绝大部分领土都位于亚洲，却把自己视为欧洲国家，不得不说，这一切早在尼科波利斯战役时便埋下了伏笔。

在我偶然发现的一张老照片上，土耳其的国父穆斯塔法·凯末尔·阿塔蒂尔克身着土耳其新军制服，英姿飒爽，不知此时的他是否正悄然穿越时空向 500 年前的先贤致敬？

◎ 身穿土耳其新军制服的穆斯塔法·凯末尔·阿塔蒂尔克

参考文献

[1] 布莱恩·蒂尔尼，西德尼·佩因特. 欧洲中世纪史. 袁传伟译. 北京大学出版社，2011

[2] 约阿希姆·布姆克. 宫廷文化，中世纪盛期的文学与社会. 何珊、刘华新译. 三联书店，2006

[3] 埃德加·普雷斯蒂奇. 骑士制度. 林中泽译. 三联书店，2010

[4] 斯坦福·肖. 奥斯曼帝国. 许序雅、张忠祥译. 西宁：青海人民出版社，2006

[5] 倪世光. 中世纪骑士制度探究. 商务印书馆，2007

[6] David Nicolle ,Nicopolis 1396: The Last Crusade ,Osprey Publishing,1999

[7] David Nicolle ,Knight Hospitaller (2) 1306-1565,Osprey Publishing,2001

[8] Barbara Wertheim Tuchman. A distant mirror : the calamitous 14th century. New York: Alfred A. Knopf. 1978

[9] Aziz Suryal Atiya. The crusade of Nicopolis. New York: AMS Press. 1978

[10] Thomas F. Madden. Crusades: the illustrated history. Univ. of Michigan Press. 2004

[11] Frances Gies,The Knight in History,Harper Perennial,2011

[12] Housley, Norman, ed. Documents on the Later Crusades, 1274-1580. New York.1996

[13] Caroline Finkel. Osman's Dream: The History of the Ottoman Empire.Basic Books.2007.

[14] Parker, Geoffrey . Compact History of the World (4 ed.). London: Times Books. 2005

[15] Sherrard, Philip . Great Ages of Man: Byzantium: A History of the World's Cultures. Time-Life Books. 1966

[16] Atiya, Aziz S. The Crusades in the Later Middle Ages. New York. 1965

东国之关原

庆长出羽合战探本

作者：万邦咸宁

◎ 关原之战屏风画

纪元1600年，欧洲的艺术家和赞助人已经厌倦了文艺复兴时代那千篇一律的"平衡对称主义"，开始向巴洛克时代大迈步挺进，地理大发现、艺术大发现、科技大发现层出不穷，古老的欧罗巴在黑死病后凤凰涅槃。而同一时刻的东方，一切仿佛和美好的艺术没太大的关系：大明的神宗皇帝，两年前才结束援朝抗倭的战事，又汇集了大批兵马，投入到对四川播州反叛土司杨应龙的围剿中去（播州之役）；大海彼岸的日本，此年也没有消停，爆发了号称决定"天下分目"的政权更迭之战，即"关原会战"。

此战后，乱世里崛起的丰臣政权化为泡影，日本进入了统治时间最长也最稳固的武家政权①"德川幕府"的统治时代。

美浓不破郡的关之原，位于京畿道、东海道、北陆道②的交会之处。此处作为决定天下归属的决战地点，是再切当不过的，自然备受历代瞩目。然而，1600年时的日本，旧秩序崩解，新秩序尚未形成，诸多地方大名本被丰臣政权强压住的"新仇旧恨"，借着关原之战，一起释放了出来。所以，关原之战时，日本多地先后构兵，它们既与关原之战紧密相连，但又各成一体。了解它们的来龙去脉，会让我们对1600年前后，日本地方政治格局的变异，有更深的理解。

一切，还得从两年前，丰臣秀吉之死开始说起。

会津征伐的众生相

庆长三年（1598）五月，"日本的拿破仑"，出身寒微却博得"天下人"地位的传奇人物丰臣秀吉急速病倒，病因迄今不明。就在三月，这位独裁者还斥巨资重修了京都醍醐寺，移种了700余株樱树，携着儿子秀赖、正室北政所、侧室茶茶，与大名、扈从、公卿、僧侣，共1300余人，举办了奢华浩大的"醍醐花见"之宴，鉴赏飘洒而下的美丽樱花。看到秀吉精力旺盛的样子以及他传到各地催促大名出阵朝鲜的文书，没人会想到短短两个月后，他竟会沦为病榻上的待毙之人。

当时，也许只有秀吉明白自己的身体情况。不知他看着以每秒5厘米速度落下的樱花，心中有何感慨。

五月还未完，秀吉的病已恶化到无法医治的地步，这点从他火速发给"五大老"③与"五奉行"④的十一条遗言书便可明了。所有人都感觉"太阁殿下要托付后事"了。

俗话说，"最热不过炼人炉，最冷不过太平间"，世态再炎凉，也抵不过死。接到遗言书的人士，在神佛前庄重起誓，并纷纷咬破手指写成"血判"，表示要永远忠于丰臣政权，再将遗言书寄还。但秀吉还觉得不放心，于正值酷暑的七月四日，在伏见城里召见了诸多大名，亲口任命"五大老"首席德川家康为丰臣秀赖的"后见人"（辅弼），"五大老"与"五奉行"共同理

---

① 古代日本在"大化革新"后进入了"律令时代"、"王朝时代"与"武家时代"三个相继的阶段。其中，武家时代绵延了七百年上下，其世俗政权为武士所建立，政治机构叫做幕府，统帅叫征夷大将军。严格来说，武家时代有三个幕府：镰仓幕府（1192—1333）、室町幕府（1336—1573）与江户幕府（1603—1868），这三幕府便是所谓的"武家政权"。

② 日本古代行政区，分为"五畿七道"。"五畿"指的是京畿地区的五国：摄津、河内、和泉、山城、大和，"七道"指畿外的山阳、山阴、东海、东山、南海、西海、北陆七地区。

◎ 京都醍醐寺的"花见"美景

政。当时的秀吉流着眼泪，拉着仅有6岁的秀赖，挨个给大名们作揖，意思很明显：我死后，你们千万别踢寡妇门，挖绝户坟啊。

八月十八日，日本"战国三英杰"之一，东亚臭名昭著的战争贩子丰臣秀吉死去。

日本上下严守着秀吉已死的消息。入侵朝鲜的各路日军，得到太阁薨去的密信后，火速撤军，把战火从异国的土地，带回了本土，诠释了丰臣政权"一代而起，二代即亡"的特色。

丰臣秀吉生前就感到了集权的乏力：日本的地方实权，被形形色色的大名⑤掌控着。故而，为了丰臣江山的稳固，秀吉殚精竭虑，决定由"五奉行"负责政权的运作，由"五大老"辅佐他的幼子丰臣秀赖，严禁大名私自通婚结党，在全国努力扩大丰臣氏直属的"藏入地"⑥的规模，并不惜发起罪恶深重的侵朝战争，让西国大名出兵，东国大名出粮，借此来消耗这帮人的实力。不过，种种努力反倒在秀吉死后起了反作用：掌控赏罚大权的"五奉行"的跋扈，激起了在朝苦战的丰臣武将的不满；西国大名出兵朝鲜多年，精壮死伤严重，日本东西势力严重失衡；"五大老"中囊括关东十国的德川家康的势力又过于庞大，尾大不掉之势业已形成；秀吉死后只留下孤儿寡母，孤儿秀赖十分年幼，无法掌控天下。写在纸上的血书，毕竟抵不过利益和野心的纠葛。

太阁刚死，家康的谋臣本多正信就暗中告喜："殿下的天下人之路，即将步入正轨！"庆长三年底，德川家康便违反了

③ 丰臣秀次事件后，为政权稳定，秀吉笼络了五名地方上有力大名，采取"连署合议制"运营政治，即"五大老"——德川家康、前田利家、宇喜多秀家、毛利辉元与小早川隆景。小早川隆景死后由上杉景胜接替，前田利家死后由其子利长接替。

④ "五大老"制度确定后，秀吉又指派五名"奉行"，同样以"连署"形式，负责政权中枢的具体事务。其中，浅野长政为首领，负责司法；石田三成负责行政；增田长盛负责土木；长束正家负责财政；前田玄以负责宗教。

⑤ 古日本把田产所有者，称为"名主"，田产庞大者叫作"大名"，后来到室町幕府时期各地崛起的有力封建军事领主，统称为"大名"。大名垄断了领国的司法、行政、军事和税收，势力极为强大。

⑥ 丰臣秀吉征讨天下时，以各种借口削减、没收了敌对大名的土地，并将那些土地转为丰臣政权直属的田产，还派遣了代官前去治理，课取年贡与徭役，是为"藏入地"（藏，仓库之意）。最盛时期，丰臣政权拥有藏入地220万石，占全国土地的九分之一。

秀吉生前所立规矩，与伊达政宗、福岛正则、黑田长政、蜂须贺至镇等多名大名通婚结亲，交换盟约，全然无视丰臣秀赖的存在，专横之态毕露。此外，他还用丰臣的"藏入地"给侵朝战争里"立功"的各大名增加领地，借花献佛，翻云覆雨。待到"五大老"之一的前田利家次年去世后，家康更是肆无忌惮，他利用加藤清正、福岛正则、浅野幸长等七名丰臣武将因私怨袭击石田三成的事件，邀买了丰臣体系内部的人心，并成功迫使石田三成下野隐居——排挤了石田后，德川家康以秀赖后见人、朝廷内大臣的名义，大摇大摆入住大阪城，独秉国钧。

就在德川家康春风得意时，庆长四年，"五大老"另外一人上杉景胜，突然告别伏见城，以其领国交通崎岖，不便参拜大阪、京都为由，返回了会津。

上杉景胜离去的时间为当年八月上旬，恰好在石田三成蛰居佐和山城前后，这即引起了德川家康的疑惧。果然，可怕的消息接踵而至：上杉景胜回会津后，先是动员12万人整修桥梁、道路，接着又招募了大批浪人参军，囤积粮食、铠甲与武器，而后，景胜又命心腹近臣直江兼续为"总普请奉行"，动员8万人在会津盆地中央的神指原，修筑了一座崭新且庞大的要塞，取代"狭小不便"的旧居城若松城。

庆长五年（1600）二月，越后大名堀秀治、出羽山形大名最上义光，先后递交弹劾状，称上杉景胜随意加强军备，已有谋反之意。德川家康颇为恼怒，派遣伊奈昭纲为使者，前往会津问责，谁知上杉态度激烈，不但不认错，还驱逐了主张与德川妥协的藤田

◎ "五大老"之一上杉景胜的画像，现藏于上杉神社中。

信吉、栗田国时等重臣。至此，德川与上杉的对立姿态越演越烈，战争一触即发。

率先动手的是德川家康，因为他自我感觉已所向无敌——石田三成已失势下野；半年前，他又利用前田利长（加贺国主前田利家之子）刺杀自己失败的案件，压服了原先对立的前田氏（加贺征伐）——试问普天之下，还有何人能和我抗衡？很快，德川家康宣布会津方为逆贼，迫使年幼的丰臣秀赖下达了对会津的讨伐令（秀赖还下赐黄金2万两、米2万石，以慰军容），甚至还让后阳成天皇亲自出马慰劳，下赐白布。一场以德川家康为"丰臣忠臣"、

◎ 上杉氏家纹

上杉为"谋反人"为目的的政治运动运作完成，关原之战的前奏"会津征伐"开始。

六月六日，德川家康与诸将在大阪城西之丸完成军议部署。

六月十六日，德川家康任命家臣天野康景、佐野纲正为西之丸留守，"对主人像狗一般忠诚的三河武者"鸟居元忠为伏见城留守，以福岛正则、加藤嘉明、细川忠兴（皆为丰臣旧臣）为先锋，率大军于大阪城河之桥出阵，"会津征伐"拉开帷幕。整体战略上，德川家康还命前田利长、堀秀治自越后津川口，最上义光自米泽口分路出兵，与自己一起对会津构成向心攻势。其中，德川家康对最上义光尤其重视，特命东北奥羽①诸将南部、秋田、户泽等辈，集结于山形城（又名霞城）下，统一接受义光的节制。

六月二十九日，征讨大军抵达镰仓八幡宫，家康在此做了祈祷胜利的仪式后，于七月二日进入江户城。

与德川军相对，上杉景胜也迅速完成了迎战部署——在出羽、仙道方向增强了防备，本庄繁长守福岛城，大国实赖守南山城，芋川正亲守小峰城，岛津忠直守长沼城，须田长义守梁川城，甘粕景继守白石城。一时，各据点厉兵秣马，羽檄如飞，围绕着会津布成圆形防御态势。景胜自己也以"会津中纳言"的身份，亲率八千兵马布阵白河，准备迎击征伐军。

战火，一触即发。

就在两军准备接仗时，家康走后的京

◎ 日本战国中后期，奥羽和关东的大名割据图。

畿局势风云突变——七月二日，蛰居佐和山城的石田三成奋起，与大谷吉继合谋，推举毛利辉元为总帅，宇喜多秀家为副帅，朝大阪、伏见滚滚杀来。不久，天野康景放弃了大阪西之丸，逃跑了，鸟居元忠也在伏见被石田、大谷、宇喜多的联军围困。

待到鸟居元忠告急的"飞脚"把消息告诉家康时，距离石田起兵已过去二十余天，征伐军已前进到了毗邻会津的下野国

---

① 奥羽，即奥州和羽州（也叫陆奥和出羽），处在日本本州东北。

小山！得到急报的家康大为惊骇：若大阪、伏见不保，京畿则不保；若京畿不保，石田三成就会继而在北陆、东海、伊势、中山诸道急剧推进，而后分兵攻入己方老巢关东，情势殆矣！

二十五日，著名的"小山会议"召开，议会主题便是征讨军的去留问题。其实，家康面临的局面是极为危险的：此刻，若放任京畿局面不管，攻陷大阪与伏见后，石田三成便会四出略地，事实上，石田三成当时已令小野木重胜领15000人，攻击丹后细川幽斋所把守的田边城，确保己方与西国交通的通畅；宇喜多秀家大将领3万兵攻入伊势，秋风扫落叶般依次拔除了伊贺上野城、安浓津城、松坂城等要点，随后，在桑名得到了氏家行广的投效，转弯北上助攻尾张；大谷吉继进入北陆道，协助己方的丹羽长重，逼得前田利长节节后退；石田三成自己则一路向美浓、尾张挺进，甚至还劝诱了织田信长的嫡孙秀信献出了要害岐阜城。

一旦美浓、尾张落入石田三成的手中，半个日本都将与家康为敌；就算家康能暂时保住关东，被逐出丰臣体系的他，又能苟延残喘多久呢？

如果此刻家康放弃会津征伐，回军与石田三成争夺京畿呢？至少当时看来，这个选择也不多么高明——不但随时可能遭到与石田三成交好的上杉景胜、佐竹义宣的追袭，而且回京畿的必经之路东海道，被丰臣系大名中村、堀尾、山内据守着，这一切恰好是丰臣秀吉生前布好的棋局。一旦这三家堵截了回路，假以时日，平定诸

道后的石田三成，便会联合真田、佐竹、上杉各势力，杀入关东来，那时接受向心攻势的，就不再是会津，而是家康自己了。

所以，"小山会议"开始时，德川家康就决定解散征伐军，各大名去留随意。这时，福岛正则（其母亲是丰臣秀吉的叔母）第一个站起来，慷慨陈词，愿意急行军杀回美浓、尾张，击破石田的迷梦；随后，与石田私仇极深的黑田长政、德永寿昌也站起来，附和福岛的提议；最后，"小山会议"的绝大部分将领，联名向德川家康献上誓书，表示愿和内府大人共同进退。同时，从东海道传来了好消息：山内一丰及时倒戈不说，还说服了其余两家一同来降，并提供了20万石军粮给家康。秀吉构筑的壁垒，在人心向背前，轰然坍塌。

如是，拥有好运气和出色政治手段的德川家康绝境逢生，兵不血刃，得到了进军的道路以及粮食供应，遂决心回兵京畿与石田三成决战。上杉景胜早前所预想的战争并未发生，"会津征伐"无果而终。

但事情远未结束。

"是否追击德川家康"的议题，此刻摆在了上杉景胜的面前。

据说，围绕这个议题，上杉家还爆发了一场争论。景胜的意见是双方各自罢兵，任由家康离去；重臣直江兼续则请求追击，不能放过千载难逢的机会；上杉家的侍大将水原亲宪，也向景胜进言："若内府（家康官位内大臣）回军，石田治部少辅结局必败，若石田落败，将来凭借上杉一己之力，如何再与内府抗衡？"

争论归争论，最后上杉还是与德川交

换了誓书，暂且罢战。家康领主力急速返回京畿，与石田一决雌雄去了，只留下其子结城秀康、蒲生秀行与关东土著"那须党"等军力，监视牵制会津、常陆。

此后，上杉并没有出击关东的行动，而是虚晃一枪，着力攻击山形的最上义光去了，"庆长出羽合战"发生。当时，最上领地不过区区24万石（一说30万石），就算完全吞并之，也只是块偏远的地盘，其意义难道比追击德川家康还来得重要吗？

要弄清楚这个问题，得先从上杉景胜转封会津说起。

风起于青萍

上杉景胜进入丰臣体系很早，其家族根据地本在越后，而非会津。最令上杉家族骄傲的事情，是上杉家出了位号称"军神"的上杉谦信，他统一了越后，并频繁对北陆道发起远征。天正六年（1578）三月，上杉谦信死后，两名养子景胜与景虎，为争夺家督之位爆发了血腥的内讧，即著名的御馆之乱。待到景胜攻灭景虎，大将新发田重家又对恩赏不满，串通织田信长继续作乱。漫长的内乱中，上杉家血气丧尽，好日子似乎也到头了。天正十年（1582）三月，织田大将柴田胜家的庞大军团，包围了通往越后的门户要害鱼津城（位于越中国，"国"是古代日本的行政区域，类似于中国的州郡）。三个月的血战后，鱼津城上杉守军悉数战死，越后大门洞开，上杉家如风中之烛。

不过，景胜很快就领略了什么叫否极泰来：鱼津城是六月三日陷落的，而就在前一天，已统一京畿的霸主织田信长在本能寺因部下叛乱身死，织田家一下群龙无首，陷入各实力将领争夺首领位置的内争状态。柴田胜家不得不暂时放弃了对越后的攻略，开始与丰臣秀吉（当时还叫羽柴秀吉）对立。本着远交近攻的基本外交常识，上杉景胜与丰臣秀吉交好，不仅九死里博得一生，还取得了日后"鸡犬升天"的政治资本。

待丰臣秀吉先后在山崎合战与贱岳合战击败明智光秀、柴田胜家后，其继承霸业的资格无人敢予以否认，上杉景胜敏锐地抓住机会，在天正十四年（1586）亲自来京都拜谒秀吉，献上臣从誓书。秀吉则投桃报李，在次年全力协助景胜平定了新发田重家的叛乱，让他重新统一了越后，上杉景胜正式与丰臣家的战车捆绑在了一起。此后，两方互惠互存：景胜效忠秀吉，秀吉在朝廷里帮景胜升级官位，还让他代替病死的小早川隆景进入"五大老"俱乐部；景胜打下了佐渡岛，秀吉就任命景胜近臣直江兼续为岛上金矿的"代官"，派人传授先进的采金技术，开采出来的金子双方分成；秀吉出兵侵略朝鲜，景胜就不断送粮资助，给他壮胆吃喝——日子过得，那是和和美美。

但文禄四年（1595），景胜的命运发生了急剧的变化，只因一个人的死。此人便是镇守会津的丰臣大名，蒲生氏乡。

事情是这样的，丰臣秀吉当上京畿霸主后，颁布了"总无事令"，也叫"丰臣平和令"，内容是针对那帮大名的——以前你们之间怎么折腾，我管不着，但现在开始，大家都得听我的，禁止一切用武力解决仇怨、扩张地盘的行为，什么事都得交给我来仲裁（其实，"总无事令"就是个借口，上杉景胜就私下征讨了佐渡岛，但因为和丰臣秀吉关系密切，事后没有遭到任何的处分）。

"总无事令"被三令五申，但有些偏远地区的大名，总以为"山高皇帝远"，或明或暗地干些战争贩子的勾当，秀吉就以他们违反命令为借口，四出征伐，借此统一整个日本。天正十八年（1590），关东豪强大名北条氏，就为此被秀吉讨灭（小田原征伐）。战后，秀吉挟着余威，勒令奥羽诸大名前往宇都宫城来觐见他，并按照这些人先前在北条氏战事里的站队表现，或加封，或削减，或安堵[①] 他们的地盘，借此将权力伸向遥远的奥羽之地，史称"奥州仕置"。其中很重要的一条，即是对奥州大名伊达政宗的"处罚"，其实，这个"独眼龙"政宗的命也够苦的，刚在前一年拼了命，于摺上原之战里攻灭了芦名氏，吞了会津之地，一跃成为150万石的小霸，却在此刻因违反"总无事令"，被逼生生吐出了会津，真是"苦恨年年压金线，为他人作嫁衣裳"。

从伊达政宗嘴里吐出的会津40多万石

的领地，封给了秀吉亲信重臣蒲生氏乡。说白了，蒲生就是来监视奥羽大名的，因为会津此地是"会冲要津"：东是奥羽山脉，西是越后山脉，南是下野山地，北是饭丰山地，勾连奥羽、关东、北陆各地带，是标准的锁钥，蒲生氏乡就是那举足轻重的守门人。

在会津，蒲生氏乡干得很好，但他死时才40岁，儿子秀行太小，压不住手下重臣。秀吉觉得秀行就是个小毛孩，连自个家族都统帅不好，怎么替他镇抚奥羽呢？庆长三年（1598）二月，秀吉一纸命令，把蒲生秀行一撸到底，从会津92万石的大名（会津经过蒲生氏乡精心治理，此时已达到近百万石的规模），减封为下野宇都宫12万石。是以，蒲生秀行对秀吉恨之入骨，其后毫不犹豫地加入了家康的队列。

代替蒲生家，接管会津领地的，就是上杉景胜。这时，会津有92万石，佐渡、庄内也有近30万石，加一起便有120万石的账面数字，比起越后是大大飞跃了。丰臣秀吉的意思就是："只有你景胜，我才信得过。从此，你好好帮我看住关东与奥羽间的大门。"

太阁之恩感天动地，不过，上杉景胜却很苦恼，原因很简单，120万石，光看数字很诈唬人，但跑地图上一看，会津、佐渡、庄内三块地皮，居然随着景胜的转封，变得各不相连，成了"飞地"啊！太阁老大人，这个玩笑有些不大不小了！景胜刚准备和

---

① 安堵，指保障领主原本所拥有的土地。
② 最上氏本为伊达氏的附庸，后在十代家督义时统治时，利用伊达氏内乱走上了独立发展的道路，两家也由此产生抵牾。

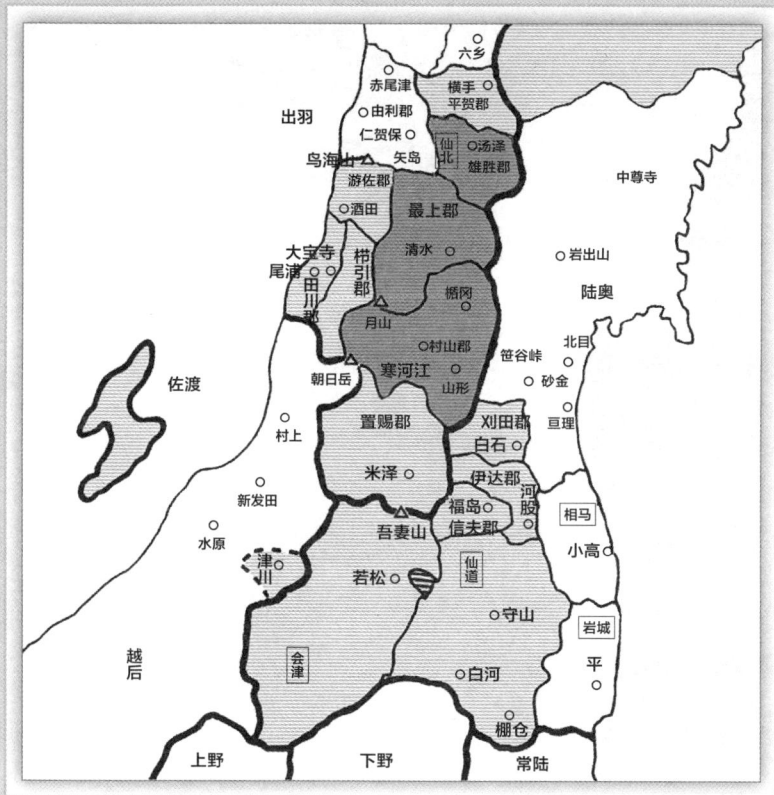

◎ 庆长出羽合战前，上杉、最上等大名的势力分配图（浅色为上杉、深色为最上），可以明显看到上杉的领地被最上所"隔离"。

秀吉商量这事儿，结果对方却死了，也只能摊手了。

大摇大摆横在会津和庄内的，赫然就是最上义光的地皮了——我景胜是想和德川家康一决高下的，但在决高下之前，总得把我的三块地，给拼在一起吧！再者，最上义光和我有着"旧恨"，也有着"新仇"，所以，拿他开刀，再合适不过了。

"新仇旧恨"

听说上杉要拿自己开刀，最上义光当即有些小惊慌。

最上义光，最上氏的十一代家督，自懂事起，就知道家族的梦想——脱离奥州小霸伊达的掌控②，实现领国的独立。这位号称"出羽之狐"的大名，继任家督后，不喜欢在战场上拓展势力，而是用收买、毒杀、分化等卑劣的手段，消灭了以天童氏（其实是最上的庶家）为栋梁的国人联盟"最上八楯"[1]。天正十二年（1584），他终于统一了最上郡。不过，最上义光是个有野心有梦想的男子，平定了一个最上郡，就渴望平定第二个、第三个，所以其后他一面攻略北方小野寺家的地盘，一面把贪婪的目光锁定在西边名为"庄内"的地区上。

庄内，那可是数得着的好地方，经济好、位置好。这块地盘，夹在朝日山脉与日本海间，是片绵延的平原。最上川由此处入海，每年和积雪一起，给稻田带来肥美的滋润，使"庄内平野"成为奥羽头号的粮食基地。该地极其珍贵的良港"酒田凑"，航路四通八达，北可抵达虾夷之地（今北海道），南可抵达下关海峡，每当季风来临时，商人们就会将本地的特产——大米、鳕鱼、清酒等，满满装载上船，扬帆离去，再从京畿、西国换回数不尽的财富。再者，庄内地方还矗立着三座被神格化的大山：月山、羽黑山与汤殿山，山中神社每年吸引了无数参拜者（古日本民众持有浓厚的山岳信仰），香火钱、食宿钱落入柜子时发出悦耳的叮当声，经久不息。

最上义光对这块地皮流口水，也是人之常情。之前，庄内的统治者名为大宝寺义氏（武藤义氏）。这位大宝寺兄的政治敏感度挺一流的，当奥羽还没太多人听说织田信长的名字时，他就不远千里给信长献上了几匹骏马。当时，信长正和越后上杉家作

◎ 最上氏家纹

◎ 江户时代极其活跃的"北前船"模型，北前船从北海道直贯通到下关海峡。

战，急需大宝寺兄这样的俊杰在上杉背后捅刀子，一个高兴，就赐给大宝寺义氏"屋形样"[2]的称号，还授命他弟弟担任羽黑山神社的别当（寺社的僧职）。于是乎，借着织田权势扶摇直上的大宝寺兄，有些狐假虎威起来，导致家臣与信徒的不满，得了个"恶屋形"的诨号。这还不够，大宝寺义氏还主动去招惹最上义光——时常跑到最上郡搞阅兵仪式。但这会儿已是天正十年了，织田信长在本能寺横死的消息传来后，大宝寺一下失去了靠山，狡诈的义光抓住机会，挑唆庄内的豪族造反，大宝寺义氏忙命家

---

[1] 国人，指"在国之人"，泛指中世纪日本各国内有实力的中小豪族，他们与大名间，时而合作时而交恶。这些豪族往往以"骑"、"楯"、"枪"等量词为单位，结成联盟即"一揆"，来保障或争夺权益。"最上八楯"，就是以最上氏庶族天童氏为盟主的八位抗拒义光统一政策的小领主的联盟组织。
[2] 屋形，古代日本对高贵领主的尊称。

臣东禅寺义长前去平叛，哪知东禅寺早被义光收买了。他刚领着军队出去，就回头把大宝寺义氏围在尾浦城。大宝寺兄脱身无望，只得用刀子拉了肚皮自杀。

大宝寺死后，最上义光一伸手，就能把庄内给抢过来，但这时他对敌人寒河江氏、天童氏的战事也进入白热化境地，实在腾不出手来，结果大宝寺义氏的弟弟义兴接过亡兄的旗帜，和东禅寺打得不亦乐乎，庄内陷入无政府状态。待到天正十五年(1587)，义光终于搞定了最上、村山两郡，领着几千兵马帮助东禅寺杀掉了大宝寺义兴，庄内这块肥肉就要张嘴吞下，越后上杉突然横枪介入进来了。

因为上杉景胜也认为庄内是个好地方。

为争夺庄内，景胜先让大将本庄繁长的儿子当了大宝寺义兴的养子，是为大宝寺义胜，获得了入侵借口。然后，景胜又趁着最上义光将五千主力兵马送往大崎家充当援兵，抵御伊达政宗入侵（大崎合战）的契机，以本庄繁长为大将，杀入庄内。

得到东禅寺家族求救要求的最上义光，却没有兵马去援助，只能眼睁睁看着东禅寺全族在十五里原合战中，被本庄繁长轻松攻灭，东禅寺义长兄弟双双战死。长驱直入的上杉军一直冲到最上郡的大门口朝日山才停下了马蹄，螳螂捕蝉黄雀在后，庄内肥美之地，全部纳入了上杉的腰包。

最上义光恨得牙痒痒，去中央找人诉冤，说景胜违反了"总无事令"。但谁叫上杉家和丰臣秀吉关系好呢，特别是景胜的心腹直江兼续，和秀吉的心腹石田三成，铁到恨不得穿同一条裤子。最上义光最终得到的裁决是这样的：庄内，是上杉家自古不可分割的领土。这裁决一下来，义光立刻就风中凌乱了，至此，他深深明白了一个道理："上面没人，鬼都不理。"

痛定思痛，虽然只有两郡的土地，十五里原合战后，最上义光也开始巴结京畿政权了。小田原征伐时，他审时度势，带着夫人去宇都宫城，及时拜谒丰臣秀吉，得到领地安堵的待遇。其后，奥羽地区连续发生反抗丰臣的一揆暴动，最上义光也在蒲生氏乡的带领下，积极平叛。

不过，别以为最上义光把鸡蛋全扔一个篮子里，其实，他搞的是"分散投资"，很早就察觉到德川家康的潜力，文禄三年（1594），就把13岁大的次子家亲送去德川家当近侍了。

最上义光对丰臣家的最著名的"投资"，就是将女儿伊万嫁给秀吉养子羽柴秀次[3]。天正十九年（1591），羽柴秀次参加对奥羽一揆暴动的镇压，驻马在山形城中，被当时年仅10岁的"东国第一美女"伊万的容貌所打动，惊为天人，当即就要拜最上义光为岳父。但伊万从来都是义光夫妇的掌上明珠，加上年龄尚幼，所以义光当时答应秀次，待到伊万15岁及笄后，再把女儿送往京都，与秀次完婚（实际是秀次的侧室）。

想必，婚约确定的那一刻，最上义光是

---

[3] 丰臣秀次是秀吉姐姐日秀的儿子，小名孙七郎，成年继承了四国岛名门三好家，又称三好秀次。最上义光女儿伊万，又叫驹姬。

◎ 丰臣秀次画像

激动不已的，因为丰臣秀吉无后，早已将秀次立为继承人。奥羽一揆平定后，回京的秀次，先被封为丰臣家族的"氏长者"（即家族栋梁），赐予丰臣之姓，然后接过了养父摄政关白的位子，开始主持大权，而养父则全身心地投入到对朝鲜的战事中去了。

义光注定命运多舛，他用爱女做的投资，最后却以一场惨剧收场。秀次当关白刚两年，丰臣秀吉居然与侧室茶茶捣鼓出个儿子来，这个儿子便是后来的丰臣秀赖。这会儿，秀吉想叫秀次把关白的位子让出来，显然是不可能的了。但这位独裁者又不愿百年后亲生子地位无着落，便对养子

秀次痛下杀手——文禄四年（1595）七月八日，秀吉以"莫须有"的罪名，说秀次"企图谋反"，令奉行石田三成、前田玄以、增田长盛等人，将秀次从"聚乐第"逼出，把他送去高野山出家，从关白降为"丰禅阁"[1]。一星期后，秀吉又勒令秀次在高野山切腹谢罪，首级暴晒在京都三条河原，秀次的亲属、家室、好友，也遭到残酷的肃清。

义光那苦命而美丽的女儿，这时刚满15岁，长途跋涉来到京都的最上屋敷，准备舒散疲惫后就和秀次完婚，也遭牵连，以秀次侧室的身份（可怜伊万连秀次最后一面都没见过），在八月二日和秀次妻室、

---

① 丰意思是姓为丰臣，禅意思是出家，太阁是对退休关白的尊称，这个称呼等于罢黜了秀次关白的职位。

遗腹子、侍女共 39 人，在三条河原被处刑。

更让义光痛苦的是，伊万的尸首和其他死难者混在一起掩埋，上面立的石碑写着"畜生冢"。

女儿死后，最上义光嚎啕大哭，大崎夫人更在数日后悲恸而亡，自此，这位"出羽的狐狸"的心中深深种下了仇恨的种子，他恨上杉景胜，他恨丰臣秀吉，他也恨一生生给伊万带来厄运的丰臣秀赖。

所以，最上义光与上杉景胜这样地缘矛盾与政治仇怨交织在一起的大名，一旦秩序失衡，借机刀兵相见，迸发战火，怕是最自然而然的结果了。

会津征伐时，最上义光毫不犹豫站在了德川一方，统帅奥羽的大名小名们，摩拳擦掌，准备自米泽口杀入会津，把上杉千刀万剐。可哪知，德川家康在小山开个会议后，说走就走，把自个扔在刀尖前，原先集结在山形城下的秋田、户泽等，全是"雪中不送炭，锦上乱添花"的角色，一看情势不妙，纷纷脚底抹油，溜之大吉，只留下最上义光孤零零地首当其冲，挡在上杉家怒涛的攻势前，除了感慨命运不好，还能说什么呢？

九月三日，完成攻势准备的上杉景胜，让米泽城主直江兼续派使者来到山形城，要义光单身来米泽"谢罪"，最后期限是九月七日。

上杉方的条件也够污辱人的，向家督景胜谢罪也就算了，现在居然要义光跑去对方臣子的城堡里乞活。但就算是面对如此挑衅，最上义光短暂慌乱后，及时回归冷静，采取了缓兵之计，对上杉使者卑躬

◎ 丰臣秀次在高野山自裁，其死亡是丰臣政权分崩离析的开端。（此画作者：月冈芳年）

屈膝，还拉了伊达家当中介，问景胜能不能平心静气，好好坐下来谈谈，暗中却调兵遣将，加固防线。

九月九日，失去耐心的上杉方开始行动。米泽城中，最上征伐的总大将直江兼续，带上了著名的"爱"字前立兜（兜即头盔），领色部光长、水原亲宪、春日元忠、前田利太等大将和 25000 名士卒，自荻野中山口，滚滚攻入最上领地。途中，直江兼续又命部下木村亲盛、横田旨俊、筱井康信分出 4000 兵马，充当别动军，取道挂入石口，钳击最上领侧翼。庄内方面，酒田凑代官志驮义秀，领 3000 人出阵，走六十里越街道，沿路扫荡忠于最上方的领主，会合尾浦城主下吉忠，逼近山形城北方的寒

◎ 庆长出羽合战，上杉军对最上领地的入侵路线图

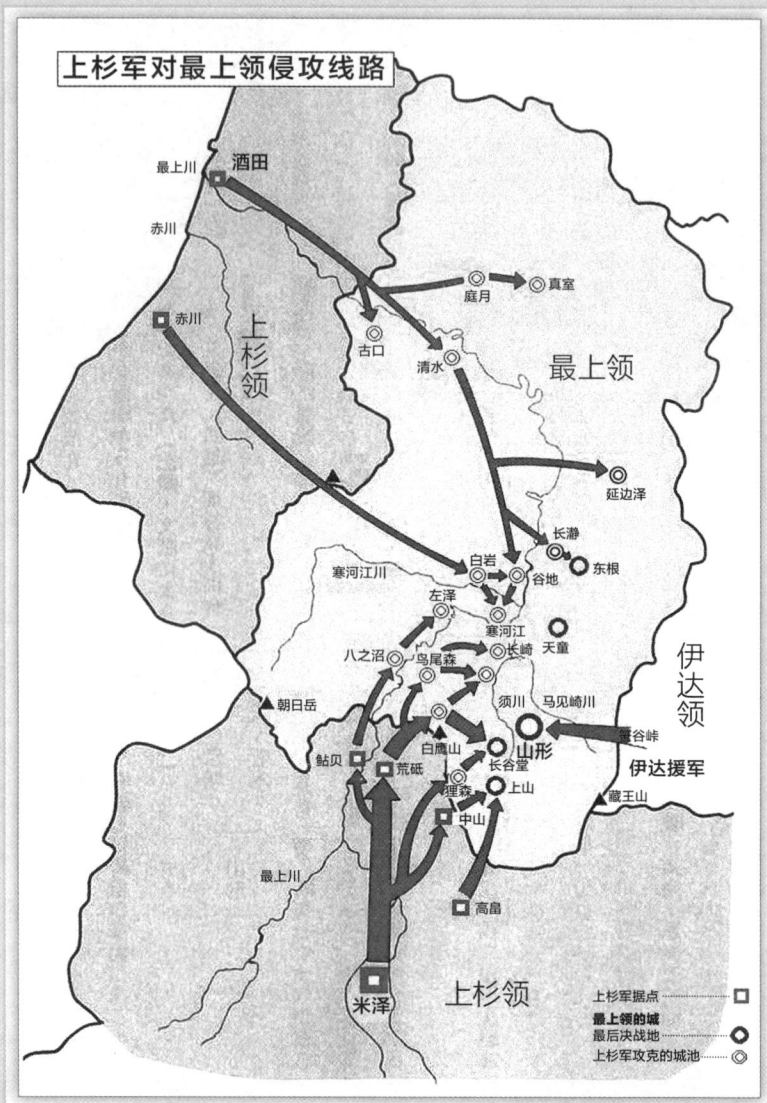

上杉军对最上领侵攻线路

最上川
赤川
酒田
赤川
上杉领
庭月
真室
古口
清水
最上领
延边泽
长濑
东根
白岩
谷地
寒河江川
左泽
寒河江
八之沼
鸟尾森
长崎
天童
朝日岳
须川
马见崎川
伊达领
鲇贝
荒砥
白鹰山
山形
长谷堂
蟹谷峠
伊达援军
埋森
上山
藏王山
中山
最上川
高畠
米泽
上杉领

上杉军据点 □
最上领的城
最后决战地 ◎
上杉军攻克的城池 ◎

河江。此外，直江兼续还邀请了横手城主小野寺义道助拳，从北方攻击义光的领地。

最后，为防止越后堀秀治的袭扰，直江兼续谋先一步，鼓动越后境内忠于上杉氏的豪族发动一揆（越后一揆），一时让堀秀治疲于奔命，无法支援最上义光。

如是，最上义光陷入了三面受敌的窘境，此刻他能调动的兵马，不过 7000 至 10000 人而已（此时，最上义光的总领不会超过 30 万石，而上杉方光是直江兼续，就领有米泽城 30 万石）。

生存还是毁灭，成了最上义光的大难题。

悲凄的前哨战

九月十二日，直江兼续军马已经穿过长井街道，在片仓山扎下大营。与之遥遥相望的，是位于白鹰山上的最上家的畑谷城。

畑谷城，是座不起眼的小城堡，坐落在高近千米的白鹰山的"腹部"，距山形城仅12公里，四面皆是密林险峰，易守难攻，守兵共有500人，大将名为江口光清。一旦攻取畑谷城，即可保障己方粮道的安全。于是，直江兼续派使者入城，让江口光清尽早认清大局，放下武器投降。

巧的是，同日，最上义光的使者也来到畑谷城，命令江口光清赶快丢弃城堡跑路。这命令不单是针对畑谷城的，最上义光对分散在各地据点的将领，都下了类似指令，义光的战略意图很明确：像畑谷城这样只有几百乃至几十人的小据点，星散各处，难以互相支撑，根本无法对庞大的上杉军造成有效的迟滞作用，不如大踏步后撤，集中军力到山形城周围，再利用有利地形抵御。

不过义光的一番苦心，却没有被以"死硬果敢"著称的江口光清接受。

江口光清，56岁，最上家亲族，出身京畿摄津国，18岁就到山形城侍奉义光，文武双全，为人正直，深得信任。最上义光去京都觐见公卿时，害怕东北口音被嘲笑，就让京都话字正腔圆的光清前去交涉。谁知这个时刻，义光却没能与光清交涉好，江口光清一口回绝了撤军弃城的命令，对使者慷慨陈言："光清本为此城之主，若弃城而走，主君何领地再下赐给我？再者，今日不战而退，他日必沦为笑柄，愿以一身之命，坚守城池，若城陷，便如樱花般战死！"送走使者后，江口自然也回绝了直江兼续的投降要求，将城中的老弱妇孺送往若木、高根，自己则和嫡子小吉、外甥松田时久以及所有城兵，抱定了与城共存亡的信念。

山形城中，得知光清决心的最上义光又痛又急，痛是因为顾念光清的勇壮，急是因为光清不了解自己的苦心。不管如何，义光还是派出了谷柏直家、饭田播磨守、富并忠左卫门，领了100名马回（大名身边的亲兵），驰援畑谷城。

就在谷柏直家整装待发时，九月十二日晌午，18000名上杉军，分为两队人马，对畑谷城发起了总攻。

直江兼续率领第一队人马，决定沿鹈川游走，掘开畑谷盆地的湖水，以水代兵，随后正攻畑谷城的大门；前田利太领第二队，走马引原，迂回通过一本木岭，绕到白鹰山侧边的筑泽高地，配合完成对畑谷城的包围。

战斗打响后，直江本队人马成功地掘开了湖堤。顿时，畑谷城下满是深水，就在上杉军欢呼一片，准备乘竹筏逼近城塞时，山水却来也匆匆去也匆匆，马上退去了。畑谷城下只剩泥泞，直江队寸步难行。江口光清乘机率城兵，登上城橹，居高临下，用铁炮（日本把火铳称呼为铁炮）与弓箭猛射行动艰难的上杉士卒。直江队死伤惨重，不得不鸣金退兵。

战果却在第二队出现了，前田利太领

着这帮人，一路爬山，没遇到什么抵抗就杀入了筑泽到处放火，本来此地也有个小据点（筑泽楯），但守将寒河江外记却事先听了最上义光的命令，丢弃据点撤走了，故而前田利太畅通无阻，占领了筑泽，此地标高比畑谷城本丸[①]还高。俯身望去，城内情形一览无余。随后，前田利太下令集中铁炮队，往下可劲儿轰。山谷内烟火弥漫，声如阵雷。

筑泽失守后，江口光清明白成仁的时刻即将来临。

次日，土地重新干涸，直江兼续催动主力兵马，与前田利太一起，再次对畑谷城发起总攻。上杉军将领春日元忠、色部光长死命冲锋，越过了壕沟，控制住了畑谷城正南门下的一处斜坡，随后，300 名铁炮手赶来，轮番对畑谷城射击。江口光清领着所有城兵，不守反攻，大开城门，冒着弹雨呼号杀出，双方的尸体血肉，瞬间堆满了斜坡与壕沟。两个小时后，一部上杉军迂回到城堡西边，翻过栅栏，爬上 15 米高的城堡本丸，以此为标志宣告了畑谷城的陷落。江口光清与儿子、外甥血战到最后一刻，退到城墙一角集体切腹。500 名城兵大多死难。

攻城战中，上杉军亦死伤惨重，金田平次、滨田卯右卫门、上泉右次郎、小林右近等知名勇士殒命，全军死伤不下千人，战景之残酷，连直江兼续也不免心惊。小小的畑谷城因江口光清的死战名扬日本，江户幕府

建立后，历代将军正式就职前，都要巡游此地，接受打江山不易的"红色教育"[②]。

江口光清死后，谷柏直家的援军，已经抵达到距离城堡仅 20 町（1 町合 110 米）处。见到畑谷城黑烟升起，逃难的平民满山满谷，谷柏直家心知大局已定，与饭田播磨守商定：饭田领一部人马，杀入追击而来的上杉军中，谷柏则领着其余兵马，帮助难民尽快转移。

商定完后，饭田播磨守挺着长枪，奋勇突入上杉军中，使得对方一片混乱。他趁机直入上杉阵中三百多米，最后遭围攻战死。

得知饭田阵亡后，谷柏直家心中有愧，送走难民后，便和同族部众返身突入上杉军中，最后，不但全身离去，还抢回了饭田的首级。

回山形城后，援军中的另外一位将领富并忠左卫门，认为自己是"军奉行"（即军营负责人），要为救援畑谷城失败负责，便在主君义光不知的情况下，悄悄地切腹自杀了。

畑谷城攻防战的同时，山形城周边的鸟屋森城、山野边城、左沢城、八之沼城、寒河江城、谷地城等也在上杉军支队的兵锋前依次陷落。但在最上义光的指示下，这些城堡的驻军大多选择了避战方阵，及时退走，往山形城下集合——除畑谷城外，唯一的战斗发生在八之沼城，城主和田正盛领主力撤走后，留下守备的望月隼人不肯离去，与赶来的上杉军激战后自刃（望

---

① 日本古代城堡防御是分层式的，外围的叫二丸、三丸，最核心的防御位置，即为本丸，一般是城主居住的地区。
② "红色教育"的另一处巡游的必经之地是下野小山。

月隼人的守备队人数不详，但不会很多，应在10人左右）。

两天战斗过去了，最上义光虽保存了主力，但也丢失了大批外围据点，对其获得外援产生了极为不利的影响。事实上，就连直江兼续本人也认为攻灭最上指日可待。他在给同僚秋山定纲的书信里，不无得意地说道："昨十三日畑谷城崩溃，我军斩获城主江口光清以下五百余首级，闻我得胜，山形周边五六据点之敌，悉于天色未明之刻放火逃窜，拒防之敌不过剩两三据点耳……"

后来到畑谷城观光的将军们，最多也就是忆苦思甜下，而此时得知畑谷城陷落的最上义光却陷入了窘境。最上义光的这种窘境，从加藤清次的战死便可看出。加藤清次，本为恶户楯的楯主，后来当了嫁往伊达家的义光之妹保春院（义姬，伊达政宗生母）的警卫员。上杉数万大军攻入最上领后，保春院多次请求伊达政宗出兵援救山形城，但政宗的态度极其暧昧。加藤清次对伊达家的立场激愤不已，加上他和江口光清一向亲厚，便离开伊达家，单枪匹马去援救畑谷

◎ 加藤清次的墓地

城，结果在十四日傍晚时分遭遇大批上杉军，力战身亡。

加藤的死，代表了唯一可能成为义光朋友的伊达的援助，也变得模糊不定起来。

自最上家脱离伊达保护伞后，两家关系持续恶化，伊达政宗之所以如此态度，除了上面的历史因素外，更多的是慑于上杉攻势的强大犀利，畏惧出兵不但会救不了最上，还会折损自身力量。

可以得出这样的结论，若最上义光还想翻盘，就必须打几场漂亮的防御战，让外甥对战事刮目相看。外援是别人给的，也是靠自己挣的。

深谙此理的最上义光，继续丢弃不重要的据点。他全面加强的防御要点，只有三处：一处是北部雄胜郡的汤泽城，由大将楯冈满茂把守，将数千小野寺军钉在城下，不让其进入最上领与上杉会合；一处是义光的根据地山形城，义光将从四面八方撤来的生力军（大约4000人左右），与自己的马回合编，分成几股，当成救火队，随时支援前线；最后一处，是事关整场战事成败的重地，距山形城仅8公里的锁钥之地，重臣志村高治以下一千兵马所把守的长谷堂城。

九月十四日，也就是畑谷城陷落的次日，最上义光打着旗帜，来到长谷堂城侧的菅泽山泉泽寺布阵，给守军鼓舞打气，同时还让重臣坂光秀、氏家光氏、小国重基领各自部众，进入长谷堂城，加强志村高治的防御力量。

同日，最上义光再次向伊达政宗发出求救书信，里面写满了唇亡齿寒的道理。

命运之地·长谷堂

九月十五日，直江兼续领 2 万余大军继续前进，目标自然也是长谷堂城。得知直江逼近的情报后，泉泽寺的最上义光，麻溜地回到坚固的山形城去了——下面的战事，就拜托长谷堂的众位忠勇将士了！

这下，所有的焦点，都聚集在了长谷堂城。

长谷堂城，位于山形盆地西南方，坐落须川支流本泽川西边的"城山"之上，海拔 224 米，扼守狐越街道，是攻取山形城的必经之地（若直江兼续置其不顾，直接渡河攻打山形，将被前后夹击）。最上氏自 1514 年得到该城后，曾多次加固翻修，不但拥有密集的曲轮（日本城堡里，被墙壁和壕沟划分出的独立屯兵守备点）、极深的水壕，下面还有一片开阔的沼泽与水田，故而得了个别称"龟之崎城"，意为如龟甲般坚固，攻坚的难度可想而知。

直江兼续明白，只要攻下此地，山形城便形同裸体，东国武家名门最上氏，就会在自己的手中变为历史名词。这种荣耀让他认为，无论花多大的代价，拿下长谷堂都是值得的——深秋时分，登上菅泽山云泽院布下阵幕的他，看着沿大森山麓一路排开旌旗如云的己方大军，心中万丈豪情飞腾："谁是真正的勇者，就在这处名为长谷堂的城堡下，来证明自己吧！"

同样的想法，在志村高治心中也涌了起来，兵法云"十则围之"，而进围城之敌近 20 倍于我，正是："黑云压城城欲摧，甲光向日金鳞开！"长谷堂，定要成为"天下强兵"上杉军的绞肉机。

双方还不知道的是，同一天，在美浓国不破郡，号称日本有史以来最大规模合战的关原之战也爆发了。

当日，900 名上杉军，在号角声里轮番迭进，于侧翼铁炮队掩护下，杀入了长谷堂西大门八幡崎口。志村高治命铁炮队登上城橹，与八幡崎的上杉军来往铳击，铅弹如风，带着轰鸣与嘶叫，划破长空，击穿了甲胄和血肉。随后，城中士卒涌出，与上杉军在城下泥田中列成枪阵，对撼交战。在付出新关清房战死的代价后，最上军最终逼退了敌人，确保了西大门的安全。

另一面，上杉军将领仓贺野元纲领着 900 名兵，沿着山麓穿过小泷岭，前去拔除对菅泽山、大森山构成威胁的狸森楯。楯主坂重内属下仅 80 余人，但凭借对地理的熟悉，他们如鬼魅穿梭在密林之中，到处袭击蠢笨移动的上杉大队。无奈的仓贺野部只能步步为营，最后的战果是攻占了空无一人的狸森楯——坂重内已带着所有人，到菅泽山后方去了，直到庆长出羽合战结束，依然在此地活跃着，不断袭击上杉军辎重队。

一天的战斗结束后，上杉军可以说毫无进展，最上方则士气高扬。该日入夜后，义光之弟楯冈光直、三子清水义亲，领着一支生力军，自山形城而出，乘着夜幕徒涉须川，准备对宿营的上杉军发起夜袭。不想上杉老将水原亲宪早有准备，他命部下沿着河岸竖起木栅，随后布置了 300 名铁炮手"迎接"楯冈、清水。铁炮口射出的火光，彻亮了须川水面。半渡的最上军猝不及防，一气扔下了300多具尸体，全线溃散。

次日，打破夜袭的上杉军，在直江兼续的指挥下，稳扎稳打，夺取了长谷堂北面的要地柏仓八幡宫，完成了对长谷堂的铁壁合围。得知八幡宫失守，志村高治大怒，厉声问部下何人敢夜袭柏仓，试图一雪白日之耻。属下勇士大风右兵卫、横尾勘解由慨然而出，领着200名敢死兵，轻车熟路，在夜幕降临时，杀入柏仓八幡宫。在此驻防的直江兼续亲信春日元忠，本是著名文官，搞治政有一套，但缺乏军事经验，对志村的夜袭毫无准备，阵营顿时一片混乱，许多兵士在敌我不分的情况下自相残杀，伤亡甚重。

夜袭队凯旋归来后，最上义光派来的勇将鲑延秀纲，领着100名精锐马回、200名铁炮足轻（大名征发而来的农兵）进入了长谷堂，更给城中平添

了一股勇气。

十七日，眼看长谷堂城岿然不倒的直江兼续，开始焦躁起来，他集中手头的铁炮足轻，排成阵势，举着木盾与竹排，抵近长谷堂城下，对着城橹猛烈射击。结果，他们在泥泞的水田中施展不开，而长谷堂又是高达200多米的山城，难以攻人。志村高治严令部下不得出城肉搏，让铁炮手依托城壁与曲轮，冷静还击。结果，上杉军多次攻击被挫败，死伤累累。

十八日，直江兼续又对长谷堂组织了一次强攻，之前在柏仓八幡宫夜袭战中蒙受耻辱的春日元忠主动请缨，要求打先锋。直江许诺，春日元忠率部奋勇冲锋，一度越过了外壕，但在城角下遭到交叉射击，硬撑了一会儿后，还是收兵退走了。

春日元忠抱憾退回菅泽山时，一个更大的噩耗传来，先前去挂人石口的4000名别动军，在上山城下遭到毁灭

◎ 直江兼续的铠甲，金小札浅葱系威二枚胴具足。

性打击!

原本，攻陷最上领边境上的中山城后，直江兼续就命木村亲盛、筱井泰信、横田旨俊领 4000 名兵，去挂入石口保障己方的侧翼，并争取夺取长谷堂旁边的上山城，这样既能侧击长谷堂，也可迂回直接威胁山形城。

这一路别动军，在越过挂入石口后，分成两拨，一拨由内藤左卫门、若杉织部统领，大概 300 人，沿着物见山、川口，抵达上山城正前方的石曾根一带纵火射击，吸引最上军的注意，充当疑兵的角色；主将木村亲盛领着主力，从物见山南坡登上山路，顺着忠川沼泽南方前行，准备抵达天神山后，沿着赤坂、藤吾疾驱至上山城的背后奇袭。

但是，人生地不熟的上杉军，其行踪和意图很快被上山城守将里见民部发现了。

里见民部，本是"最上八楯"之一的上山满兼的亲族重臣，骁勇善战，野心勃勃，天正八年（1580）接受了义光诱降，杀害上山满兼后献出了城堡。最上义光随后便将上山城交给里见民部，当作封赏，自此里见成为拱卫山形城的"最上四十八楯"[1]之一。里见民部在上山城的部众，只有 500 人，在探知上杉别动军意图后，自忖众寡不敌的他，立即向义光请求援军——最上义光也深知上山城易手与否事关整个战局，于是，立刻派近臣草刈志摩守领 1000 名精壮前往支援。

手里兵力膨胀到 1500 人后，里见民部的胆气立刻壮了。他决心不死守城池，而是主动出击，给上杉别动军点颜色瞧瞧。

十七日，木村亲盛的军马已经到了赤坂前沿，木村本人甚至能看到三吉山西边上山城的轮廓了，还能听到石曾根方向内藤左卫门和上山城守军互相铳击的轰鸣声。"我军刚刚通过了键取山与天神山间最危险的山鞍部，没遭遇一个最上士兵，看来上山城是完全被蒙在鼓里了！只要突破此地，上山城便唾手可得了！"沉醉在"兵者诡道"光环里的木村亲盛踌躇满志，回头大喝一句："上山城，距此不过一里了！"说完，夹紧马腹，往前冲去。

还没等上杉士卒高声欢呼，后方的山麓里突然铁炮齐鸣。震天动地中，不知多少最上军背着旗帜自密林里杀出，分成小股，如履平地，如把把钢刀，将一字长蛇的上杉军切成数段，整个山麓陷入激烈的白刃战。木村亲盛见势不妙，拨马往后疾走。见大将脱离战线，别动军士气跌到了极低点，他们也随着大将一起溃退。整个山路拥堵不堪，木村一直跑到忠川沼边，马失前蹄，陷入水田的烂泥里，脑袋被草刈志摩守割下。另一边，石曾根方向的上杉疑兵，也被里见民部的弟弟里见扫部击溃，主将内藤左卫门战死，残余人马退往川口以西。

接下来，得胜而进的最上士兵，甚至追击到了上杉别动军的出发点——挂入石口，但在河原遭到站稳脚跟的上杉铁炮队

---

[1] 最上义光统一最上郡后，任命亲信与臣子前往山形城周边筑起了四十八座小城堡拱卫山形（支城网），是为"最上四十八楯"。

的奋勇阻击，刚刚立下功勋的草刈志摩守身死，最上军只得退回上山城。

虽然草刈战死，也没能夺回挂入石口（若夺回此地，直江兼续2万人马的后路可能就被截断了），但里见民部还是取得了巨大的胜利。此战上杉军木村亲盛、内藤左卫门、发知丰前守、北条上野介战死，骑马武者死50余人，足轻死数百人，败下阵来的别动军余部莫不胆落。光是战后里见民部送往山形城给义光过目的上杉军首级，就有400颗之多。

就笔者的观点，上山城之战，可谓是上杉、最上庆长出羽之战的转折点。从数字上看，上杉别动军战死几百人，算不上致命的损失。不过从战略层面上看，直江兼续永远失去了迂回包抄长谷堂城的机会，只能继续对志村高治采取呆板的笼城策略。而最上义光却稳定了长谷堂、上山，即山形城西南的防线，也就是说保障了山形城到长谷堂间的防御空间，只要他愿意，就能不断地派遣预备兵力支援长谷堂。换言之，最上义光掌握了战争的主动权，而直江兼续则被动了。

更重要的是，因上山城之战的影响，伊达政宗终于决定出兵援助舅舅。

九月二十一日，上山城之战后第四天，伊达家的大将留守政景（实为伊达政宗的叔叔），领着1500人左右的兵力（包括100多名骑马武者、500名铁炮足轻）越过笹谷岭，进入最上领，号为援助最上义光。同日，伊达政宗又派亲信屋代景赖前往山形城拜谒义光，商讨携手对抗上杉军的事宜。二十四日，伊达的援军缓慢抵达了沼木，

◎ 上山口之战里，最上军缴获的战利品——上杉别动军的军旗

◎ 现代画师笔下的"独眼龙"伊达政宗

和志村高治的长谷堂遥相呼应。

即使这些援兵并不能对长谷堂战事产生实质影响，伊达政宗的举动也依然耐人寻味，这位以构筑奥州霸权为目标的年轻

大名，虽与亲舅舅关系向来恶劣，然和上杉景胜亦有拔刀相向的理由——天正十七年（1589），他伊达政宗在会津摺上原经过一番血战，消灭了原先盘踞此地的芦名氏，但他的努力却在丰臣秀吉的手腕下沦为牺牲品，数十万石的新占土地被逼拱手让出，而接手此处的，先是蒲生氏乡，后是上杉景胜。会津，就此成为伊达与上杉矛盾的根源所在。

伊达政宗见义光"节节败退"，即便母亲多次恳求，也是副作壁上观的模样，但最上军在长谷堂抵御住了直江兼续的兵锋，又在上山城击溃直江的别动军后，政宗立场便陡然转变，爽快地和最上联军"抗敌"——他的如意算盘是，即便他出工不出力，也会因"坚定"的站队，在战后得到德川家康的优厚赏封（前提是关原德川方获胜）。以微不足道的付出就能重新得到会津，对政宗来说，绝非遥不可及。

对奥羽的大名而言，他们的兴衰不光在于自身的拼搏努力，更取决于对京畿核心政权交替时刻的"投资方向"，这样的道理，最上义光和伊达政宗都有刻骨感受。也正是在这种感受和利益的驱使下，两家就此拉起手来。这种行为，即使只是个"表象"，但对作战双方态势的转化，却是石破天惊的。

下面，是直江兼续的苦痛期。

鲑延秀纲的奋战

直江兼续的整个战略，虽因上山城之战遭到挫折，但争夺长谷堂，徒劳而激烈的小规模冲突，在九月十八日后依旧持续着。这时，守军已膨胀到了 5000 人，志村高治见笼城战让对方手足无措，就严令部下以栅栏与鹿砦为界限，不得私自出战，要让 2 万上杉军委顿城下，等待时机尽情反攻。

传说，直江兼续苦闷之下，登上了海拔更高的富神山。在山的顶峰，他能清楚地看到，在美丽云霞下，依然伫立的山形城仿佛唾手可得，但横在山下仅一公里的长谷堂城，又让他如芒在背。

尚在九月十九日，直江兼续就考虑绕过长谷堂，直接对山形城发起攻势，他指令一部军马继续包围长谷堂，水原亲宪则领着主力在须川河岸游走，一副渡河直攻山形的模样，希望能调动志村高治出城野战，重新获得局面的掌控权。这种攻敌必救，调动敌人脱离既设阵地后加以歼灭的计策，正是中国兵法大师孙膑的得意本领。

但是有了孙膑，却无庞涓配——无论是长谷堂的守军还是山形城的守军，看到上杉军的行踪，都是副"任你泰山压顶，我自岿然不动"的模样，害得水原亲宪部众沿着须川来回武装游行，又累又饿，连个喝倒彩的观众都没有。

此策失败后，战事又重新回到长谷堂，直江兼续命令 8000 名足轻，跑到城下的田地里，挥舞镰刀，大摇大摆地割麦子，引诱志村高治出战。这种蝗虫行为，激起了守军们的怒气。他们纷纷聚集到志村高治面前，说上杉欺人太甚，我等应出城与之死战。志村厉声喝止也无济于事，特别是勇将鲑延秀纲意气尤盛，志村高治感其气概，让他领着数十人骑马出城突击城下的"蝗虫队"。

长谷堂城门忽然大开，鲑延秀纲以下几十名骑马武者，穿着华丽的铠甲，迅猛而果决地喊杀冲出，如团团旋风将8000名足轻冲得七零八落！

《永庆军记》是这样记载鲑延秀纲的勇姿的：

"鲑延越前守（秀纲）一马当先，处于四五十骑最上武者'鼻尖'位置，如快刀般纵横驰骋，冲入会津军之阵，敌阵如云，越前守却毫无畏惧，其部下前赴后继，来回冲撞，会津军第一阵、第二阵连遭败北，最后连山城守（兼续）的旗本（大将本营）都暴露在兵锋之下。鲑延同族一名叫左卫门尉的，只有十五六岁大，豪气干云，大吼道：'敌军大将就在面前，随我一起上，夺了直江兼续的军旗！'说完，与数名同伴突入山城守的旗本中，奋战之姿让人想起'恶源太'（古日本著名勇士源义平）故事，连斩三人后，身中六伤，与新田十助等五名战友，一齐阵亡。越前守则单手持三尺五寸的太刀，头盔被敌人斩裂，笼手（保护手腕的甲片）、胫当（保护小腿的护甲）、草摺（大腿部类似草裙一样的甲片）也被

砍落，依然苦战不休……"

在此危急时分，志村高治命300名铁炮手出城，不间断射击上杉军，给鲑延秀纲脱身提供掩护。最终，扬威后的鲑延秀纲安然归城。城中兵士高呼万岁，而为他殿后的指锅村领主鸟海勘兵卫却不幸战死了。

鸟海勘兵卫，最上家中数得着的勇士，在文禄四年（1594）追随楯冈满茂攻打小野寺家汤泽城时，冒着矢石，第一个爬上城头斩下了城主小野寺孙七郎的首级，深得义光欢心，成为"最上四十八楯"之一。四年后，鸟海护卫义光夫人（义光的继室清水姬）前往山寺参拜时，遇到了名为花轮的侍婢，两人一见倾心，燃起了爱火，暗中互递情书，吐露真心，结果一不小心，情书落入了义光手中。大怒不已的义光觉得他俩晦了门楣，要把鸟海与花轮全都处死，幸亏鲑延秀纲为两人苦苦求情，这对乱世鸳鸯才得到谅解，并在庆长五年（1600）春修成正果，结为夫妻，享受了七个月的恩爱生活。

刚到秋天，鸟海勘兵卫就上了战场，战死于长谷堂。得到噩耗的花轮，为夫君做了十七天的法事后自害殉情，死时刚满18岁。

乱世的爱情，正因易于破碎，所以弥足珍贵。

至于月老鲑延秀纲，出身于近江（今滋贺县）名门佐佐木氏，后来到出羽地方，成为小野寺家一名客将，因军功受封鲑延庄，得了此苗字[1]，慢慢演变为奥羽的土著

---

① "苗"字类似我国古代的"氏名"，一般以武士的受封庄园而得名，作为家族尊卑分脉的标志。比如上杉氏，他出身于藤原北家，因其始祖受封在丹波国何鹿郡上杉庄，故而取了"上杉"为苗字。

◎ 《长谷堂合战图》屏风左半部，描绘的是长谷堂追击战。右边正在追击撤退中的上杉军的是最上军，中间的是挥动着有名的铁制指挥棒的大将最上义光，左边的是在铁炮队掩护下进攻的大将直江兼续。

小领主。因为鲑延庄处在庄内大宝寺、仙北小野寺、山形最上三强豪的交界地带，所以经常成为强权争斗的牺牲品。永禄六年（1563），鲑延氏的岩花城被大宝寺军攻陷，当时尚在襁褓里的秀纲也作为战利品被送往庄内，后经小野寺家斡旋，才被救回。

天正九年（1581），以氏家守栋为将的最上军又将鲑延庄包围。最后，粮绝的鲑延秀纲，只得走到最上义光的军门前降伏，自此半独立的国人鲑延氏消失，秀纲与其族人全部变为义光的勇猛战士，并在长谷堂之战里大放异彩。

战后，鲑延秀纲获得真室乡11500石的封邑，像他这样追随最上义光，在庆长出羽合战里力战出头的土著领主，是很多的。原本，最上义光统一领地的时间并不是很久，其大名权力和国人领主的权力，尚有许多抵触冲突之处。换言之，最上义光的统治谈不上很巩固，像里见民部、鲑

延秀纲这类将领，投降义光的时间不长，君臣间的关系尚未深化。直江兼续可以在战前，做好针对最上家臣的分化瓦解工作，就像攻略庄内那样，但上杉方过分迷信武力，以强横的征服者姿态出现在出羽国，反倒让这片土地中善战的小领主，团结在最上义光身边（整个庆长出羽合战，没一个最上领的国人，叛离到上杉方），给己方带来极大的麻烦，不得不说这是上杉战略的重大失误。

在鲑延秀纲战功的激励下，二十五日，最上义光再度从山形城出阵，停留在稻荷冢附近，和前一天驻屯沼木的伊达援军呼应。最上氏各城主亦打着旗帜，率领部下趋从其后，给长谷堂战线打气加油。另一边，刚刚受挫的直江兼续，则很谨慎地避开了联军的锋芒，将战线往后拉了不少。

二十六日，直江给会津的主君手书一封，希望主君调500名铁炮卫队到长谷堂前线。上杉景胜即刻批复，500人太多，先

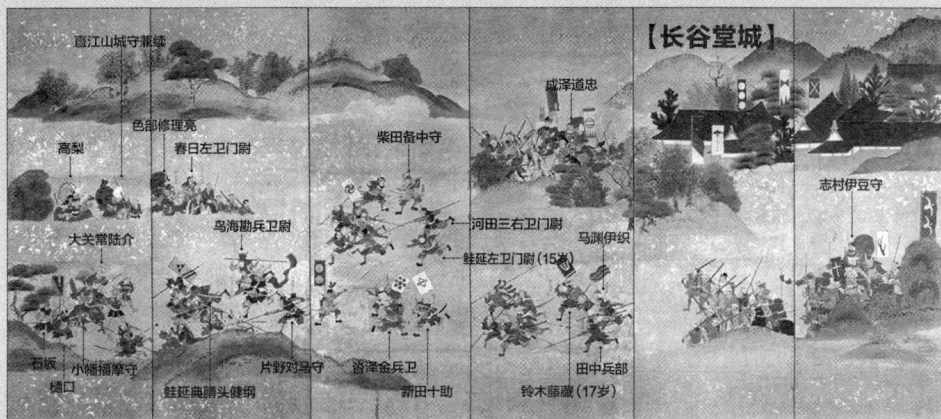

【长谷堂城】

直江山城守兼续
色部修理亮
高梨
春日左卫门尉
柴田备中守
成泽道忠
大关常陆介
乌海勘兵卫尉
河海三右卫门尉
鲑延左卫门尉（15岁）
马渊伊织
志村伊豆守
石坂
小幡播摩守
樋口
鲑延典膳头健纲
片野对马守
资泽金兵卫
新田十助
田中兵部
铃木藤藏（17岁）

◎ 《长谷堂合战图》屏风的右半部，描绘的是长谷堂城攻防战。右边描绘的是长谷堂城主志村高治出阵时的样子，左边描绘的是直江兼续统帅的上杉军的精锐部队，右上方的建筑物是长谷堂城。

派 300 人去。

二十九日，景胜派来的 300 名铁炮手到了营中。得到生力军后，直江兼续就像弓背蓄力的豹子，猛然对长谷堂城重新扑来！

此战，直江兼续亲率铁炮队与弓队，登上八幡崎口的一处高地，对着城中猛发铅弹、火箭与投石，火力不绝如雨，城中"有如千雷落顶"。随后，直江兼续又命 3000 名足轻堵住长谷堂的城口，四处纵火，企图对守城方造成不间断压迫，再以后续梯队压制上去，一口气取下城池。

谁知经过数日的休战，志村高治部众也蓄足了精力，面对上杉方的火力压制，志村命部下不要困守城寨，将城门打开，对城下的上杉足轻展开猛烈突击。一时间，城门地带两军狂呼酣战，志村高治的长谷堂众①、小国大膳的小国众、坂光秀的成泽

众、鲑延秀纲的鲑延众、后藤将监的山野边众，还有最上义光亲自派来的马回众，共 800 名"兜武者"（穿戴头盔的精锐武士），蜂拥杀出，以必死的冲锋，瞬间撕裂了上杉军的包围线。八幡崎口的中津川秀国、仓贺野元纲等上杉将领，失去了对部队的掌控，数千兵士全线败退。随后，志村高治将攻势一转，驱逐了上杉足轻后，顺手把高地上打枪射箭的直江兼续队给包围了起来！

一时间，直江兼续陷入了困境。

眼见主帅陷入重围，本来在菅泽山担任警戒任务的侍大将上泉泰纲，挥舞"大身枪"单骑出阵，想把直江兼续给救出来，其属下武士大高七左卫门拉住缰绳，苦求道："殿下身为领军大将，怎可轻易孤身出战？"上泉泰纲充耳不闻，驱马直往八

---

① 大名的军事体制，称为"寄亲寄子"，大名派出亲信重臣，担任某一区域的"城代"、"郡代"，与当地豪族结成主从关系，战时统帅他们服役——前者叫作"寄亲"，后者叫作"寄子"，由"寄亲寄子"组成的某一地区的军团，叫作"某地众"。

幡崎口而去。

上泉泰纲，是古日本"剑圣"上泉信纲的嫡孙，上泉信纲本为上野国大名长野氏的家臣，后来迫于相模国大名后北条氏的压力，将嫡子秀胤（也就是泰纲的生父）送往彼家当人质。长野氏灭亡后，无家可归的秀胤便出仕了后北条，在永禄七年（1564）于第二次国府台合战中战死，其子秀纲接过家督位子，精研祖先传下来的"新阴流"剑术，号称靠一把太刀能力敌百人。小田原征伐后，泰纲又失去了主家，只能四处流浪，恰好庆长五年上杉景胜为和德川家康对抗，在领国内招募浪人，泰纲由此出仕在直江兼续的帐下，所以，此时为了知遇之恩，不顾一切地朝着八幡崎口冲去。

最后，在距离八幡崎口 200 米的木村屋敷（应该是名叫木村的土著武士的住宅地）边，上泉泰纲遇到了担任遮断任务的 200 名最上兵士，刀剑和弓矢像伸向美食的众多筷子，纷纷冲着他的躯体而来。泰纲舞刀来迎，可说实话，真正力敌百人的剑术，怎么可能在这世界存在呢？

一番短促的乱斗后，上泉泰纲当场战死，据一名叫吉田藤右卫门的最上士兵日记所言："九月廿九日，长谷堂城下之战，上泉主水（泰纲官名主水佑）挺枪杀入我方阵中，被当地武士斋藤五郎、斋藤九郎、石井新兵卫刺落坠马，首级遭金原加兵卫斩下。"当时，最上方士卒们，还不知道这名蛮勇武士的身份，后来金原加兵卫观验了头盔，背部赫然刻着"上泉主水"的字样，才算是明确了对方的来头。

战后，最上方表达了对剑圣之孙的尊敬，在他战死的地方竖起了"主水冢"以供凭吊。讽刺的是，主水冢旁边就是加藤清次的墓地，两位敌人，死后却做了永久的邻居。不晓得他俩在阴间，会不会继续争斗。

傍晚时刻，在前田利太等将领的救助

◎ 自营泽山上的战场鸟瞰图，"主水冢"即上泉泰纲战死处。

下，直江兼续总算脱险回到了云泽院。就在他为上泉泰纲之死唏嘘时，部下集体建议："屯兵于一城之下，并非良策，望殿下考虑。"直江兼续明白了，攻坚长谷堂整整半个月后，他引以为傲的名将、强兵，士气和斗志都在这坚固的城堡下，走向了崩解。

可这距他信心满满地给秋山定纲写信才仅仅十五天啊！

云霞里的山形城，距离如此之近，但又如此遥远。

部将们是集体提出这项建议的，直江兼续必须尊重，最后，他痛苦地决定：明日，烧毁菅泽山周围的村落，全军移营，前往长谷堂的正北方，准备和庄内方向的军队会合，再做下一步打算。

绚烂的晚霞下，直江兼续在几名侍从的伴随下，登上了柏仓八幡宫的北山坡，然后，他松开了一匹骏马的缰绳，让其自由地往北处驰骋，最终停下脚步的地方，就是新的立营地点。

"会津的急使到了！"这句话打断了直江兼续的沉思，他接过了来使的书信，打开一观，原来主君告诉他，两周前也就是他刚刚攻打长谷堂时，在美浓的关原，石田三成已经战败，数万西军短短一天内就彻底崩溃了。上杉景胜命令：即日起彻底放弃对最上领的侵攻，全体撤军，巩固国境防御，应付马上就要来到的第二次"会津征伐"（德川家康绝不是个善罢甘休的人）。

阵前撤军？直江兼续拿着主君的书信，觉得无比沉重。

关原之战胜负的消息，既然已经传到了他的耳朵里，最上义光和伊达政宗获取这个信息没理由会滞后太久。那么，冒失撤退必然会遭到对方追击，如果组织不力，这2万多人的军队，很快就会土崩瓦解，那样如何对得起主君的重托？

撤退战，必须得打好！

退路之战

直江兼续猜得没错，几乎同时，关原之战的结局传到了义光耳朵里，"出羽之狐"即刻下令全军做好追击的准备。

十月一日，直江兼续急速撤兵，这距离他接到上杉景胜书信，只有两天时间而已，可谓走得仓促。

后撤部署：水原亲宪负责在菅泽山第一线殿后和指挥铁炮部队阻击最上追兵；大将直江兼续亲率卫队，在富神山指挥全线人马后撤。

得知上杉军动向的最上义光，全身披挂齐整，来到队伍的前头，亲自引领全军展开追击。义光的"御伽众"（大名的近身随从，多为连歌师、僧侣或参谋）筑紫喜咩谏言："主君千金之躯，斩敌蹈阵之事，应由偏将去做，望主君自重。"

筑紫喜咩，原名堀喜叶斋，并非出羽人士，而是来自九州筑紫地区，精通连歌、兵法，为了修行和周游列国，后入义光帷幄，受封千石之禄，引为心腹。他的此番谏言，自然是出于对战场情势考虑。俗话说穷寇莫追，更何况对手是一向以精悍著称的上杉军。

最上义光则一反常态，痛斥筑紫喜哞为"臆病者"（胆小鬼之意），随后挥舞手中的纯铁指挥棒，向全军发出出击讯号——近万名最上－伊达联军山呼海啸似的，对菅泽山方向发起了怒涛般的冲锋！

若说筑紫喜哞考虑的单单是长谷堂的战事，他的主君最上义光，考虑的却是整个家族的利益。关原之战已尘埃落定，死敌上杉氏的"投资"血本无归，局势已转入我的手里，所以一定要趁此时机，向日本新霸主德川家康展示我军奋战的英姿，这样便可在新秩序确定前，将最上的版图最大化！

于是，在十月一日这天，长谷堂周围的柏仓、门传、村木泽等地，都爆发了殊死的战斗。据上杉方史料所称，直江兼续一日"鏖战二十八回合"，足见战事激烈程度，上杉军的殿后部队作战极为凶悍。冲到菅泽山脚下的最上义光的大队人马，突然被炽烈的射击打乱了阵脚，火力来自菅泽山山腰，负责此地防务的水原亲宪，将 200 名兵士分为 4 组，操作 4 门"种子岛中筒"，对追击的最上军轮番轰击。

当时日本的铁炮，按规制分为小筒、中筒和大筒。小筒就是普通足轻所持的"火绳枪"（也叫火铳、鸟铳），发射 2.5 匁（匁，重量单位，约 3.75 克）的弹丸；大筒则类似小型火炮，发射 20 匁的弹丸，一般安装在城堡或战船上；至于中筒，弹丸重量 6 至 10 匁间，为霰弹发射方式，装填和操纵极为复杂，但威力极大。

水原亲宪所属的 4 门中筒，激射出的弹丸，形成一道道"死亡雨雾"，将最上士兵的躯体撕裂。装填间隙，水原又让手持小筒的士兵上前掩护射击，打得最上义光无法抬头，蒙受了极其惨重的损失——战前劝谏无果的筑紫喜哞，在山下大呼着："鄙人身为大将的近侍，是否胆小，就在此战中，让大将亲眼判断吧！"说完，驱马前冲了 2 町（合 220 米），随即，一颗铅丸从左肩入，右胸出，当即落马阵亡，死在了义光的面前。义光还没来得及悲哀，菅泽山一阵弹丸，又狂风般刮来。重臣志村藤右卫门因上前替主君吃了弹丸而死，义光所戴的"三十八间总覆轮筋兜"上的"筱垂"（头盔下面悬挂的甲片）也被铁炮打断——在水原亲宪殿后铁炮队的打击下，追击部队狼狈不堪，陷入了大混乱。

借此，稍微谈谈日本中世战争里"铁炮"的地位。其实，日本这个岛国古时一向封闭，缺乏与外界的军事交流（当然，古代的军事交流大多是通过战争来实现的），接触火器是比较晚的，直到"文永弘安之战"（即元日战争，指 1274 年和 1281 年忽必烈两次入侵日本）时，元军在日本福冈海滩上抛

◎ "种子岛中筒"（仿制品）

掷的"震天雷",把武士炸得七荤八素后,日本才明白火器的威力。但击退元军后,日本的战争依然以骑马武士小规模战斗为主,使用太刀和藤弓即可满足需要,火器生产依旧滞后。

15世纪末,日本进入封建领主割据混战时期,即"战国时期",步兵(足轻)集团取代武士成为战术主流,对长枪和火器的需求开始迫切起来。1541年,岛国的工匠在机缘巧合下,成功仿制了葡萄牙海员的火绳枪,而后这种名为"铁炮"的新式杀人利器,迅速在全国普及,并因其易于训练、威力强大的特点,在战场上日渐发挥越来越重要的作用。

到庆长出羽之战时,一切都离不开火器了。畑谷城和长谷堂攻防战里,双方大量使用铁炮对射;须川夜袭里,上杉军以埋伏射击的方式,击溃了前来找麻烦的最

上军;上山城之败,上杉军也是靠着铁炮射击,打死了草刈志摩守,才阻遏了最上军进一步的攻势;伊达政宗的援军中,铁炮手有454人,而弓手不过238人,可见,铁炮的地位已和老牌武器弓不相上下了;长谷堂陷入僵局,直江兼续要主君派援军,要了300名铁炮手,而最上义光往各地派预备队,铁炮手也是不可或缺的战力;最后,在撤退战里,水原亲宪的铁炮队,再度发挥了千钧之力。[1]在水原亲宪逞威之时,上杉军另外一位大将,浪人出身的前田利太见时机大好,下跨骏马"松风",手持2间(1间约1.8米)长的大身朱枪(用朱漆刷过的长矛),带着水野藤兵卫、韮冢理右卫门、宇佐美弥五、藤田森右卫门4名百战勇士,呼啸着冲入了追击队伍,来回纵横,杀得最上伊达军丢盔卸甲,一度冲到了最上义光身边,多亏义光嫡子最上义康领着千余

◎ 长篠合战(1575)的屏风画,织田信长的铁炮队依托拦马栅,击破了武田氏的骑马队。

---

[1] 最上义光在统一最上郡时,就花费了大量财力,自庄内酒田港,从畿内作坊购入大量的铁炮,装备自己的军队,目光可谓敏锐。

精锐越山来救，山形城主才算脱离险境。

十月四日，直江兼续在忠勇部下的掩护下，保全了征讨军的主力，返回了米泽城，这场波及须川、菅泽山、富神山的大撤退战，总算落下了帷幕。

《最上义光记》称："直江山城守在少数近侍护卫下，沿着河岸奔逃，我军在追击中，队形也被拉乱，左冲右突，讨取敌军首级累累，上杉全军辟易，山城守只身脱出虎口，集结败军，静心归阵。"但也有史料载，最上义光称赞直江兼续："虽知前队战败，但毫无失措，静心徐徐撤军，败而不乱……大有谦信公武勇之遗风，观之倾心不已。"

此役，双方的伤亡历来争论不休，最上方称己方战死 623 人，讨取上杉方 1580 人；但上杉方却称光是在撤退战里，就讨取敌人 2100 人。考虑到上杉方是败退一方，

◎ 最上义光的头盔，三十八间总覆轮筋兜。

根本没有战场清扫权，故其数字较之最上方，水分更大，若硬要取一个合理的数字，似应以最上方为准。

至此，可以说庆长出羽合战的主体战役——长谷堂之战，硝烟散去了。

事后诸葛亮

整个长谷堂的战事，可以说除打酱油的伊达军外，最上与上杉的将士都表现出了足够的英勇和无畏。不过笔者已说过，战前最上义光的领地不过 30 万石，仅和上杉家臣直江兼续的封邑相当。此战上杉军动员了 25000 人，加上庄内方面 3000 人，小野寺盟友数千人，总人数不下 3 万；而义光方即便加上政宗那可有可无的援军，也绝不会超过 15000 人，战场态势可以说是 2 比 1 乃至 3 比 1。但最后败退的一方，居然是占尽优势的上杉军，看来上杉一方

需痛下决心，做番检讨了。

首先要明确的是，在庆长出羽合战中，上杉军只具备数量上的优势，和对方相比，没有任何质量上的优势。之前的上杉军士，可是被织田信长称为"天下无双强兵"的，其和武田军在信浓川中岛的数次鏖战，更为后代津津乐道。不过军队的战斗力是会随着环境变迁而起伏的，上杉谦信在位期间，越后上中下部豪族林立。这些大大小小的豪族，长期来为了赋税、水利、田产等原因争斗不已，积累了丰富的械斗经验。

上杉谦信崛起后，降伏了这些家族，把他们的名字登记在《上杉军役帐》上。每逢战事起，这些人必须按照规定好的数额，提供军役（士兵、马匹、武器、粮秣），跟随谦信征战四方。

按照《上杉军役帐》的统计，越后国服从上杉谦信的豪族人马，大约有8000人，这也是谦信赖以成名的"麾下八千"。这批勇猛的战士便是"天下无双强兵"的骨干。但上杉谦信膝下无子，在他死后，来自后北条家的养子上杉景虎，与来自上田分家①的养子上杉景胜，各自得到一批豪族的支持，展开了惨烈的混战。御馆之乱刚熄，景胜的屁股还没坐热，有力豪族新发田氏又因不满起来作乱。历尽动荡后，谦信"麾下八千"或战死，或遭清洗，精英力量元气大伤，稳定家督位子的上杉景胜，虽通过重用直江兼续等"母家众"（直江氏，原姓樋口，一直是上田分家的家臣）巩固了大名权力，但军队的战斗力却因骨干的流失和断代，江河日下了。

到转封会津时，那帮善战的老骨头，硕果仅存的也只有水原亲宪、色部光长、本庄繁长等寥寥数人了。直江兼续为了拼凑征讨最上的兵马，大量招募浪人入军，如上泉泰纲、前田利太等辈。这些浪人虽然也有善战的勇名，但入伍时间短，对上杉军作战特色也不甚了解，到了实战场上，反倒因协调性和服从性差等因素，对整体

◎ 最上义光的指挥棒，铁制，上面刻有"清和天皇末叶山形出羽守有发僧义光"，长86.5厘米、重1.75公斤，是一般武士刀的2倍，说明最上义光腕力不错。（最上义光自认是清和天皇的子孙之清和源氏，任山形出羽守，虽然没有剃发但侍奉于佛陀，因为带发修行杀人无罪）此铁棒现存于最上义光历史馆。

战斗力起掣肘的反作用。如上泉泰纲在八幡崎口时，居然还迷信个人武勇，深陷重围斗死，不但没能扭转局势，还给全军士气带来了不可小觑的负面作用。反观最上军，除江口光清外，其余大部分领主都对义光马首是瞻，能忠实执行正确的防御策略，一线作战时积极性甚高（如狸森楯的八十多名武士，一直在上杉军后方坚持打游击），人数虽少，但战力不俗，至少让直江兼续无可奈何。

即便上杉军战斗力下滑是事实，最高指挥官直江兼续也难辞其咎。众多《军记物语》里，直江兼续似乎都和"名将"挂着钩。他表面上看军事能力相当不俗，但此战里他的表现实在让人有点匪夷所思。

作为入侵最上领的积极主导者，直江兼续战前根本展开没有任何针对敌方的情报工作，军事行动则准时准点，按部就班，

---

① 上杉谦信本名长尾景虎，是越后旧守护大名上杉的守护代（代理守护治理领地的家臣），后其家族篡取了守护权力，在获得朝廷与幕府认可后，继承了越后上杉的苗字。而原本越后国的长尾氏分为三家，上杉谦信这一家叫"府中长尾"，还有"古志长尾"和"上田长尾"，三家虽有血脉关系，也经常为了利益发生冲突，景胜即出身"上田长尾"，后为了政治利益，被送到谦信处，当了谦信的养子。

完全将"出其不意"的兵法精髓抛诸脑后，让最上义光有充裕时间做好防御部署；实际作战里，他的应变能力也堪称僵化，在长谷堂城下本来安排了"刈田"战术，想引诱志村高治出城，但当鲑延秀纲迎战后，却连对方数十骑兵马都围歼不了，足见其指挥力的平庸。另外，上泉泰纲的战亡，也和这位统帅轻易脱离指挥位置，带着一部人马孤立突出于八幡崎口的行为脱不了干系。

那么，直江兼续的名与实，到底如何？

带着这些困惑，笔者详细翻了此君的履历，发现所谓的名将直江兼续，说直接点，就是"盛名之下其实难副"。本名桶口兼续的他，出道时就担任了景胜的"小姓"（日本武将身边的年幼小童，兼任武将的秘书、佣人和卫士，许多小姓还和主人有着同性爱的密切关系），御馆之乱后入赘绝嗣的越后名门直江氏，担任了景胜的"奏者"（替大名掌管印章的人员），与狩野秀治共同处理政务。可以说，直江兼续就是秘书出身，军事经验欠缺得很。

天正十二年（1584），狩野秀治病死后，直江兼续独揽大权，在家中权势如日中天。当时，家臣称呼景胜"御屋形"，称呼兼续则为"旦那"（主人之意），私下都说上杉家是"二头共管"。得到主君莫大信任的兼续，自然也开始插手军务（因为景胜对那帮老军头很不放心），直江兼续最早统领的是景胜的马回众，结果在平定新发田之乱时，景胜先后在放生桥之战和八幡表之战里两次被新发田骑兵围困。尤其在八幡表，驻守本阵前的直江兼续部被新发田军打得死伤星散，景胜差点性命不保。

这场仗后，直江兼续灰头灰脸，痛定思痛，认为上杉军惨遭失利原因是新发田城下老是下大雨，军队在湿地行动困难，遂决心发挥身为文官的特长，动员了大批人力财力，在中之口川又是开支流、修水坝，又是平整土地，如火如荼。好不容易削平了地皮，却发现此举的最大功用是让新发田军家的兵士出击更顺畅了……

最后，还是藤田信吉（就是那位在会津征伐前，被直江兼续迫害走的）使用谋略，策反了新泻城和沼垂城，掐断了新发田军水运补给线，上杉景胜才获得平叛战的胜利。

不过现在生活在新泻县的百姓，还是得感激直江山城守殿下，毕竟是他开辟了

◎ 直江兼续画像

"新泻平野"农作物生产基地!

让我们继续来翻直江兼续下面的履历：小田原征伐时，和主君指挥一路人马，受降了几座后北条方的城堡；侵朝战争时，帮丰臣秀吉在熊川盖了座城堡；夺取庄内后，改修了大宝寺城；在越后指导农民开垦新田，推广经济作物青苎、木棉的种植，并垄断了青苎贸易，替主家赚了不少钱；受丰臣秀吉委托，主持开采佐渡岛的金矿；景胜转封会津后，担任米泽城主，负责修筑联络各飞地的朝日山军道；再往后就是担任庆长出羽合战的总大将。

这一看，结论就出来了——直江兼续任何工作做得都很好，除了打仗。但就是这样一个文官色彩极浓的角色，景胜居然让他统帅全部精华出去打仗，除了用一副"领导说你行你就行不行也行，领导说你不行就不行行也不行"的对联来表达"不服不行"的心情，还能说什么呢？

反观最上义光，这位擅长谋略弱于战阵的大名，除了在胜局已定的追击战里，为鼓舞士气而亲自冲在前面外，其他绝大部分时间都很明智地呆在山形城里，没有对前线指挥官如志村高治、里见民部、楯冈满茂等指手画脚，保证了这些优秀指挥官的一线能动性，而且在以弱对强的劣势下，不计较一城一地的得失，放弃大部分意义不大的据点，保存了宝贵的兵力，以主力对主力，集中重兵扼守要地长谷堂，把上杉的优势化为无形，终于坚守到了关原战争胜利的时刻。这种不拘泥于预设防线，依托坚固支点决死抵抗的战法，可以说颇得"弹性防御"的三昧。

客观比较之后，不得不佩服最上义光的决断力和手腕，正是他的正确指导，外加出羽小豪族（代表者鲑延秀纲）的顽强作战，原本偏居一隅的最上氏，迎来了历史上最辉煌的顶点。

下面的战局，最上、伊达开始转守为攻。

续战·松川交兵

关原之战，德川家康虽在十月一日处决了被俘的石田三成、安国寺惠琼、小西行长等首谋者，但处罚敌对方的大名，如拥有数十万石乃至百多万石领地的强豪毛利、岛津、佐竹、上杉等辈，单纯凭借武力灭绝之，似不可行，若想对方屈服，必然会伴随繁琐的交涉、恫吓和争辩，要耗费很长的时间和很大的精力。事实上，直到次年七月，德川家康才正式开始对东国大名的"仕置"，且花了近两年的时光，方把格局稳定下来。

由于这个时间差，对上杉、最上和伊达三家来说，"庆长出羽合战"并未随着直江兼续的撤离而完全结束，余下的战斗仍然激烈。

直江兼续退回米泽后，最上军以志村高治为"案内役"（原意向导，在此代指总指挥），立刻对尚不知情屯兵于寒河江的庄内上杉军发起猛烈的反扑。十月一日，最先得到退兵情报的嫡系志驮义秀火速退去，避免了巨大损失，但非嫡系的庄内豪族则遭了难，他们在完全不知情下，成为了上杉方的弃子——土桥惟贞部在白岩楯下全军被灭，而原本攻取了谷地城的下吉忠部，反被包围在城中，经过十天的抵抗，最后全员投降。随后，志村高治挥军杀入了庄内。十三年后，最上的战旗又飘扬在了这片沃土上。不过，入冬后降下大雪，最上军行动困难，暂时撤离了此处。

仙北方向，最上义光命三子清水义亲为大将，汇合驻防汤泽城的楯冈满茂，以事先德川家康授予的"统制出羽"名义，重新联合一帮"墙头草"领主秋田、由利等，三面围攻长谷堂战时助拳上杉的小野寺氏，双方围绕横手、大森、吉田等据点，展开了旷日持久的乱斗。德川家康的裁决下达后，战火方才平息。

既然最上方针对"旧恨"之地庄内、仙北，打得是有声有色，伊达政宗自然不甘寂寞，也想趁着新秩序来临前的真空期，痛殴上杉这条"落水犬"，恢复朝思暮想的会津之地的管辖权。

果然，十月六日，原先在舅舅有难时只能派出1500名援兵的伊达政宗，火速动员了2万大军，自边境的国见山攻入了上杉方的福岛城、梁川城，企图制压信夫、伊达两郡。考虑到两地正是伊达氏源起处（伊达本出身古日本贵族藤原北家，后随镰仓幕府初代征夷大将军源赖朝征讨奥州有功，受封伊达一郡，才在东北立下脚跟，荣华起来）。所以，此战更有光复祖先之

地的神圣意义。

与伊达政宗对阵的上杉将领是福岛的本庄繁长、梁川的须田长义，二将历仕谦信、景胜两代，是无数实战锤炼出来的悍将，特别是本庄繁长，出身越后著名的武士集团"扬北众"，智勇双全，先前在庄内十五里原把最上方打得惨败的就是这位，诨名"扬北之狼"、"武人八幡"，实乃政宗劲敌。

得知关原之战结果的伊达军，士气高昂，很快穿过桑折、宫代、镰田等地，并且在松川北岸的五十边击溃了上杉的伏兵，讨取了福岛方的指挥官安田勘介、桑折图书（图书是此武士的受领官职名，类似我国的杜工部官职名）等五名将领及士兵三百多人，上杉败兵沿着信夫山和腰之滨满世界逃窜。初战告捷的伊达军紧追不舍，一直杀到了福岛城的大手门。这时，有情报传来：上杉景胜动员了会津全部精兵，要奔赴福岛城，和政宗决一死战！

精于将道的伊达政宗，才不会和景胜硬碰硬呢，再说，已经傍晚了，将士们还要吃饭呢，于是，他很快将兵马撤回白石城。

次日，政宗又换道长井郡侵入会津，结果被上杉将领甘粕清长逼退。这下真的轮到政宗纳闷了：上杉军在长谷堂败后落胆了啊，此时我对会津的收复战，应该如劈大竹、如水泻地般顺利才对，怎么抵抗会这么激烈呢？

天气没给伊达政宗太多的纳闷时间，奥羽满地都下了雪，没办法，只能静待来年再出兵了。

庆长六年（1601），雪一消融，最上义

◎ 本庄繁长浮世绘画像

光就以先前投降的下吉忠为先锋，突入庄内领地。伊达政宗也不甘示弱，在二月七日再度出兵，但在宫代遭遇了本庄繁长部的拼死抵抗，无果退兵。

这下政宗不但纳闷，还有些着急了，他听闻上杉家内主张和德川家康谈和的一派已占据上风，再夺不下会津，以后怕是再也没机会了。他的这种心境，在给叔叔留守政景的书信里一览无余："闻会津一心欲与内府大人谈和，除去笼城外已无战意，我方可从仙道口讨入，此机会切不可失也……"

三月二十四日，伊达政宗再次出兵，这次主攻方向变为了梁川城。须田长义临时颁布知行宛行状①，动员四周的豪族、农兵，在二十九日伏兵城下，结果被伊达军看破了，伏兵反被冲击，战死了300多人。须田领残部笼城，政宗本想攻城，但因事先安插在城中的内应败露，只能暂时放弃计划。

四月十七日，伊达政宗下了最后的大气力，动员了25000人，抵达白石城，并于二十六日再度出阵松川流域，剑指福岛城。面对来势汹汹的伊达军，本庄繁长等将兵力加在一起也只有6000人，且分散在数座城堡之中，但极有勇气的"扬北之狼"，依然在城外的长仓荒野上布阵，凛然迎战奥州小霸独眼龙。

当日清晨，伊达军在一片大雾中精华尽出，以片仓景纲为先手、屋代景赖为次手、伊达政宗殿后，鼓噪着自濑上杀出，与长仓的上杉军厮杀在一起。混战里，福岛城武士冈定俊还和伊达政宗发生了"一骑讨"②。

冈定俊本是蒲生家臣，后被直江兼续以4200石的高禄揽来。此战，他穿着基督徒好友赠送的"南蛮甲"（日本称呼西欧人为南蛮），《武边咄闻书》描绘其盔甲"螺纹"、"鸠胸"、"鸥口"银光闪闪。他奔袭到伊达政宗前，八面威风着实吓傻了伊达军不少的"土老帽"。

冈定俊见对方胯下一匹鹿毛马，金轮覆马鞍，头顶熊毛兜，身着猩猩红阵羽织(日本武士披在铠甲外的类似马甲的衣物，用于防寒)，心想可抓到了条大鱼了，二话不说，对着政宗连砍了两刀，一刀斩到了金马鞍，另外一刀砍进了政宗的"袖"（肩膀上的护甲）。大惊失色的政宗回砍了一刀，伤了冈定俊的右膝。膝盖上中了一刀的冈定俊刚准备对政宗补刀时，冈的战友斋野道二也从斜刺里冲出，抢着追了政宗一刀，把猩猩红阵羽织砍裂了。

关键时刻，还得算政宗的爱马有灵性，驮着主人，四蹄翻飞，如滔滔松川里的一条水龙劈开波浪，往回疯逃，才使政宗捡回了性命。事后，冈定俊知道他的对手居然就是奥州独眼龙时，"追悔莫及"。

虽然总大将险象环生，但伊达军还是

---

① 知行，即是为领主所有，可以世袭的土地；宛行，即是领主拥有经营权，但没有世袭权的土地。知行宛行状，是上级领主下赐下级田产的花押文书，具备律法效力。
② "一骑讨"，指武士按照中古习俗，面对面骑马决战的战斗模式。"讨"，指杀死敌人。

顺利击溃了长仓的上杉军。喘过气来的政宗，将指挥棒往前一指，万千伊达勇士成席卷之势追击，本庄繁长等人则像雪崩般往福岛城里逃。跟着领导一起跑的冈定俊和斋野道二，看到己方永井善左卫门与青木新五兵卫两人（这两位穷，没马可骑）穿着黑色阵羽织，手持十字文枪，傻乎乎地还在往前线跑。擦肩而过时，道二回头指了下伊达军中穿戴显眼的政宗，对永井和青木说："彼人恐是敌人总帅。"这两个愣头青二话不说，趁乱冲上去，用十字文枪对着政宗一顿乱刺。结果，政宗的兜被刺落，脑袋差点多了几个透明窟窿。

◎ 日本武士爱用的"千鸟十文字枪"，既可直刺，也可劈砍，是对抗骑兵的利器。

一战下来，伊达政宗的马鞍、铠甲、兜、阵羽织无一完好，不但险象环生，且丢尽了脸面。

永井和青木不要命的奋战，为本庄繁长脱身赢得了时间，并使他能重新组织败兵依托福岛城外的"曲轮"继续抵抗。接下来担任攻城任务的，是伊达先锋片仓景纲。在铁炮和火箭的射击下，整座福岛城都在颤抖，一会儿后，外曲轮被片仓军攻陷，此间的大部分上杉兵士不是被杀就是被捕——已感到绝望的本庄繁长，命部众顺着西门往外突。

伊达另外一名家臣金砂实常，领着数十人马，在西门外的羽黑山南麓山坡上，用铁炮朝下射击，后来因弹药短缺，射击频率低了下来。上杉军抓住机会急忙朝外突。金砂当机立断，让部下扔掉铁炮，猛扑下来，短兵接战，硬是把上杉军堵了回去。

如此看来，福岛城气数快要尽了。

这时，惊魂未定的伊达政宗也来到羽黑山，传唤了在城下指挥的片仓景纲，询问福岛城何时可拿下。片仓回答："外曲轮已在我方掌握中，但士卒伤亡亦重，不如暂时休整后，再一鼓作气拿下。"政宗额首，而后领着亲随朝本阵所在的国见山归去。

就在政宗回国见山的路上，战场变数出现了——梁川城须田长义的部将车斯忠，在福岛城即将陷落之时，主动出击，带着马上武者百骑、小手（骑马的土豪）63骑，外加足轻100多人，渡过大隈川，对停留在藤田与桑折间的伊达军辎重队发动了猛袭。顿时，辎重队的足轻和民夫被杀得七零八落，"小荷驮奉行"（小荷驮即辎重）宫崎内藏助阵亡，辎重物资、阵幕，包括政宗的私人物品《法华经》，皆遭掳掠焚毁。

后方遭到奇袭的伊达军，阵脚混乱起来，本庄繁长也把握住时机，打开城门勇猛突击。两相夹攻下，伊达政宗前功尽弃，饮恨放弃了对福岛城的攻击——次日，伊达政宗留下津田景康驻防国见山，阻击上杉可能的追击，自己则领军狼狈退回白石城，松川合战结束。

后来，上杉方的《军记物语》称，此战讨取伊达军首级 1290 颗。不过，还原整个作战流程后，此数字无论如何都是极度夸大了的。

此后，伊达和上杉争夺会津的大规模作战结束，取而代之的是小规模的边境冲突。就在伊达政宗再度给德川家康写信，请求再次出征会津讨伐上杉景胜，并让家康许诺，战后加封 15 万至 20 万石，作为对己方武功的表彰时，上杉景胜与直江兼续一起去了京都，拜谒完丰臣秀赖后，前往伏见城向家康谢罪，请求处分。

八月十六日，对上杉氏的处分正式下达：削减景胜 75% 的领地，只保留米泽 30 万石。

据说，上杉景胜当时如五雷轰顶，自言"惊愕莫名，武运自此凋零矣"。

另一边，一心要取得会津的伊达政宗，失去了出兵理由，光复祖先之地的宏愿破灭了。非但如此，德川家康还抓住了伊达的"小辫子"——煽动"岩崎一揆"，私下拓展地盘[1]，痛痛快快地把政宗的功过"相抵"了。最后论功行赏，伊达政宗只得到了近江和常陆的几块零碎"飞地"，总领从战前的 60 万石，"膨胀"到战后的 62 万石，白忙一场。

笑得最开心的，还是之前三方势力里最弱的最上义光，他在庆长六年对庄内的攻击异常顺利。景胜投降后，酒田城代志驮义秀依旧顽抗，但这种顽抗恰好给了义光继续打下去的借口。至年底，庄内全境落入最上手中，并得到了德川家康的认可（因为义光在长谷堂之战的突出战功）。

接着，原来在关东常陆的佐竹氏，因关原之战时的暧昧态度，被家康清算，减死罪一等，由原先的 54 万石领地的大名，转封到了出羽久保田（20 万石），而原先在此的大名秋田实季，也因为在关原时有私通上杉景胜的嫌疑，被转封去了常陆穴户——两家恰好对调了一下，在换邻居的过程中，最上义光又用平鹿郡与雄胜郡，从佐竹那儿换来了由利郡。

这样最上义光的领地，除了现在的山形县外，还有庄内和由利郡，总计 57 万石，整整翻了一番。最上义光开心得不得了。

故事或戏剧都有大结局，而历史和政治却永远没有。

---

[1] 关原之战时，伊达政宗企图向陆奥北部扩张势力，于是煽动对该地大名南部氏统治不满的国人和贺忠亲，起兵袭取南部属下诸城，准备乘乱吞并陆奥北部，史称"和贺一揆"或"岩崎一揆"（主要战斗发生在岩崎城）。一揆遭南部军镇压后，政宗的阴谋也随之败露，因南部氏属德川，故而伊达遭到了幕府的斥责。

终结

庆长出羽合战前，上杉家足有3万名家臣，现在，领地掉到了30万石，但人还要大名养着，唯一途径就是节衣缩食。因此，很多重臣的俸禄跟着大缩水，比如先前和直江兼续书信往来的秋山定纲，本来封邑2000石，转封后只剩下320石，上杉家臣境遇之凄惨，可见一斑。

肚子吃不饱，就得骂娘。在当时很多人的眼里，上杉就不该和德川翻脸，打了场没光彩的长谷堂之战不说，还丢了75%的领土。是谁当初一心要和德川开火的？没错，是直江兼续。他仗着在家中权大撺掇主君开战。于是，直江接下来在米泽藩（江户时代，大名领国称呼统一为藩）里的风评，就是"奸臣"，没商量。但上杉景胜依然信任他，直江也顶着骂名，继续默默主持事务：治理水利、开放新田、挖掘矿山，渐渐地把米泽藩拓展到了内高[2] 51万石的水准，君臣二人始终无嫌隙，直到兼续于元和五年（1619年）去世。米泽藩也波澜不惊地在江户时代存续下去，到九代藩主上杉鹰山时，为了革新弊政，他开始有意识地扭转直江兼续在家中的评价，兼续形象又开始伟光正起来。几番墨改后，那个忠诚但贪权、文武不双全、时不时会在大事上意气用事的的山城守，好像离我们更加遥远了。

伊达政宗也很忙，这位之前始终东征西讨的独眼龙，现在反倒静下心来处理领国各种杂务：开新田，派遣使节团远航欧洲，还在仙台城下营建了绚烂"桃山风"的寺庙与宅邸。石卷港中一艘艘满载着雪白大米的船只驶往江户，引得《烟霞绮谈》里惊叹："今日江户城中三分之一的大米，都来自于奥州。"

总之，仙台初代藩主伊达政宗，在"元和偃武"后的和平年代，依然活得十分精彩。

政宗的舅舅最上义光就更忙碌了，因为领地扩张到原来的两倍，需要制定《最上家臣分限帐》来论功行赏，需要整备山形城至庄内酒田港的街道，需要扩建山形的城下町，需要免除领国农民、工匠的各种杂役……各种勤政爱民。当时的山形藩百姓都唱着"为最上源五郎服役，苦也是甜"

◎ 仙台藩石卷港绘图

---

② 内高与表高相对，表高指幕府测量的领地数据，是幕府向大名征收年贡与军役的标准；而内高，是大名领国的实际生产力。常理来说，自然是表高低，内高高，对大名更为有利，所以江户时代后，大名都以开发新田等方式，增加内高的石数。

的歌谣。但美丽"霞城"的上空，阴云很快出现了。

先是义光嫡子最上义康遭到家臣暗杀。义康曾在菅泽山之战时亲自突阵救过父亲的命，俗话说"打铁亲兄弟，上阵父子兵"，但关原之战后，父子俩却疏远起来，十分诡异。

庆长七年（1602），最上义康在去庄内的山路上突遭家臣土肥半左卫门等二十多人的袭击，腹部中弹后引刀自刃。血淋淋的尸体被抬到义光面前，衣物里只有份祈祷父亲武运长久的请文。义光当即老泪纵横，对近侍斋藤光则说："我儿子死了，我很悲痛，这件事情就交给你了。"

在斋藤的穷查下，在长谷堂之战立下功勋的上山城主里见民部屁股坐不稳了，

因为先前他说义康的坏话太多，成为被怀疑对象，不久逃亡加贺，后在引渡回来的路上被斋藤杀死。

接下来，义光将继承人定为打小就被送去侍奉德川家的次子最上家亲。

到此，大伙儿也就明白义康事件的真面目了。没错，像最上、上杉和伊达这样的边远大名，他们在中央权力真空期时，可以擅自使用武力解决各自的新仇旧恨，但一旦权力归属尘埃落定，他们的荣华富贵，就不得不仰人鼻息了。

最上家亲，一直呆在德川家里，颇得家康与秀忠的欢心。他利用幕府权威把东北第二大藩国山形纳入自己手中的野心肯定是无法遏制。当最上家亲的这种愿望传到义光的耳朵里后，义光必然会感到彷

◎ "霞城"公园里最上义光跃马持棒的铜雕

徨与痛苦——他舍不得长子，但更不愿意因此得罪了德川家，最终，成为牺牲品的只有义康。说到这里，义康之死背后的责任人，到底是不是义光，相信读者心里已有答案。

最上义光死后，山形二代藩主家亲，继续奉行巴结德川幕府的政策，为此，他杀害了弟弟清水义亲，理由不过是义亲原先与丰臣政权关系甚好。再考虑到义亲被诛杀在"大阪冬之阵"（1614年冬，德川家康灭绝丰臣政权之战）前，内中的缘由就不言而喻了。

这时的最上内部已经暗流涌动了，原本只是国人联合体的最上家，领地突然膨胀后，必然会有"消化不良"的症状。各家臣在嫡子争夺战里互相站队、仇视，阴谋不断泛起，在抵御上杉入侵时抱成一团的战友，如今却拔刀相向——待到元和三年（1617），二代最上家亲在观赏"猿乐"时急死（一般被认为是中毒身亡）后，他年纪尚小的儿子义俊，再也压制不住家臣的内讧了——一派家臣拥戴义俊，一派则拥戴最上义光的四子山野边义忠，事情越闹越大，直闹到幕府里去了。

幕府以"渔翁"的面目介入了"最上骚动"，极其严厉地制裁了最上家，勒令其改易，领地从57万石，一下沦落到近江大森1万石（义俊死后，更是降为5000石

的旗本）。家臣也树倒猢狲散，各奔前去了，真是云泥之别一瞬间，偌大的山形藩，荣华只持续了短短三代就如烟霞消散了。

随后，幕府将山形藩拆为山形、鹤冈、新庄、上山四藩，分别由鸟居氏、酒井氏、户泽氏和松平氏转封入主，其中鸟居和酒井是幕府的谱代大名[1]，松平是幕府亲族，而户泽是幕府在东北有意扶持的小大名，户泽和鸟居随后又结成了亲家。

这样一看，幕府肢解最上的深层意图就很简单了，那就是以"掺沙子"的方法，把上杉、伊达和佐竹这些外样大名[2]给牢牢监控起来。可怜的最上，不过是棋子罢了。相似的还有会津藩，在幕府相继以类似最上的罪名改易了蒲生（蒲生家在关原之战后，一度回归会津）、加藤这些旧丰臣出身的大名后，最终入主其间的，是德川同族保科正之（后改苗字为松平，松平会津藩的始祖）。东北的大门被结结实实地锁上了，幕府自可高枕无忧。

"战争是流血的政治，政治是不流血的战争"，果然至理名言。

奥羽的雪原，淡去了鼓角争鸣，就此沉寂，等待着二百六十年后又一轮惨烈的岁月。恰如松尾芭蕉的俳句："夏日青草婆娑起舞，那是在时间长河里沉淀下来的，武士的梦。"

---

① 谱代大名，狭义上指世代效忠，在幕府建立后被封为大名的德川家臣，他们长期占据幕府中枢，权势极大，极受信任；广义上也可指在关原之战时，臣从德川家康的大名，这些人也获得了"准谱代"的资格，如户泽、相马等。
② 外样大名，可指在关原之战前纳入德川体系或与德川交好的地方大名，如池田、黑田、细川、伊达等，也可指关原之战后，才屈服德川的势力，如毛利、上杉、岛津等。江户的体系中，外样大名虽领国广大，但备受幕府的监视与猜忌。

"日不落帝国"的雏音

布伦海姆会战浅析

作者：柏振华

1704年8月13日，多瑙河小镇布伦海姆周围100多平方公里的原野上，以英军为主体的大同盟军经过13个小时的激战，大败法国和巴伐利亚联军。这场战役实质上决定了西班牙王位继承战争的结果，并加速了英格兰、苏格兰、北爱尔兰的合并和不列颠日不落帝国的建立，因此，以富勒为代表的众多军事历史大师都曾不吝篇幅对其进行了介绍。本文着重从各参战军队在体制建设、战略思想、战术理论和装备等方面差异的角度，对这场战役进行浅析，以求展现各参战军队在独特的发展历程中形成的特色军事文化。

纷争的欧陆——"太阳王"的改革

1519 年，出身哈布斯堡家族的西班牙公主之子——查理，继承了祖父德意志神圣罗马帝国皇帝马克西米利安一世（Maximilian I Joseph）的庞大遗产，并以其强大势力将法国重重包围。尽管法国凭借优秀的外交手腕不断削弱着哈布斯堡的势力，但当其最强大的盟友和代理人——瑞典国王古斯塔夫二世·阿道夫（Gustav II Adolf）不幸战死吕岑后，被迫卷入三十年战争（1618—1648）。此时，由于法国国内长期动荡，其军队的组织和管理能力显得很糟糕。法军预定召集 16 万人，却最终勉强只凑了 7 万人，并且各团的装备缺乏，训练水平参差不齐，衣着五花八门，只有一根白色肩带表明他们的法军身份，此外，军队几乎没有任何后勤保障体系。士兵因为领不到军饷，便像蝗虫一样肆意毁坏行军之地。支配着大大小小连队的，是雇佣兵们的兄弟习气。而且，军官的职务都是贿买而来的，比起作战，这些军官更关心如何利用军职为自己牟取私利，不少人根本对军事一窍不通……难怪法国首相黎塞留（Richelieu，1585—1642）曾嘲笑道："法国不是一个军事国家。"它之所以能挫败西班牙和奥地利的入侵，是因为孔代亲王的勇猛果敢和敌人久战后的衰弱。

1661 年，日后被称为"太阳王"的路易十四开始亲政。他在军队中推行了一系列改革措施，以打造历代先王求之而不得的王家军队。

首先，他从高级将领入手，在艾伯伦公爵（Duke d'Epernon）病逝后，他废除了法国步兵上将[1]（Colonel General of French Infantry）这一职务，将其所辖职权，特别是军官任免权，全部收归到自己手中，并逐步收回了骑兵上将（Colonel General of Cavalry）、龙骑兵上将（Colonel General of Dragoons）和瑞士士兵上将

◎ 少年时代饱受国内动乱之苦的"太阳王"——路易十四，亲政后大力改革行政、财政和军事体制，强化中央集权，使法国进入盛世。但他好大喜功，对外不断征战，损耗国力，最终使法国失去霸权地位。

[1] 路易十四在其回忆录中曾如此评价该职务："权力几乎是无限的……对部分主力部队的影响甚至强于国王。"

（Colonel General of Swiss）的类似权力，仅保留其虚职。

其次，他启用了战争大臣勒泰利耶之子卢瓦（Marquis de Louvois）接替父职，继续前者在军政管理上的一系列改革。被伏尔泰评价为"冷酷无情、倨傲无礼"的卢瓦，很快就用事实证明自己比他杰出的父亲更加优秀。某次，他派出的战争专员和督军在巡查各处驻军时，发现了贝尔-艾尔的驻军虚报军队人数，临时找平民来冒充驻军的情况。驻军上尉当场被开除，当地总督和镇长，甚至充数的平民都受到了严厉的处罚。卢瓦本人立于这个军事监察体系的最顶端，任何流入其耳的专员和督军受贿舞弊的传闻，一经查实，都会被迅速解职，并且神奇地"人间蒸发"——如1671年敦刻尔克专员阿尔伯特一案。这个堪称暴戾的军政管理体系，得到了国王路易十四的全力支持，任何关于卢瓦的谗言或控告，都被他坚定地挡了回去。

接下来，路易十四和卢瓦把注意力放在了军官队伍上。军官们吃惊地发现，他们的军事理论和技能被纳入了监察的环节，不称职的将被迫卖掉自己的职务。一时间，之前还几乎无人问津的军事理论著作迅速被抢购一空，如马内特的《战争的艺术》（Les Travaux de Mars）。这些著作一版再版，颇有洛阳纸贵之势。国王本人在练兵场频频抛头露面的事情，也刺激了贵族军官们。他们涌向训练场，和自己的团队一起卖力操练，祈求能被国王慧眼相中，从而飞黄腾达。在提高贵族军官素质的同时，法军也开始向相对贫穷一些的小贵族，甚至平

◎ 法国陆军大臣卢瓦侯爵（1641—1691）

民才俊开放上升之路。从1661年开始，军中严禁买卖少校和中校的军衔，改为直接任命；新设了准将军衔，规定可由中校直接晋升。法军中不少才俊就是循此途径晋升的。其中，尼古拉斯·卡蒂纳元帅（Nicolas Catinat）和在世界军事史中享有盛誉的"工程兵之父"塞巴斯汀·沃邦元帅（Sebastien Le Vauban），就是这些人中获得最高成就的两个人。

最后，路易十四开创设立了教导团。其中，简·马汀内（Jean de Martinet）中校的战列步兵国王团（Regiment du Roi），因军纪严明、着装统一、装备统一、阵营整齐而被国王树为全军典范。渴望博得圣宠的军官们，争先恐后地带领自己的步兵团、骑兵团或龙骑兵团向"榜样"看齐。

到1667年，路易十四已经拥有了人数

为12.5万人，且装备精良、训练有素、忠
于皇室的野战军——数量和质量都居欧陆
之冠。他庞大的禁卫军里还储备着大量的
后备军官，只需一纸命令，法军就可以组
建成批战斗力很强的新军团。除此以外，
他还有"杀手锏"——卢瓦利用日益庞大
的军政机构正在建立的以各省民兵为主体
的国防动员军。

法军的实战表现没有辜负路易十四的
心血，在遗产继承战争中，3周内就攻占了
弗朗什－孔泰，3个月后又拿下西属弗兰德
全境；在法荷战争中，仅2个月就几乎攻
下了荷兰全境（除阿姆斯特丹）。所谓树
大招风，1688年，法国遭到了英国、荷兰、
西班牙、萨伏伊和德意志诸国组成的奥格

◎ 沃邦元帅（1633—1707），于1703年获得元帅军衔。他曾指挥过53次围攻作战，其中有20次国王在场；升级了300座要塞，并组织新建了33座。沃邦撰写的论文和专著至今仍是军事工程学方面的经典著作。

◎ 法国骑兵泅渡莱茵河入侵荷兰的情景，由法国御用战争画家范·莫伊伦（Van der Meulen）绘制，其版刻本现藏于加拿大国家博物馆。

英格兰护国公，"新模范军之父"奥利弗·克伦威尔（1599—1658），其如日中天的国际地位和残酷的军事独裁使英国人对他爱恨交加。

◎ 克伦威尔指挥的骑兵。在他的指挥下，新模范军骑兵赢得了"铁骑（Ironside）"的赫赫声名，鲁伯特亲王在马斯顿荒原之战中第一次这样称呼他们（字面意思为"钢边硬汉"，鲁伯特用该词形容克伦威尔部下骑兵防御坚固如铁）。

斯堡同盟的围攻。尽管如此，法军在陆地战场上，仍具有压倒性的优势。1697年，路易十四与大同盟签订了《里斯维克和约》（Treaty of Ryswick），放弃了法军30年来的大部分战果，原因是另有一笔更大的遗产攫住了他的目光，因此，法国必须尽快从战争中抽身出来，做好准备。

1700年，西班牙国王卡洛斯二世病逝。谁也未曾料到，这位体质羸弱、没有后嗣且碌碌无为的国王，临死前却掀起了一股滔天巨浪——他在遗嘱中声明，国家必须完整地移交，不允许任何分割；第一顺位继承者为法国安茹公爵腓力（他的奶奶是西班牙长公主），第二顺位为奥地利大公查理（其母亲为西班牙公主）。法奥之前曾讨论过的瓜分方案破产了。路易十四虽不愿再遭列强围攻，但也不能忍受西班牙及其庞大的海外殖民地落入敌对的奥地利之手，何况法军的战斗力冠绝欧陆，他也有铤而走险的资本。11月11日，法国枢密院宣布接受遗嘱。愤怒的欧陆列强以恢复大同盟之势，掀起了西班牙王位继承战争。

在此次战争中，法国的主要对手有两个——英国和德意志神圣罗马帝国。他们既是法国的死敌，也是法国的学生。

路易十四亲政之前，隔海相望的英国还处于奥利弗·克伦威尔（Oliver Cromwell）的军事独裁下。由于拥有共同的敌人——西班牙，英国和法国结为同盟，并派6000人前往敦刻尔克助战。1658年的沙丘之战（Battle of the Dunes）中，英国新模范军一如既往的顽强与善战，令法国名将杜伦尼元帅赞不绝口。克伦威尔病逝后，流亡10年之久的法国公主之子查理被英国人迎回国内，英法关系更加亲密。受够了军事独裁之苦的新政府将新模范军尽行遣散，转而依靠分散的城镇卫戍部队，由国家民兵行驶暴力机关的职能（与美国建国之初的想法很相似）。但这些非正规军连市民暴乱都无法应付，又给了新国王重建王室军队的借口，从此，英军的数量稳定而缓慢地增长。新建的王室军队保留了新模范军的"威尼斯红"制服，或多或少流露出对昔日辉煌的缅怀；曾长期流亡法国的王室军官则为部队注入了法国军队的战术理论和团队文化。

◎ 重建王室军队中第2冷泉禁卫团的长矛兵。该团组建于二次内战中的顿巴战役前夕，前身为乔治·蒙克团，是唯一一个可以追溯到新模范军时代的军团。因此，该团以作为全世界历史最悠久的军团而自傲。

◎ 威廉三世登陆托贝港（Torbay）的情景

英王查理二世对法国怀有两种相互矛盾的复杂心理。一方面，其父王被革命者杀死的悲剧使他非常羡慕路易十四的绝对王权，热衷与法国秘密盟约；另一方面，由于流亡法国期间所受到的待遇又使他对法国存有戒心，时不时与法国的敌对国家亲近：1677年，他把弟弟约克公爵詹姆斯的长女玛丽公主，下嫁给路易十四的死敌——荷兰执政者威廉三世。

威廉三世崛起于路易十四发动法荷战争期间。这场战争实际上是法军的个人秀。在卢瓦侯爵的调度与孔代亲王、杜伦尼元帅、沃邦元帅三位名将的指挥下，不到2个月的时间，法军就占领了荷兰全境（除阿姆斯特丹外）。胜利了的路易十四显然过于骄狂，他傲慢的态度和苛刻到极点的讲和条件，无意中把这场惩罚摇摆不定的荷兰政府的王朝战争升级为法国和荷兰的民族战争，并导致了荷兰共和派的倒台。年仅22岁的威廉三世出任共和国执政官兼海陆军上将，他的祖先是荷兰民族英雄"沉默者"威廉一世，"坚定不移"是他家族的家训。他带领荷兰人民凿穿了艾默伊登拦海大坝，成功阻挡了法军对阿姆斯特丹的围攻。威廉三世的性格和路易十四几乎完全相反，可谓天生的对头。他也是一个精明的改革家，荷军在他的指导下借鉴法军的做法健全了军政体制，并通过实战发展出了更先进的战术体系，终于挽回战局，迫使路易十四于1678年签订了《奈梅亨协定》（Treaty of Nijmegen），放弃侵吞荷兰的野心。尽管威廉三世力量不足，但他仍想复仇。幸运的是，他通过妻子和母亲的血脉关系，享有英国王位的继承权。

1685 年，英王查理二世病逝，约克公爵詹姆斯继位，是为英王詹姆斯二世。詹姆斯是公开的天主教徒，也是"太阳王"的忠实粉丝，其"开历史倒车"的本事倒颇有父亲查理一世之风。很快，这使国会和新教权贵失去了耐心。1688 年，海峡对岸的威廉三世受英国国会邀请，在旗舰"邓布里埃尔"（Den Briel）号上高挂着绣有"我将坚守——英国人民的自由与新教信仰"的旗帜，登陆了英国托贝港。在他向伦敦挺进的过程中，英军士兵便纷纷倒戈了。詹姆斯二世的精神随之崩溃，仓皇出逃，在肯特海岸遭到逮捕，被威廉三世释放后极为狼狈地离开了英国。随后，威廉三世和妻子玛丽公主成为英国国王与女王。

加入反法同盟的英国为荷兰派去了8000 人的援军。但在荷兰先进军事体系的阴影下，他们无力取得新模范军那样的显赫成就，改革势在必行。1689 年，英军主将约翰·丘吉尔（John Churchill）[1] 写信给威廉的战争大臣："我急切地想知道陛下愿意我军采用荷式操典，还是英式操典。如果陛下应允采取荷式操典，我将立即开始着手相关的翻译工作。"荷式操典被应允了，很快，荷兰式的蓝色制服成了英军的新宠。经过短期训练，英军在瓦尔库尔（Walcourt）战役中取得了不错的成绩。但在血腥的斯坦克尔克（Steinkirk）战役

◎ 维也纳之战中的奥地利战士，带钩的可以像叉棍一样用于支撑火枪的短矛，是他们的特色武器，一如射击军的战斧。

中，他们甩开友军，蛮勇突击，致使全军秩序大乱。于是，荷军指挥官索尔莫斯伯爵（Count of Solems）生气地回绝了英军的增援请求："该死的英国佬既然那么喜欢打仗，干嘛不现在自己打个够去？"到了隔年的兰登（Landen）战役，英军已经学会了按序进攻和后退。他们已然成为法军危险的敌人，并即将成为最危

---

[1] 即后文提到的马尔伯勒公爵（Duke of Malborough），英国历史上最伟大的军事统帅之一。二战中，英国著名的领导人——温斯顿·丘吉尔（Winston Churchill），就是马尔伯勒的后代。

险的。

到 17 世纪末，自视为欧陆共主的德意志神圣罗马帝国已没有了昔日让列国敬服的风采。经过这么多年的战争，德意志大地满目疮痍。在外国列强的介入下，德意志签订了《威斯特伐利亚和约》（the Peace Treaty of Westphalia），限制了皇帝的权力，哈布斯堡家族与法国持续了 200 年的仇恨从此更深了。华伦斯坦时代，帝国军曾一度因改良了日耳曼军事体系和装备驰名欧陆。那时的法国还是它忠实的学生。世易时移，华伦斯坦后执掌帝国军帅印的意籍将领——蒙特库科利（Montecuccoli）选择模仿法军，加强帝国军实力。1685 年，路易十四废除《南特

赦令》，龙骑兵迫害胡格诺教徒，这为德意志诸国送来了 10 余万流亡者，其中有很多军事、工程、经济及行政领域的杰出人才，这大大加速了德意志诸国的改革进程，其中勃兰登堡大公国——日后的普鲁士王国，受惠尤其多。凭借强化后的军队，帝国军在圣哥达（Saint Gothard）、维也纳（Vienna）、哈尔卡尼（Harkany）、森塔（Zenta）战役中击败了在法国的唆使下入侵的土耳其军队，迫使对方定下城下之盟，完全退出匈牙利与特兰西瓦尼亚。至此，摆脱了所有威胁的帝国军，带着在土耳其战斗中练就的一身本领，做好了重返西欧的准备。

奔向多瑙河
——"闪避战略"（Strategy of Evasion）与军事欺骗

《里斯维克和约》签订后，短视的英国议会错判形势，把威廉三世麾下久经征战的军队裁减了一半以上。当战争再次爆发时，英军不得不接受以死刑犯、无业游民、流浪汉和负债者为主体的补充兵。渡过海峡加入弗兰德斯军团的 2.2 万人的前途尤为黯淡——他们即将与法国本土的精锐部队交战。幸运的是，领导他们的是这个时代最为杰出的统帅。

马尔伯勒公爵，时年 52 岁，已从军 36 年，英法"蜜月期"时曾在法军杜伦尼元帅手下任职，对法军的作战特点了如指掌。他耐心地训练这些出身卑贱的士兵，

并以自己在 1702—1703 年战季中使用的小小战术带来的胜利给他们建立了信心。他没有那个时代贵族军官们高高在上的做派，他体察士兵的生活状况，并尽其可能改善他们的生活条件。志愿从军的韦伯主教马修（Matthew Bishop of Webb's）下士在回忆录中这样写道："公爵的关怀一直包围着我们。"私底下，士兵们亲切地称他为"约翰班长"，和百年后拿破仑最喜欢的绰号"小班长"有着惊人的相似。

马尔伯勒将法军逐出弗兰德斯战场的同时，意大利战场上，在欧根亲王杰出的指挥下，帝国军以劣势兵力牢牢牵制着

青年时代的约翰·丘吉尔已经是公认的美男子，与莎拉（安妮公主的闺蜜）的联姻，为他日后的事业奠定了坚实的基础。

法军，迫使其三易主帅，还争取到萨伏伊公国加入反法同盟。

1703 年，德意志本土的抗法形势急转直下——法军在新近才崭露头角的元帅维拉尔（Villars）的率领下，攻入了德意志的心腹地带，与倒戈法国的巴伐利亚联手，数胜帝国军，并将其扫出了多瑙河流域。维拉尔主张进行一次大胆的冬季突击，一

◎ 巴伐利亚选侯艾曼纽尔二世（1662—1726），在自己的领土弗兰德斯能得到安全和可以攫取皇位的双重引诱下，倒戈法国，背叛了神圣罗马帝国皇帝，也背叛了德意志。

举攻克维也纳，但遭到巴伐利亚选侯①艾曼纽尔二世的反对，两人发生了激烈的冲突。为保住盟友，路易十四撤了维拉尔的元帅职务，任命善于执行命令的马尔森（Marsin）为元帅。随后，法巴联军进入了"冬歇期"。届时，塔拉德（Tallard）元帅将率领 3.6 万名法军穿越辽阔的黑森林，与马尔森和选侯会师后，进攻维也纳。

如果德法联手，英荷纵有经济优势也将难以抵挡住德法联军。马尔伯勒认识到，现在，战争的胜败取决于德意志境内的战斗结果。正如帝国驻英大使弗罗茨瓦夫伯爵（Count Wratislaw）所指出的："倘若没有外援，帝国军残部撑过 1704 年战季的机会极为渺茫。但如果马尔伯勒想抵达多瑙河战场，他必须甩开法军 4 支军队的围追堵截，在侧翼完全暴露的情况下行军 350 余英里。"

17 世纪后半叶至 18 世纪初，"闪避战略"日益受到追捧，这种战略强调通过组织良好的机动取得有利的位置或防御阵地，从而迫使对手进入不利位置，无法干扰己方的军事行动，如夺占要塞和建立稳固的仓库补给系统。但这种战略被默认为只能在单个战场执行，受当时的技术条件和军事经验的限制，通过机动从一个战场跳入另一个遥远的战场，被认为是异想天开的。这种战略大致起源于古斯塔夫二世与华伦斯坦两位名将在三十年战争中的博弈，瑞典军在占据有利地形的帝国军的攻击下付出了高昂的代价。吕岑会战中，国王古斯塔夫二世通过奇袭取得了战术胜利，使双方的损失不相上下，虽然国王最后战死了，但这种战术还是证明了其可行性。法荷战争中，杜伦尼和蒙特库科利在下莱茵河流域的巅峰对决进一步验证了这种战略的可行性。蒙特库科利曾写道："成功的秘诀就是要有一个坚固的实体，无论在哪里或是去哪里，在保全自己的同时，它还能击败敌人。它好像一个机动的要塞，不仅能随时阻止敌人，还能自卫。"

马尔伯勒师承杜伦尼，是公认的机动大师，这是法国人也知道的；但法国人所不知道的是，他还精通军事欺骗。马尔伯勒通过一系列看似毫无联系，实际上却环环相扣的军事欺骗行动，先后使 4 名法军主将落入陷阱，3 次误判他的进军目标，甚至连路易十四和英荷政府也中过他的圈套。他坐看英荷联军的 14 个步兵营、39 个骑兵中队冲出弗兰德斯低地，沿着莱茵河谷，一路汇合了汉诺威、普鲁士和丹麦的军队。此外，马尔伯勒还在美因茨"明修栈道、暗渡陈仓"，把塔拉德元帅的部队从黑森林边缘吓回了阿尔萨斯的门户——兰道要塞。随后，他乘法军一团忙乱，在海德尔堡（Heidelberg）渡过内卡河（Neckar），直取了多瑙河。结果，塔拉德的军队失去了攻击敌人的最佳位置。

1704 年 6 月 10 日，马尔伯勒与欧根亲王、巴登（Baden）侯爵的帝国军会师于蒙德尔斯海姆（Mondelsheim）。尽管经过 5 周 250 英里的行军后，军马有些劳顿，但

---

① 即选帝侯，指的是那些拥有选举罗马人民的国王和神圣罗马帝国皇帝权利的诸侯。

◎ 1704年7月2日，马尔伯勒奇袭施伦贝格要塞示意图。施伦贝格之战是布伦海姆会战的前哨战。马尔伯勒和欧根命令刚刚抵达战场的联军直接发起攻击，使得误以为他们要扎营过夜的法军猝不及防。

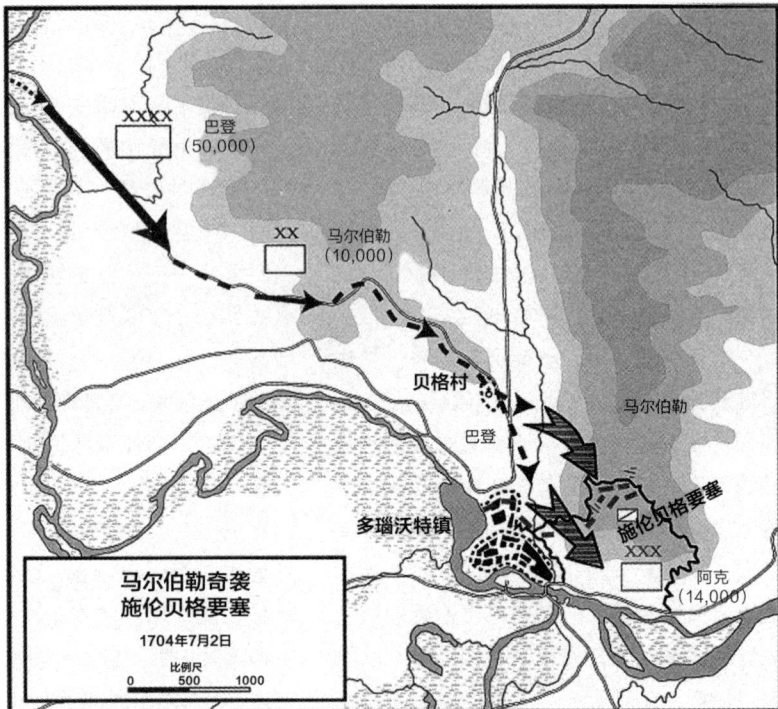

接下来，欧根和马尔伯勒两位名将通力合作，于7月2日利用漂亮的包围战术，在法巴联军的眼皮下攻占了重要枢纽施伦贝格（Schellenberg）要塞，封闭了多瑙沃特（Donauworth）通向维也纳的道路，并打开了前往巴伐利亚选侯领地的多瑙河交通线。选侯为他背叛皇帝的行为付出了代

仍给亲王留下了极好的印象。亲王感叹道："上帝啊，我从来没有见过比这更好的战马、更好的制服、更美的腰带、更好的装备了！金钱只能买来军服和战马，买不来我在这些士兵脸上看到的勃勃生机。"能有这样的结果，其实都归功于马尔伯勒和他出色的幕僚团队，尤其是军需将军威廉姆·卡多根（Willam Cadogan）的杰出组织。

价，整个7月，马尔伯勒都践踏着他的领地。

选侯本已打算讲和，但塔拉德元帅于8月5日穿越黑森林赶到了奥格斯堡时，带来了包括宪骑兵、战列步兵国王团、纳瓦拉团和王家团在内的法军精锐。选侯恢复了信心，决心继续与法国人合作。

5天后，法巴联军从劳英根（Lauingen）渡过多瑙河，负责掩护联军后背的欧根亲王因兵力过少无法阻止联军的挺进，只得退向多瑙沃特东7英里处的明斯特（Munster），等待马尔伯勒赶来会师。法巴联军则乘机进军至霍希施塔特（Hochstadt）以东地区，多瑙沃特平原上布伦海姆村周围的形势开始变得对欧根和马尔伯勒不利。欧根给马尔伯勒的信里这样写道：

"敌人已恢复行军。他们渡过了多瑙河，并将我军的一个前哨部队逼退到胡赫斯特。迪林根平原上挤满了军队，我军已在此坚守一天。我军目前所处的位置非常适合防御，但非常遗憾的是，我不得不后退，因为仅凭手头的18个营，我不敢冒险停留到深夜。将来，我们要花费巨大的代价才能夺回这样有利的位置了……总之，目前最重要的是，避免被敌人封锁在狭窄的多瑙河河谷中。"

如前所述，这个年代最见成效的就是"闪避战略"。法军塔拉德元帅是这种战略的忠实信徒。他有着光辉的战斗履历，最近在穿越黑森林和包抄英荷联军身后的行动中，也表现出极高的能力，选择的布伦海姆村亦非常有利于防守。但他"沦为了这种金科玉律战略的奴隶"，过于迷信防御所能带来的优势，以致于当选侯提出继续推进，将马尔伯勒和欧根彻底逼入狭窄的河谷时，塔拉德元帅不屑一顾。当选侯提出不再构筑过多的野战工事，只将2个村庄要塞化，以免毁坏更多庄稼时，他竟不反对。他陷入了敌人将转向内卡河交通线的幻想。8月5日，他致信国王，许诺"我军会在敌军试图逃出巴伐利亚时给予他们重创"。8月12日，法国希力（Silly）侯爵带领40个中队的法军骑兵前出平原侦察，与一支英荷联军部队发生遭遇战，法军带回了一些俘虏。这些俘虏供出了英荷联军将于次日转向内卡河方向的诺德林根（Nordlingen）的消息。由此，塔拉德更加深信不疑，以致于对希力的报告——这支部队正在掩护尖兵（Pioneer，英军工程

◎ 萨伏伊的弗兰索瓦·欧根亲王（1663—1736）。在反土耳其的战争中，他彻底扭转了两个多世纪以来德意志神圣罗马帝国的被动局面，使德意志诸国得以从容转身应对法军；在意大利战场上，他率领少量的兵力击败了法国，使法国在意大利上百年的势力彻底瓦解。

◎ 法国元帅塔拉德伯爵（1652—1728），在奥格斯堡战争中崭露头角，战争结束后担任法国驻英大使，与威廉三世、马尔伯勒都有私交。西班牙王位战争爆发后，他被召回法国。兰登围攻战中，他以8000人大胆夜袭了有2万人的帝国军，取得了辉煌战果，由此擢升为元帅。布伦海姆战役后，他在英国过了7年战俘生活，返回法国后获得了国王的原谅，晚年仕途依然顺遂，先后担任摄政委员、科学院院士，并于1726年就任国务大臣。

兵部队的雏形）平整道路——这一异常细节毫不在意；另外，马尔伯勒擅长军事欺骗的事情也没能引起他的重视。

上行下效，法巴联军都沉醉在已经取得了胜利的幻想中，他们的疏忽大意没有逃过马尔伯勒和欧根的望远镜。马尔伯勒和欧根同样也擅长"闪避战略"，但与塔拉德不同的是，他们都明白"闪避战略"的初衷是以机动捕捉有利的战机。早在7月31日，马尔伯勒便同欧根讨论过诱使法巴军接受会战的可能性。12日入夜后，在6个骑兵中队的护卫下，他们在法军营地做了侦察后，做了决定。

13日凌晨2点，英军鼓手敲响集合的战鼓；3点，在40个骑兵中队的掩护下，全军开始进军。马尔伯勒接受了随军牧师黑尔（Doctor Hare）的祝福，后者留下了一段详细的记录，使后人得以一窥这次接敌及展开行动的细节：

我军右翼列成4个行军纵队，2个骑兵纵队靠左，2个是步兵纵队靠右；步兵前方是缓缓上升的平原，右方是茂密的森林，平原直到接近基赛尔（Kessel）小溪才开始下降。

我军左翼也成4个纵队，左侧紧挨着右翼的骑兵纵队，右侧沿着道芬海姆（Dapfheim）村、施韦林根（Schwenningen）村一线开进。昨日夜间进驻道芬海姆的威尔克斯（Wilkes）少将和罗（Rowe）准将的9个步兵营，现在也开始沿多瑙河河岸前进。帝国军的炮兵紧跟在右翼纵队之后，英荷炮兵则循着道路穿过艾琳霍芬（Erlinghoffen）、道芬海姆和施韦林根。辎重行李队撤退到了多瑙沃特附近的瑞德

林根（Riedlingen）待命。

穿过平原上最狭窄的地段后，担任前卫掩护的骑兵和平原上分散的哨兵不断汇合回到了主力部队，与罗、弗格森（Ferguson）的步兵旅一起组成第9个行军纵队，在卡茨（Cutts）勋爵的指挥下向布伦海姆村开进。

18日8时，英军各纵队陆续抵达了尼贝尔河前的指定位置，并开始展开战斗队形，一些法军前哨在撤过河前点燃了占据的农舍，烈焰和浓烟给英军的展开造成了一些麻烦。实际上，这些农舍如果稍加改造，本来是极好的前沿防御阵地。英军抵达尼贝尔河后，法军才如梦初醒。塔拉德麾下的骑兵团长梅罗德·威斯特罗伯爵（Comte de Merode-Westerloo）回忆道：

"我睡在一座谷仓里，仆从们睡在农庄的屋子里。那晚我睡得很沉，直到6点突然被我家的首席男仆吵醒，他冲进谷仓时已经上气不接下气。这个仆人，名叫莱弗兰斯（Lefrance）。大约4点时，他带着我的马外出吃草，赶回来时把我摇醒，尖叫着说敌人来了。起初，我以为他在开玩笑，就问道：'好吧，在哪里？在那里么？'他马上叫道：'是的！那里！那里！'一边说一边推开谷仓的大门。透过大门望去，晨光掩映下的平原上已布满了敌人的骑兵中队。我吃惊地揉了揉眼睛，但旋即恢复冷静，告诉他至少这帮家伙给我留下了喝咖啡的时间。"

塔拉德甚至到这时还没有清醒过来，他在清晨7点给凡尔赛的信函显示，他得到了联军营地2点响起鼓声的情报，联军之后的推进他也一清二楚，他仍然咬定对方将转向诺德林根，并再次向国王保证胜券在握。

平原惊雷——炮兵战术体系与装备

目睹敌军展开战斗队形后，梅罗德伯爵对己方营地中的一片寂静感到很震惊。他跑到自己骑兵团的营地里大声呼喊："上马！"——在没有得到塔拉德命令的情况下，他尚不敢命令鼓手敲响战鼓。当属下骑兵列队完毕后，伯爵才看到了布伦海姆村的法军指挥部人员开始有所行动。大约在此时，塔拉德策马疾驰到伯爵面前，赞扬了他的及时指挥，并下令全部鼓手重复敲击"整装"和"上马"鼓点。伯爵的副官也被塔拉德借走以便向炮兵传达开火号令。随后，3门24磅重炮进行了两轮齐射，召唤之前分散开的侦察与粮秣搜集分队紧急返回。

约8时30分，法军重炮开始全面轰击1英里外的英军。

路易十四亲政之初，处于火炮大宗师（Grand Master of Artillery）领导下的法军炮兵，被视为可承担军事任务的专业人员。战场上，他们与招募来的平民、临时配属的步兵编成"队列"（Train）。平民负责驾驶运输马车，步兵负责火炮战场机动和工事构筑。炮手们虽在火炮使用及制造上堪称行家，但他们的军事素质不敢恭维——经常架起大炮乱轰一气，甚至把宝贵的弹药浪费在和敌方某门火炮的决斗上。

野心勃勃的卢瓦侯爵还将改革的触手伸向炮兵。不过，这一领域的专业性过强，对付步骑兵用的那套简单粗暴的手段在此处并不适用。鉴于此，狡猾的卢瓦采用迂回的做法。首先，他于1666年废除了自1572年以来一直沿用的制炮标准，启用了新的"卢瓦系统"，压制了火炮大宗师在火炮铸造方面的权力。随后，他于1671年以设立专职炮兵辅助单位的名义，组建了国王燧发枪团（Fusiliers du Roi Regiment），此举在军事应用上有两个重大意义：其一，统一配置了适合于炮兵阵地勤务的燧发枪与刺刀（塞膛式），促进了这两种新式兵器的推广；其二，燧发枪团的士兵除掩护和协助炮兵外，还得使用和维护火炮，这才是卢瓦的真正用意——

◎ 炮兵们正在装填的加农炮，需要注意的是，瞄准手正用皮手套堵住发火孔，以免未燃尽的残渣引燃新装填的火药。

22 年后，壮大并经过了实战考验的国王燧发枪团正式更名为王家炮兵团（Regiment Royal de l'Artillery），它的一些迫击炮、榴弹炮和坑道兵单位另组成了新的王家轰击炮兵团（Royal-Bombardiers Regiment）。此后，新的炮兵单位被陆续组建，火炮大宗师的权力也逐渐被分崩瓦解。到 1720 年，法军炮兵单位全部实现了国家化。

法国的做法很快就被其他列强效仿。英国的达特茅斯勋爵（Lord Dartmouth）在 1685 年组建了护卫炮兵的燧发枪团，但到西班牙王位继承战争时，英军的所有炮兵和工程兵仍在独立的装备董事会（Board of Ordance）的管辖下。为了能与法军高效的炮兵抗衡，英军将赌本压在了马尔伯勒的能力上。马尔伯勒兼任装备主管将军（Master General of Ordance），不负众望地将相关事务组织得井井有条。神圣罗马帝国由于面对法国和土耳其近卫炮兵的双重威胁，采用的方法更快捷些——在尽量不触动老行省炮兵（Provincial Artillery）的前提下，逐步建立和壮大了直属的王朝炮兵（Dynastic Artillery）。

双方投入战场的火炮主要有加农炮、榴弹炮和迫击炮三种。后两者主要用于围攻要塞，在野战中的作用不大。"卢瓦系统"规定的加农炮制造规格型号（铸铁弹重量）为 4 磅、8 磅、12 磅、24 磅和 33 磅；英军的则为 3 磅、6 磅、12 磅和 24 磅；德意志帝国邦国众多，拥有从 0.5 磅到 48 磅的 12 种加农炮制造规格型号。由于那时尚未使用大曲度的轻便炮架和多列牵引法，

8 磅以上的火炮都异常笨重，根本无法在战场上赶上步骑兵的行动步调，作用也仅限于对敌人进行远程轰击。再加上距离超过 600 码后，炮击的命中率十分低下，造成的实际杀伤力非常有限，但打击对方士气的效果倒是十分明显。据当时在布伦海姆村正面展开的英军第一近卫步兵团（1st Foot Guard Regiment）帕克上尉回忆，法军 24 磅重炮射击了他们两次，第一次打在步兵横队前面，由于河滩泥泞松软没有形成跳弹；第二次直接命中，但只打死了一个人，这也是联军中可查的首例死亡。8 磅以下的野战炮通常直接配属给步兵营，这种做法源于三十年战争中的瑞典军和帝国军，通常 1 个营有 2 门这样的野战炮。野战炮由雇来的平民驾驶的马车拖曳到战场附近，再在工程兵（英军称之为"尖兵"）和炮兵的拖曳下伴随所属步兵营行动，它们的作用也更像后世的机枪——在步兵营两翼喷吐炽烈的霰弹，加强步兵的火力。如果己方步兵能压制对方的火力，使这些野战炮不受干扰地工作，以英军 6 磅炮为例，1 分钟可射击 2—3 次，1 次可喷射 85 颗 1.5 盎司或者 41 颗 3.25 盎司的弹丸，效果非常好。

遭到法军轰炸的英军也以己方为数不多的重炮反击。一时间，整个平原炮声大作，远在 40 英里外围进攻因戈施塔德（Ingolstadt）的巴登侯爵都能听到，他随后给皇帝利奥波德去信：

"亲王和公爵已于今日在我西面与敌开战，愿上帝保佑他们。"

两翼齐飞——步兵战术体系与装备

到10时左右，英军战斗队形已完全展开，一线步兵卧倒在地以避开法军炮火，欧根亲王的右翼部队仍在上格劳（Oberglau）以西狭窄泥泞的道路上顶着炮火向施维恩巴赫（schwennenbach）前方的进攻出发阵地奋力前进。法军则在炮火中静候对方的攻势。一位参战者写道：

◎ 布伦海姆战役描绘图

"太阳照耀在田野上，农作物显出金黄的颜色，与各色军服、闪亮钢铁相映成趣。两军军乐相对而奏，起伏呼应。隔着这条沼泽式的河流，炮火横飞，人马或单独或成群地被击倒……现在已经是正午，天气异常炎热……欧根的副官终于赶来，时机已到。

12时30分左右，一直来回巡视战线鼓励士气的马尔伯勒回到已经集合在一起等待他下令的旅团指挥官们的面前：'先生们，各就各位。'众人行礼后返回各自部队，攻击开始了。

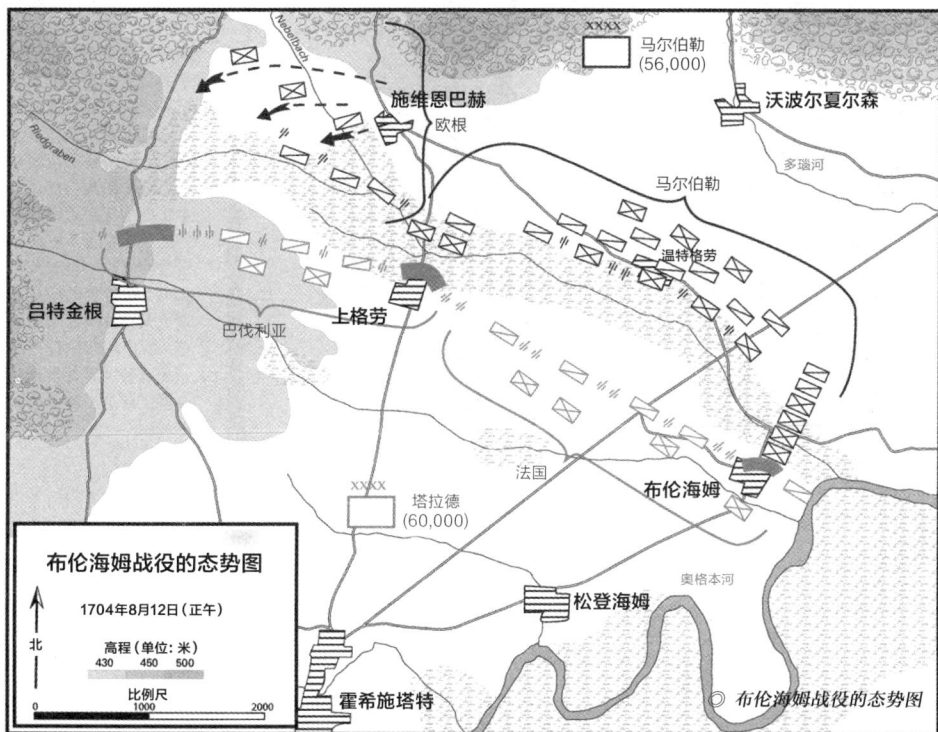

◎ 布伦海姆战役的态势图

英军第一轮打击的目标是布伦海姆村。如前所诉，卡茨勋爵部队是联军中最早进入预定位置的，他们已持续遭受对方4门24磅重炮的轰击达4小时之久。步兵战线的前方，尖兵们一直忙于在沼泽上搭设便道，黑森、苏格兰和爱尔兰龙骑兵来回穿梭，为尖兵们送去从树林和农舍残骸中收集到的建材。"

13时30分左右，罗将军带领第一线步

◎ 为尖兵搜集建材的龙骑兵，是那个时代名符其实的战场多面手，执行着小到治安护卫，大到侦察作战的所有任务。

◎ 法军使用的燧发枪及沃邦式套筒刺刀，在路易十四的改革中，法军的装备和服饰都发生了巨大的变化：燧发枪缓慢而曲折地取代了火绳枪；沃邦关于斯坦尔科克战役的报告催生了全军使用沃邦式套筒刺刀的王家法令；皮质弹药盒取代了"十二使徒"药瓶；在传统的两根肩带上又新添加了一根腰带；新出现的掷弹兵这一新兵种士兵比普通步兵多了一个盛装手榴弹的吊袋。

◎ 西班牙王位战争时期的法军掷弹兵　◎ 路易十四执政初期的法军滑膛枪手

兵涉水过河，在河岸的掩护下重组阵型，进一步前进至法军前沿300码后再次卧倒，等待二线威尔克（Wilke）的黑森步兵旅和炮兵渡河。随后，英军5个营排成3列横队，如一堵鲜红的石墙在鼓点中缓缓推进，素以勇猛著称的罗将军徒步走在自己的王家北不列颠燧发枪团前，命令所有人不准射击，直到他把剑刺进法军的防御工事。

◎ 正在转换队形，准备冲击布伦海姆村的皇家北不列颠燧发枪团（后来的26团）战列步兵。

法军的步兵阵型在路易十四执政期间逐渐由改良日耳曼体系的6列削减成了4列，这得益于燧发枪的普及以及套筒刺刀的使用。套筒刺刀尤其重要，它打破了自古以来轻重步兵间的鸿沟，使战列步兵兼具投射部队的攻击力与重装步兵的防御力，从而终结了16世纪以来一统欧陆的长矛掩护火枪战术。法军在同样750码正面上展开9个营的部队，他们的射击系统十分适合于防御战——逐列射击后蹲下，直到第四列射击完毕，再一齐起身装填，然后用刺刀迎击对方的冲锋。

法军的4000多支火枪击倒了大约1/3的英军步兵，命中率达到了惊人的20%——须知根据火力杀伤领域专家休斯（Hughes）中将分析，这一时期的最好理论成绩也只有15%；连同考虑到缺编造成的火枪数量下降和某些火枪可能重复射击两个因素，法军的这个成绩（应该是真实的状况）足以证明他们确实不负"精锐"之名。

英军顶住射击冲到了法军阵地跟前，罗准将狠狠地将佩剑刺入法军防壁，但随即被一颗铅弹击倒在地，北不列颠团中校达泽尔（Dazell）和少校坎贝尔（Campell）

上前相救，也被打倒在地。暴怒的苏格兰士兵以刺刀强袭法军防线，战斗异常血腥，一位法军军官写道：

"他们运动的速度，加上他们的喊杀声，真是来势惊人。我听到之后，即命令我方鼓手也敲响战鼓，盖过他们的声音，以鼓舞士气。英国步兵奋勇攻来，一直冲上防壁，但是我军也不甘示弱……激战的具体情形，很难描述，双方都在做极惨烈的肉搏，死伤枕藉。这种活地狱的惨状，我相信真是难以形容。"

在法军抗击下，英军第一波攻击失利。眼见对方败退队形不整，法军布置在布伦海姆村西侧的3个近卫宪骑兵中队在则罗本（Zurlauben）将军的率领下，冲入英军步兵阵中凶猛砍杀，英军用刺刀奋力抵挡，并试图结成方阵，但被法军骑兵强行冲开，一面团旗也被夺走。危急之中，一轮来自侧后的火力打击突然将法军成片射倒——二线的黑森步兵已经悄无声息地从英军两侧赶了过来。自知处境不妙，法军骑兵慌忙逃走，英军的团旗也得而复失。

继黑森步兵之后，跨过尼贝尔河的英

◎ 攀上河岸准备进攻布伦海姆的英军近卫团掷弹兵及其使用的"狗枪"，英军掷弹兵戴着好看的主教冠帽，由于掷弹兵在投弹前要将滑膛枪背在背上，这种帽子对背枪动作的妨碍更小。"狗枪"泛指大陆型燧发枪（"棕贝丝"）列装前的一系列早期燧发枪。

军弗格森步兵旅 5 个营对村庄东侧的车堡①防线展开了攻击，12 个法军龙骑兵中队下马据守在此，在他们的拼死抵抗下英军被击退。

英军不顾伤亡惨重，迅速发起第二轮攻击，紧接着是第三轮。帕克上尉写道：

"我们攻击失败后，其他的部队又赶了上来，他们迅速展开冲锋；还有一些被法军赶回来的人，也在完成重组后加入了攻势。最后，我们终于把敌人赶出了村庄，

---

① 一种武器体系，以四轮载重马车改造的野战工事，在步兵的配合下，很适合防御。

目睹了包括纳瓦拉团和王家团在内的部队乱哄哄地涌进村庄。他气愤地写道：

"他为什么要这样干！明明只要10个营就足以组织起有效的防御，其余部队完全可以调去战线的其他地方，发挥更大的作用。而现在，他们挤在村子里动弹不得，完全无法执行任何命令。敌人的任何一颗铅弹都能打中他们，而他们却只有少数人能施展还击，不久后，连那些人也没法了。他们的枪不是没有子弹，就是过热而炸膛了。队伍后面的人却连敌人的影子都看不

冲进了村里。"

在英军声势惊人的攻势前，法军布伦海姆守军指挥官克雷昂包尔（Marquis de Cleambault）中将失去理智，惊慌失措地把村子后方的18个步兵营全部调了上来。此时，塔拉德却去了上格劳，赶回时木已成舟。梅罗德伯爵亲眼

◎ 法军的龙骑兵，此战中，他们作为步兵防守布伦海姆村延伸到多瑙河畔的车堡防线。他们因参与了迫害法国新教徒的行动而声名狼藉。

到！更糟的是，此前被他们点燃的房舍现在冒出了炽热的火焰和滚滚的浓烟。他们为自己制造了一个缩小版的特洛伊——他们，被困在了浓烟和火焰里！"

英军和法军在村中以相隔80步远的距离上展开激烈对射。发现敌人密密麻麻地挤在防壁后，帕克上尉命令手下列阵展开射击。与法军不同的是，英军使用的是师承自荷兰的排枪射击模式——士兵通常列成三行18个排，第一行蹲着，第二行半蹲，第三行直立，成三个波次对敌人展开射击，每一个波次都能在正面织出恐怖的火网。此外，三个波次的划分还使机动在进攻战

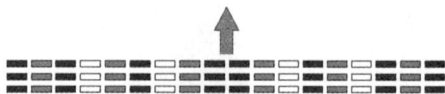

◎ 英军的排枪射击模式。一个营（Battlalion）被编制为18个排（Platoon），浅色为第一波次射击的排，白色为第二波次射击的排，深色为第三波次射击的排。单个排正面15码，士兵装填时纵深6码，射击时缩小到3码，这种射击模式最大限度地利用了燧发枪引火迅速的特点。全军可以通过口头命令或鼓声调节行动的节奏，以便实现精确的齐射。

斗中可以得到井然有序的掩护。

英军的每一次齐射都像割麦子一样撂倒了成排的法军，但法军庞大的数目也让他们难有作为。当卡茨勋爵准备再次发起攻击时，传来了马尔伯勒叫停的命令。

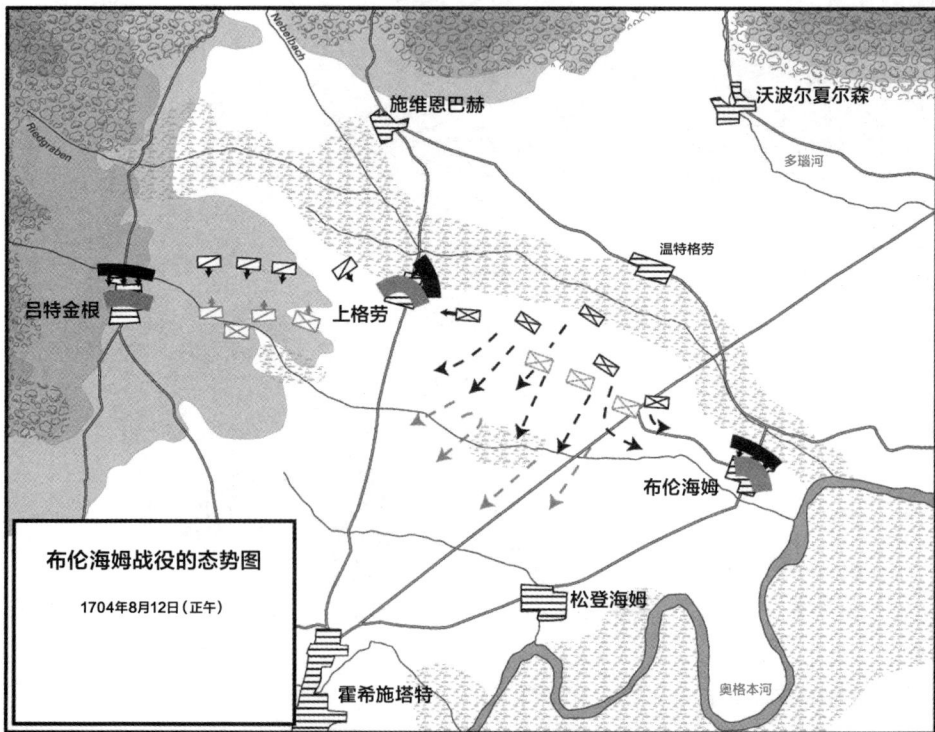

布伦海姆战役的态势图

1704年8月12日（正午）

◎ 1704年8月13日，布伦海姆战役的突破阶段，欧根亲王的右翼攻势陷入了停滞状态时，马尔伯勒在上格劳—布伦海姆一线取得了全线突破。至此，法巴军战线被拦腰斩断，败局已定。

在布伦海姆村之战交火正酣的同时，欧根亲王和荷尔施泰因 - 贝克亲王（The Prince of Holstein-Beck）也在战线右翼展开了攻势。亲王以一贯的坚强果敢，在进攻轴线（施维恩巴赫—吕特金恩、施维恩巴赫—霍希施塔特）凭借两次攻势，重创了马尔森和选侯的部队。顽强的普鲁士、丹麦步兵虽然摧毁了敌军 16 个重炮阵地，但自己也损失惨重，普鲁士 11 个步兵营丢失的战旗便多达 10 面，帝国的 74 个骑兵中队也全部筋疲力尽，无法继续推进。

荷尔施泰因 - 贝克亲王的 10 个荷兰营负责攻击上格劳。上格劳是马尔森和塔拉德的结合部，由马尔森的 14 个步兵营和塔拉德的 2 个步兵营共同防守，主力为爱尔兰流亡天主教徒组成的绰号为"野鹅"的爱尔兰旅。"野鹅"的士兵们极为仇视使他们离乡背井的英荷新教徒。由于与侧翼富格少将（Count Fugger）的帝国胸甲骑兵旅的协同发生问题，荷军在半途遭到爱尔兰步兵猛烈冲击，侧翼也被马尔森麾下骑兵包抄，本海姆（Benheim）团和古尔（Goor）团全军覆没，荷尔施泰因 - 贝克亲王负伤被俘。荷军的全面混乱，导致联军一度陷入将被法军突破的巨大危机。幸运的是，马尔伯勒派到此处观战的幕僚发现了险情，并及时叫来公爵阻止了荷军的溃退。帝国胸甲骑兵旅在欧根的命令下从侧翼冲击了马尔森的骑兵，危机才得以解除。恢复秩序的荷军在得到增援后冲过尼贝尔河将法军赶进了上格劳村。

中央突破——骑兵战术体系与装备

危机解除后，马尔伯勒公爵在 16 时左右回到了战线中央——上格劳和布伦海姆之间大约 3 平方公里的田地，这里是他一早就选定了的主攻方向，两翼的步兵攻势完全是为了钉死突破口两侧的敌军，选择这里的原因主要有：

一、英荷联军虽然在步兵数量上略逊于法军（66 个营对 70 个营），但在骑兵数量上占有很大优势（178 个中队对 143 个中队），上格劳和布伦海姆间的田地非常坚实，是理想的骑兵战场；

二、尼贝尔河的河岸在这里较为平缓，离开河岸不远就是开阔的田地，便于联军渡河和展开队伍；

三、遭到突袭时，法军来不及从远处调动兵力，只能以现有的兵力组织防御，当时的侦察显示，塔拉德的部队非常孤立；

四、联军中的普鲁士少将纳茨默尔（Natzmer）曾在类似的地形上与法巴军交过手，他告诉马尔伯勒，在两侧支撑点遭到攻击的情况下，法巴军有从中央阵线抽走预备队的习惯。

这片区域的价值和潜藏的危险，老练的塔拉德自然不可能不知道，但他最终只在这里展开了 64 个骑兵中队，10 个用作支援的步兵营，除战列步兵国王团外，都是缺乏实战经验的新部队，这可正合马尔伯勒的心意。后来，赋闲在家的维拉尔元帅在不清楚详情的情况下，看了当时的布阵图也直言这样必败无疑……乍看起来，失败似乎很不可思议，其实不然。

一、塔拉德部队骑兵的战马在穿越黑森林时染上了疫病（很可能是马鼻疽病），驻扎时不得不和马尔森的骑兵保持距离；

二、塔拉德对法军骑兵抱了过高的期望——尽管这个时代距离统一的骑兵剑术操典出现还有近100年时间，各骑兵团的武备和训练方式取决于团指挥官，但法国作为骑兵发源地，其骑兵享有崇高声誉，连剑术大师图歇（Philibert de la Touche）的著作都以"我国骑兵声名赫赫，且人民天生喜爱马上格斗"来开篇；

三、如前所说，布伦海姆的法军指挥官已擅自将大批步兵预备队调走，塔拉德后来索要时又遭到极力阻挠。

马尔伯勒返回主攻方向时，联军在此的四个波次部队（一线为7个步兵营，二、三线为骑兵，共计72个中队，四线为11个步兵营）和19个中队预备队中已有两波通过尖兵铺设的便桥和修复的桥梁完成渡河。距河岸约半英里的法军骑兵一方面忌惮联军步兵滑膛枪的火力，另一方面受塔拉德"放敌人上岸再歼灭"的错误命令的影响，选择了待命。只有最靠近布伦海姆的5个法兰西宪骑兵中队汇合了回撤的3个近卫宪骑兵中队后，向渡河来的英军5个骑兵中队（他们属于预备队，应卡茨勋爵的要求渡河掩护步兵侧翼）发起冲锋，却被帕尔梅斯（Palmes）上校的"回绝战术"（Refuse）漂亮地击败了。塔拉德元帅事后称，这次法军精锐骑兵的失败，对他造成了巨大的心理冲击，以致于指挥曾一度陷入慌乱。

16时30分左右，已经在对岸立稳脚跟的联军骑兵开始穿越第一线步兵营之间的通道展开队伍，法军见状发起冲锋。他们

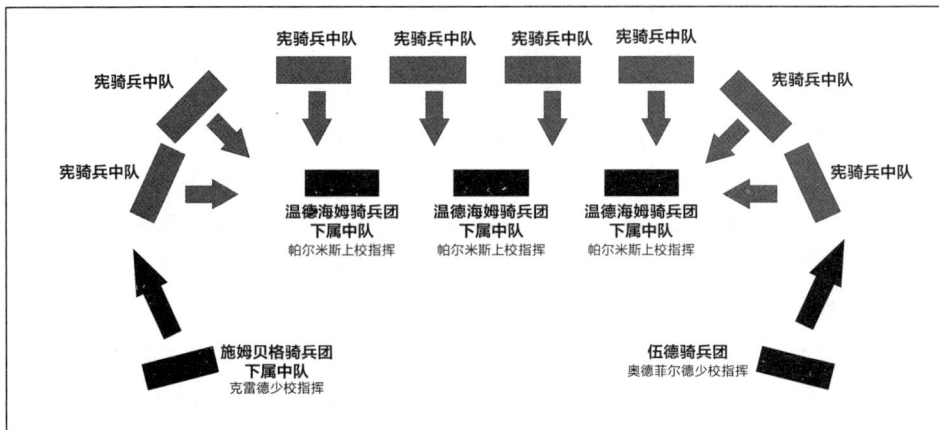

◎ "回绝战术"，帕尔梅斯预见到法军将利用优势兵力包抄他的侧翼，遂命令两翼的中队与主力保持一定距离，从侧后反包抄法军。

保持着整齐的三列横队慢跑前进，以手枪对敌人展开齐射后拔出刀剑冲锋——这种精巧的战术是德意志雇佣骑兵半回旋火力和瑞典冷钢冲锋的结合体，在路易十四继位以来的历次战争中被证明很有效。但这种战术过于复杂，一旦第一轮冲击被遏制，后续冲击的效果很快就会因人员损失和战马疲惫而减弱。梅罗德伯爵所率团队在这次攻势中，成功地击退了联军骑兵并将他们赶回了河岸。

己方骑兵再次撤回二线后，联军步兵开始发威，以威力十足的排枪射杀疾驰而来的法军。梅罗德伯爵的团部冲到了距联军战线仅30步的地方，遗憾的是，最终还

是溃败了，包括梅罗德坐骑在内的许多战马都被击毙。

眼见法军要逃走，联军中的普鲁士骑兵便上前追击，由于处于最佳的攻击位置，他们给法军造成了颇为严重的损失。接下来，双方骑兵以步兵阵线为依托反复相互冲击，田地上很快躺满了死去和垂死的步骑兵。帕克说，法军骑兵冲击力果然很快衰竭，而联军后两线的步兵和预备队骑兵正源源不断地渡河。他们的骑兵精力充沛。

当布拉德（Blood）上校的9门野战炮顺利渡河后，联军的一线骑兵撤退到后方，步炮兵在鼓点声中开始全线压上。法军骑兵被野战炮恐怖的霰弹雨吓坏了，赶

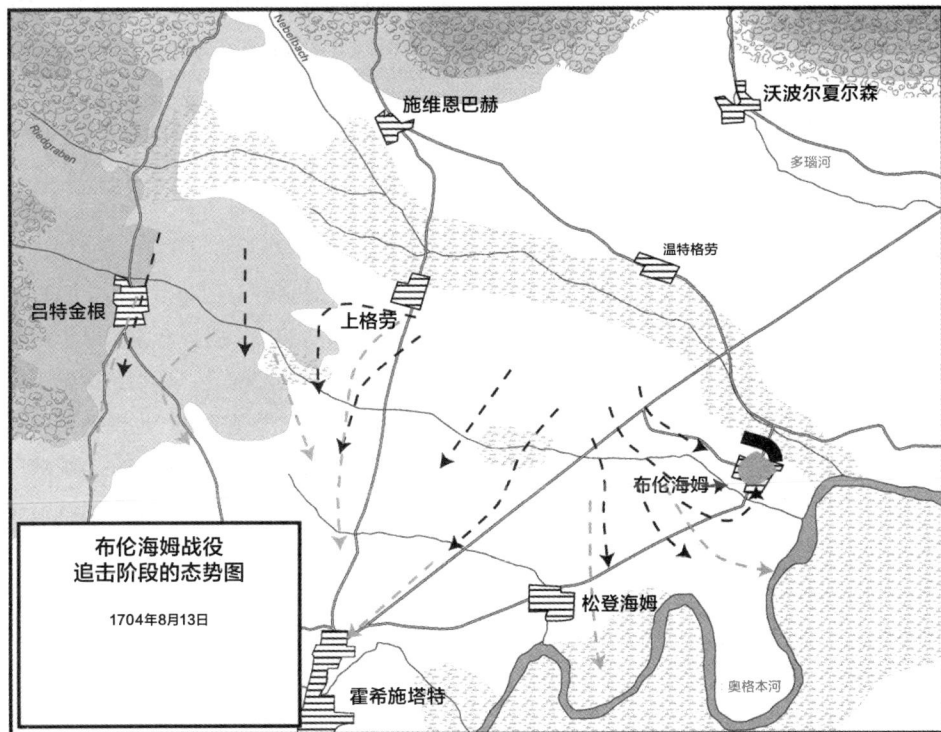

◎ 布伦海姆战役追击阶段的态势图

紧向己方步兵寻求保护。尽管人数少，且死伤惨重，三支法军菜鸟部队——罗贝克团（Regiment de Robecq）、贝尤团（de Beuil）和拜尔艾团（de Belleisle）仍然以方阵、横队混合阵顽强阻击着联军的步骑兵，直到 17 时 30 分被炮火彻底歼灭。第二天，帕克上尉经过这片区域时，看到他们的尸体成行成列倒在地上，也不禁为之动容。

步兵被歼灭后，法军骑兵彻底失去依托。马尔伯勒见时机成熟，亲自率领联军骑兵发起总攻。在震天动地的冲锋号声中，英军骑兵在骑兵战旗引导下，以新模范军经典的"加速度冲锋"杀向法军——先是快步，然后是慢跑，最后转为疾驰，在保持阵线齐整的前提下，以最快的速度与敌人短兵相接。这种战术在英国骑兵的坐骑——高大壮硕且勇敢迅捷的重型战马的配合下，威力十足。法军中，只有少量诺曼底马匹可以与英军的马匹相匹敌。当敌军战马被逼得节节后退至翻倒在地时，英军骑兵就像剑术大师蒙特（Monte）建议的那样，将手中的刀剑狠狠刺向了敌人的面部或躯干。这种打法简单凶狠，十分适合出身牧场的英军平民士兵。虽然英军骑兵也配备枪械，但只配发了三发子弹用于追击和哨兵勤务（龙骑兵除外）。

之前法军骑兵全部都卷入了战斗，此刻，他们的战马已处于疲劳或半疲劳状态，骑兵们则大多数停留在原地以枪械迎击对方的冲锋——英国内战时，议会军也采用过这种方式迎击鲁伯特亲王的军队。失去了马匹的优势，且手枪、卡宾枪的射击威

◎ 亲率骑兵冲锋的马尔伯勒公爵和英军重骑兵军刀。公爵身后的军官（可能是他的弟弟查尔斯·丘吉尔）佩戴了胸甲。英军对是否使用胸甲的态度很矛盾。战争初期曾一度抛弃了它，但1707年又开始重新佩戴。英军骑兵的装备通常由各团上校自行组织采购，图中的军刀就是牛津伯爵为手下骑兵采购的军刀。

力又不足以遏制对方的冲击，法军骑兵一瞬间就人仰马翻了。出身贵族的以宪骑兵为代表的部分法军骑兵，开始意识到了坐骑的巨大不足，于是，他们也遵循蒙特的建议，冷静地将攻击目标锁定在英军战马上，希望通过砍伤战马、砍断缰绳或笼头的方式，将正面对抗转化成机动混战。若在个人能力占主导的战斗中，他们可以通过巧妙的机动抓住对手的侧面或者后背，但面对英军骑兵连绵不断的三列横队，他们很快陷入了以一对二甚至以一对三的不利境地……法军骑兵全线溃败，在松登海

◎ 马尔伯勒就着战鼓致信妻子萨拉的情景。

◎ 布伦海姆战役中，法军骑兵被英荷联军赶入河中的情景。

姆（Sonderheim）附近，3000 余人被英军赶入多瑙河，活活溺死。虽然梅罗德伯爵也被赶入河中，但他幸运地死里逃生了，因此才得以为我们讲述他的战斗经历。帕克上尉的英军近卫团则目睹了法军约 30 个骑兵中队压垮桥梁后落水挣扎的情景。此外，一些房舍被焚毁的日耳曼农民也出来痛打落水的士兵，顺便还洗劫了士兵的财物，这进一步加剧了法军的伤亡。

此时已是 19 时，马尔森和巴伐利亚选侯意识到大势已去，选择撤走。马尔伯勒选择了有限的追击。布伦海姆村的法军被团团围住，他们自己构筑的野战工事成了自己逃跑的绊脚石——他们在翻越这些防壁时被英军射倒，一次次突围尽数失败。最后，在榴弹炮的射击下，布伦海姆村燃起了熊熊大火。法军只能屈服投降。纳瓦拉团官兵愤慨地烧毁了战旗，撕烂了军装。夜幕低垂，联军攻占法军营地，马尔伯勒手中拥有了包括塔拉德元帅在内的 1.5 万名战俘和大量战利品。他在一张酒店账单的背面上（致妻子萨拉的信）写道：

"我没有时间多说，但请你报告女王，她的陆军已经获得了辉煌的胜利。法国塔拉德元帅和其他两位将军已被俘房。而我还将追击其余的逃兵。送信的是我的副官帕克上校，他将当面把会战的经过讲给女王听。"

这场战役结束了，伴随着如血的残阳沉入血色的多瑙河，不列颠日不落时代的启明星已在地平线下静静闪烁。

◎ **布伦海姆战役描绘图**

◎ 法国军队在布伦海姆投降的情景。

◎ 亚罗斯拉
夫·维辛《用
刺刀》

点爆世界的"火药桶"

"一战"前的巴尔干战火

作者：向衡

1 00年前的巴尔干半岛，战火弥漫，干戈迭起。整个地区的所有国家都相继卷入了战争。他们有时共同对外，合力冲杀；有时又同室操戈，自相残杀。置身战场之外的欧洲列强，也紧紧盯着这一地区的风云变幻，时而教唆怂恿，时而调停议和，使得战争又带上了深深的大国角力的烙印……

奥斯曼的遗产

当历史的车轮驶过 20 世纪的门槛时，昔日令整个基督教欧洲感到战栗的奥斯曼帝国尽管已经沦为列强口中的"欧洲病夫"（俄国沙皇尼古拉一世语），却仍然占有着巴尔干半岛的大片土地。所谓"怀璧其罪"，在列强眼中，病入膏肓的奥斯曼帝国留下的"遗产"实在令人觊觎——"病夫"看起来如此虚弱，令人不禁想要就此下手。1904 年，西方列强以马其顿地区出现的"人道主义灾难"为借口，公然要求奥斯曼朝廷给予马其顿"自治"并由各国共管——政治嗅觉再迟钝的人都明白"自治"实际就是"独立"的前奏。面对领土将再次被分割的悲惨命运，1908 年，对帝国前途忧心忡忡的一批受过西式教育的青年军官——统称为"青年土耳其党人"——成功发动了一场军事政变，结束了"血腥

◎ 阿卜杜尔·哈米德

的苏丹"阿卜杜尔·哈米德的专制统治。从此，"青年土耳其党人"便成为奥斯曼帝国真正的主人，他们力图对垂死的传统体制进行彻底的革命式改造——不幸的是，正如法国历史学家托克维尔所言："对于一个坏政府来说，最危险的时刻通常是它开始改革的时刻。"

趁着政变造成的权力真空期，保加利亚君主斐迪南一世宣布脱离与奥斯曼帝国名义上的臣属关系，并登基为"全体保加利亚人的沙皇"；奥匈帝国也宣布正式吞并波斯尼亚、黑塞哥维那——这两个奥斯曼帝国的省份是根据1878年《柏林条约》而被奥匈帝国占领的。夺取政权后的"青年土耳其党人"致力于通过加强中央集权整合这个古老的帝国，但其手段却显得粗暴而短视，他们不但取消了基督教臣民的自治权利，还在这个多民族帝国强制推行"奥斯曼化"（土耳其化）政策。1911年，青年土耳其党决议通过的党和国家的根本指导思想是"国家只容许一个主义，即奥斯曼民族主义；一个政治实体，即享有主权与领土完整的奥斯曼帝国；一种忠诚，即忠于统一的祖国的爱国主义信念"。在

◎ 斐迪南一世

◎ 阿尔巴尼亚起义者

◎ 1908年的讽刺漫画

青年土耳其党人看来，土耳其人是整个奥斯曼帝国的基石，帝国所有的臣民迟早是要完全"奥斯曼化"的，但决不能靠信念来达到这一点，而是要诉诸武力。青年土耳其党的决议甚至声称："少数民族的人数是微不足道的，他们可以保持自己的宗教，但不能保持自己的语言。"当时的英国驻帝国大使杰拉尔德·劳瑟爵士给朋友的一封信中完整地提到了这个疯狂的计划："（青年土耳其党当局）放弃以任何同情和宪法的方式使所有非土耳其分子奥斯曼化的想法，是老早就已摆明的事情。对他们来说，'奥斯曼人'显然就意味着'土耳其人'，而他们目前执行的'奥斯曼化'政策，无异是把非土耳其分子放在一个土耳其臼内捣碎……"

虎视眈眈的同盟

1912 年意土战争爆发。尽管与意大利人的战火正炽，但对于江河日下的奥斯曼帝国而言，真正的肘腋之患来自正在卧榻之侧虎视眈眈的巴尔干诸国——保加利亚、塞尔维亚与希腊。

保加利亚、塞尔维亚和希腊虽已先后获得独立，但大片被三国视为历史疆域的土地仍然留在奥斯曼帝国境内——包括马其顿、色雷斯、阿尔巴尼亚和地中海上的克里特等岛屿，其面积之大几乎相当于多瑙河以南的巴尔干独立各国领土的总和，这是索菲亚的"大保加利亚主义"者、雅典的"大希腊主义"者与贝尔格莱德的"大塞尔维亚主义"者不能割舍的。而如果在

地图上标出"大希腊"、"大塞尔维亚"和"大保加利亚"的疆界，就会发现其轮廓大致如同一朵三叶草，在中间有一块重叠区域，这就是巴尔干地区的心脏：马其顿。这块土地民族混杂之严重，从一个单词就可见一斑，法语里"杂拌"（macedoine）这道菜名的词源就是"马其顿"，其种族构成如同政治魔术师的道具——1899 年塞尔维亚公布的一份人口统计宣布，马其顿地区有 205 万塞尔维亚人、20 万希腊人、23 万土耳其人和 5.7 万保加利亚人；翌年，保加利亚针锋相对，宣布在马其顿地区只发现了 700 名塞尔维亚人，保加利亚人则多达 118 万，此外还有 70 余万希腊人和土耳其人；希腊方面同样不甘示弱，他们的统计显示马其顿有希腊人 66 万，斯拉夫人 46 万，土耳其人 57 万，总人口比塞尔维亚和保加利亚的统计数据少了 100 万人之多。这 100 万人到哪儿去了？只有天晓得。

马其顿问题导致各国矛盾重重，使得"百足之虫死而不僵"的奥斯曼帝国得以勉强维持对巴尔干半岛剩余领土摇摇欲坠的统治。而阿尔巴尼亚大起义却打

◎ 被阿尔巴尼亚起义者占领的斯科普里

破了这一微妙的平衡，1912 年 7 月，起义者围攻普里什蒂纳（今科索沃首府），8 月 12 日，攻克斯科普里（今马其顿共和国首都），进而向奥斯曼帝国要求把包括科索沃和比托拉（今马其顿南部地区）两州在内的大片土地割让给行将建立的阿尔巴尼亚国家——这些土地早已被巴尔干诸国视为禁脔，岂容他人置喙！在突然出现的竞争者面前，巴尔干诸国不得不与时间赛跑，加快联合的步伐，以求赶在一个独立的"大阿尔巴尼亚"出现之前，把土耳其人赶出欧洲。毕竟奥斯曼帝国的欧洲部分是块令人垂涎的肥肉：倘若诸国能够克服相互间的敌对情绪，斐迪南国王就没有不能为保加利亚争得爱琴海岸线的理由，塞尔维亚就没有不能解放科索沃并挥师向西抵达亚得里亚海的理由，希腊的旗帜就没有不能飘扬在萨洛尼卡上空的理由，甚至黑山（门的内哥罗）也可以席卷阿尔巴尼亚的若干城镇。终于，共同利益第一次战胜了彼此的分歧，塞尔维亚和保加利亚缔结秘密军事协议，并划分了各自在马其顿的势力范围，双方把"有争议地区"（包括斯科普里）的归属交给俄国沙皇尼古拉二世仲裁。很快，希腊和黑山也加入进来，到 1912 年秋天，已经在地图上将奥斯曼帝国的欧洲属地瓜分殆尽的巴尔干四国结成军事联盟（史称"巴尔干同盟"），并完成了军队的动员，"对土耳其领土的觊觎，激励着巴尔干国家为进行巴尔干战争做准备"。反土耳其从一种理念成为一种政治行动，一场反奥斯曼帝国的战争就顺理成章地爆发了。

悬殊的力量对比

1912 年 10 月 8 日，"巴尔干同盟"中最弱小的成员黑山王国充当了马前卒，以"调整边界"的名义向奥斯曼帝国宣战，打响了战争的第一枪。

大戏既然开场，接下来就是按照剧本进行了。黑山刚刚宣战，"巴尔干同盟"中的其余三国立即向奥斯曼朝廷发出只许有一种答复的最后通牒，即要求在奥斯曼的欧洲属地"实施根本性的变革"——在马其顿和色雷斯实行改革，允许那里的基督教民族获得自治。昔日的臣属国竟然要求"获得列强那样的地位"（法国外交官语），对帝国的内部事务指手划脚，实在是"是可忍孰不可忍"。10 月 17 日，奥斯曼苏丹下诏对黑山、塞尔维亚和保加利亚宣战，但企图以割让克里特岛为条件，换取希腊的中立，以便自己从小亚细亚抽调军队，前往欧洲作战。殊不知希腊总理维尼泽罗斯早就意识到"中立将使希腊的东方扩张完全破产"，已决心履行对同盟的义务。10 月 19 日，希腊对奥斯曼帝国宣战。第一次巴尔干战争就此全面爆发。

虽然此前在德国顾问的帮助下，奥斯曼帝国的总参谋部早就拟定了面对不同对手时的 12 个作战计划，而对希腊、保加利亚、塞尔维亚和黑山正是其中的第 5 号计划。但当战争到来时，土耳其却发现纸面上的完美计划赶不上局势的瞬息万变。为摆脱腹背受敌的窘境，奥斯曼帝国被迫立即向意大利求和，于 10 月 18 日签订了《意土条约》——土耳其放弃对的黎波里和昔兰尼加的主权，并承认意大利占有地中海上的佐泽卡尼索斯群岛。不过，指望远在北非的军队驰援巴尔干毕竟远水解不了近火，奥斯曼帝国能够投入战争的只有部署在欧洲领土上的 40 万军队。这支军队的大炮多达 2318 门，机枪 388 挺，其装备可谓精良，但士兵的训练程度非常糟糕，帝国军队的一位上校军官无奈地记述道："有些士兵不懂得怎样拉开枪栓，他们只会使用从枪口前面安装子弹的（旧式）枪械。"

比起仓促上阵的土耳其人，巴尔干同盟方面却是有备而来，总兵力多达 75 万人，几乎是土军的 2 倍。在东线色雷斯战场，同盟中军力最强大的保加利亚素有"小普鲁士"之称。由于俄国教官和德国军火商的帮助，保加利亚陆军训练有素，装备精良，1887 年至 1912 年，保加利亚军队人数增长了 273%，更惊人的是，开战前，其常备军人数从和平时代的 6 万人迅速扩增到 35 万人。保加利亚军分为 3 个军，有 11 个步兵师和 1 个骑兵师，1116 门大炮。保加利亚军队的战争目标直指奥斯曼帝国的心脏伊斯坦布尔。在西线马其顿战场，10 月 18 日，塞尔维亚国王彼得一世发布《告国民书》，声言已"下令勇敢的军队发动圣战，解放我们（被奴役）的同胞"。塞尔维亚陆军共有 25 万人，228 门大炮，分成 10 个步兵师、2 个独立旅和 1 个骑兵师，计划在斯科普里以北与土军决战，一举占领马其顿。而在南部的爱琴海战场，希腊为巴尔干战争提供了 11 万人，其主力为"色萨利军团"（7 个步兵师、1 个骑兵旅和 8 个游击队营），准备夺取爱琴海上的重要港口萨洛尼卡。

◎ **奥斯曼帝国军队**

◎ **塞尔维亚国王彼得一世**

鉴于希腊陆军曾在 1897 年希土战争中被打得一败涂地，它的战力一度受到了普遍轻视，以至于在 1910 年，一位英国外交官说出了国际社会对当时希腊军队能力的共同看法："如果发生战争，我们将会看到，希腊人可以做的，除了在一旁助威外就是转身逃走。"但希腊自有杀手锏，正如希腊驻索菲亚大使在战前向同盟各国夸耀的那样："希腊可以为战争'提供60万'人——除了直接出兵'20万'之外，还能够阻止'40万'土耳其军队渡海增援欧洲战场。"虽然有些言过其实，但他的底气在于强大的希腊海军——东地中海地区除了英国皇家海军外最强大的舰队，包括1艘崭新的装甲巡洋舰、3艘前无畏级战列舰、7艘驱逐舰与若干鱼雷艇。至于打响巴尔干战争第一枪的黑山，它的军队数量虽少（3.5万人，126门大炮），战斗力却不容小觑。历史上曾数十次打败奥斯曼帝国的讨伐，使得小小的黑山傲然成为巴尔干半岛唯一不曾被土耳其人征服的地方。黑山主要的战争目标是"收复"拥有巨大要塞的斯库台——它对这个阿尔巴尼亚最大的港口觊觎已久。

一边倒的战场

向奥斯曼帝国这个有5个世纪的世仇进行总清算，令巴尔干同盟各国感到无上的快意，宣战公告受到了人民的热情支持，军队的士气也分外激昂。他们在战争爆发后便勇往直前，迅速推进。色雷斯战场的保加利亚军队攻势锐不可当，10月24日，保军与土耳其军队在色雷斯的主力相遇，经过5天激战，尽管土军占据了易于防守的高地，但保军仍在炮火掩护下冲上了土军阵地，在刺刀见红的白刃战中大获全胜。土耳其军队伤亡将近4万人，四分之三的大炮被保加利亚人缴获了，而保加利亚军队的伤亡还不到4千人。战报迅速传遍欧洲，洋溢着"泛斯拉夫"情感的旅居保加利亚的捷克画家亚罗斯拉夫·维辛（Jaroslav Věšín）为此在其著名作品《用

◎ 围攻亚得里亚堡的保加利亚军队

刺刀》中生动地描绘了这次战役的场景，
而法国国防部长亚历山大·米勒兰在是役
之后更是盛赞保加利亚军队是"欧洲最
佳"，并不无夸张地表示情愿要 10 万保加
利亚同盟者，也不要其他欧洲军队。挟大
胜余威，保军以 7 万人马包围了奥斯曼帝
国在巴尔干半岛守备最坚固的亚得里亚堡
（今埃迪尔内），前锋直抵距伊斯坦布尔
仅数公里的恰塔尔扎防线，保加利亚军官
甚至已能在高地上用望远镜望见伊斯坦布
尔的街区与著名的圣索菲亚清真寺，帝国
的京城已然岌岌可危。

　　与此同时，在马其顿战场上，帝国也
是一败涂地。10 月 22 日，由 4 个步兵师和
1 个步兵旅组成的塞尔维亚第三军攻克普
里什蒂纳，随即向东挺进，满怀敬畏地踏
上了"黑鸟坪"（塞尔维亚语中"科索沃"
的含义）的土地，塞尔维亚士兵走过 5 个
世纪前他们的祖先迎战奥斯曼军队的科索
沃战役（1389）的旧战场时，都脱下了靴子，
生怕惊动了长眠在地下的昔日英烈。10 月
23 日清晨，在一片浓雾中，乘胜前进的塞
军在斯科普里东北的库马诺沃与马其顿境
内的土耳其守军主力瓦达集团军遭遇，后
者虽然总兵力只及当面塞军（拥有 13.2 万
人的第一军）的一半，但他们拥有 164 门
大炮和 104 挺机枪，火力上并不弱于塞军
（148 门火炮、100 挺机枪）。大雾天气为
这场战役平添了几分戏剧性：先是塞军先
锋师透过大雾察觉到前方土军的移动，却
误认为是撤退中的土军炮兵，于是派出 1
个团前去俘获大炮，结果被土军（1 个师）
打退；接下来土军以为塞军在这一翼力量

◎ 库马诺沃战役示意图

◎ 塞尔维亚军队进入斯科普里

薄弱，在中午发起了全面进攻，偏偏塞军
另 1 个师已到达并展开了兵力，塞军用猛
烈的炮火击退了土军的攻势。第二天，塞
尔维亚第一军的其余部队赶到，从左、中、
右三个方向对土军展开夹击。这下，土军
措手不及，在兵力一倍于己的塞军强大攻
势下溃散，坚持到最后的莫那斯提尔师也
于 11 时开始败退，土军战线被彻底击垮。
10 月 26 日，塞尔维亚军队解放了 14 世纪
塞尔维亚帝国斯蒂芬·杜尚大帝的古都斯
科普里，随即直捣亚得里亚海岸，准备在

◎ 11月28日，阿尔巴尼亚宣布独立。

◎ 希腊军队的75mm野炮

◎ 斯库台的土耳其守军

◎ 土耳其向希腊军队投降

希孔比河畔与希腊军队会师——根据两国的战前协议，这条河将成为塞尔维亚和希腊的国界。11 月 18 日，塞军又在比托拉战役中击溃 3.8 万土耳其军队，并击毙了土耳其第七军军长，即曾担任奥斯曼帝国驻塞尔维亚大使的菲蒂帕夏（他也是巴尔干战争中战死的最高级别的将领）。进展顺利的塞尔维亚军队甚至还有余力派出 2 个师（2.4 万人）配合黑山军队完成对斯库台要塞的围困。具有讽刺意味的是，在其他地方互为仇雠的奥斯曼军队和阿尔巴尼亚起义者（11 月 28 日，各地起义军代表正式宣布阿尔巴尼亚独立），却在这里联手作战——5000 名奥斯曼帝国正规军和 1 万名阿尔巴尼亚志愿军共同守卫斯库台。斯库台成为巴尔干同盟最难啃的一块骨头。

在战争爆发后仅仅 20 天的时间里，连战皆北的奥斯曼帝国就面临军事上的全面崩溃。甚至曾经不值一提的希腊陆军在法国顾问的帮助下也不再是"吴下阿蒙"——希腊陆军在马其顿南部的战斗中击败了近 6 万土军，迫使萨洛尼卡的 2.5 万守军不战而降。10 月 27 日，希腊军队从西边开进了爱琴海这座港口——比从北边入城的保加利亚军队抢先了几个小时。至此，奥斯曼帝国几乎完全退出了欧洲大陆，在恰塔尔扎防线以西的巴尔干半岛上，只剩下几座被同盟军队牢牢围困的孤城——如亚得里亚堡与斯库台——还在继续抵抗。

无可挽回的败局

面对严峻的战局，奥斯曼帝国被迫试探向同盟求和。1912年10月底，奥斯曼帝国大维齐（首相）亲自打电报给保加利亚国王斐迪南："我们希望结束这场战争，愿请列强进行调停，以便和解。"但他遭到了拒绝。野心勃勃的斐迪南渴望的是继续战争，在伊斯坦布尔圣索菲亚大教堂举行沙皇加冕礼。但保加利亚人将先于俄国人进入伊斯坦布尔的前景，是早已把"沙皇格勒"（伊斯坦布尔）视为囊中之物的沙皇俄国所不能容忍的。尽管保加利亚当局为平息俄国的怒火甚至许诺在拿下伊斯坦布尔之后将其作为礼物送给俄国，作为对俄国将保加利亚从土耳其桎梏下解放出来的报答，俄国仍断然放弃了对巴尔干同盟的支持。外交部长萨松诺夫公开扬言"（保加利亚）占领伊斯坦布尔将迫使我们的黑海舰队在土耳其首都前面出现"，公然威胁准备在"24小时内"向保加利亚开战——颇具讽刺意义的是，一贯自诩为"斯拉夫人保护者"的俄国在1912年所做的唯一战争准备竟是针对一个斯拉夫民族国家的。原先袒护土耳其的德奥集团，此时反而表示支持保加利亚，试图通过保加利亚国王斐迪南把巴尔干同盟纳入德奥集团，德国甚至煽动保加利亚军队继续前进，以代替土耳其成为德国在黑海沿岸的守卫者。

11月17日，在德国的纵容下，17.6万保军不顾俄国的警告向恰塔尔扎防线发起进攻，与14万奥斯曼军队展开了第一次巴尔干战争中最大的一次会战，激烈的战斗

持续了两昼夜。这条防线的工事几年前在德国工程师指导下进行了翻建，非常坚固，并配有精良的克虏伯野战炮和海岸炮。连续作战而疲惫不堪的保军已是强弩之末，在付出1.2万人伤亡的代价后攻坚失利，这也是奥斯曼帝国在战争爆发后取得的最大胜利，伊斯坦布尔得以转危为安。此时，斐迪南才悻悻接受停战提议，并于11月21日同土耳其签订了停战协定。

此后不久，巴尔干同盟与奥斯曼帝国在伦敦开始了和平谈判。同盟方面要求帝国割让米迪亚—罗多斯托一线以西的全部欧洲土地与爱琴海上的全部岛屿。奥斯曼代表迟迟不接受这一要求，当他们最后决定接受时，伊斯坦布尔却发生了政变，新政府拒绝接受巴尔干同盟的要求。于是，巴尔干国家各自召回在伦敦谈判的代表，会谈宣告破裂。

即使在伦敦谈判期间，帝国海军与希腊海军争夺爱琴海制海权的较量也没有中断过。从纸面上看，以3艘前无畏战列舰和2艘巡洋舰为主力的奥斯曼海军仍然威风堂堂，与希腊海军的实力相差并不悬殊。但事实上，帝国内部的混乱与经济的凋敝早已拖累了海军，2艘德国造战列舰（排水量10500吨）的舰龄已超过20年，另1艘甚至是1872年下水的古董级战舰（排水量9250吨）。由于长期疏于保养，它们的水密门甚至都无法正常关闭。它们的主要对手——希腊海军的"乔治·阿维多夫"号装甲巡洋舰，这艘全新的1万吨级战舰（1910年下水）本来是意大利海军订购的3艘比萨级的第3艘，但是意大利政府后来决定

◎ 土耳其的旧战列舰

◎ "乔治·阿维多夫"号装甲巡洋舰

◎ 如今作为博物馆保存的"乔治·阿维多夫"号装甲巡洋舰

◎ 轰击亚得里亚堡的塞尔维亚炮兵

只购买 2 艘，第 3 艘在建的军舰面临着被废弃拆卸的下场。爱国的希腊裔美国百万富翁乔治·阿维多夫（他也是 1896 年第一届奥运会运动场的捐助者）出资将其买下并捐献给自己的祖国。于是，此舰得以完工并加入希腊海军。1913 年 1 月 18 日，在具有决定性意义的利姆诺斯海战中，"乔治·阿维多夫"号凭借速度上的绝对优势（21 节对 16 节）将己舰横置于土耳其舰队的纵队前，摆出自对马海战以后世界海军界梦寐以求的 "T" 字（利于发挥本舰的全部火力），随后，它的 2 门双联装 234mm 主炮和 4 门双联装 190mm 副炮重创了全部土耳其战列舰，而自己却毫发无损。凭借一己之力赢得这场海战的"乔治·阿维多夫"号就此被希腊海军官兵昵称为"幸运的乔治叔叔"，这艘功勋战舰也被希腊政府作为博物馆保留至今。虽然土耳其海军只蒙受了 150 人的伤亡，但帝国舰队从此再也不敢尝试驶出达达尼尔海峡了。希腊人兑现了自己的诺言，牢牢掌握了爱琴海的制海权，果断切断了土耳其人援军的海运线，这就意味着奥斯曼帝国无法将亚洲腹地和北非的生力军及时调往巴尔干战场（当时被炒作得沸沸扬扬的柏林—巴格达铁路要到 1934 年才竣工）。就连当时正在利比亚指挥对意大利作战的凯末尔返回首都的路线都变得异常曲折。凯末尔先赶到埃及的亚历山大，搭乘一艘法国轮船前往马赛，然后坐"东方快车"穿越大半个欧洲抵达罗马尼亚的布加勒斯特，接下来搭船从黑海返回伊斯坦布尔，整个旅程耗时竟达 1 个多月。

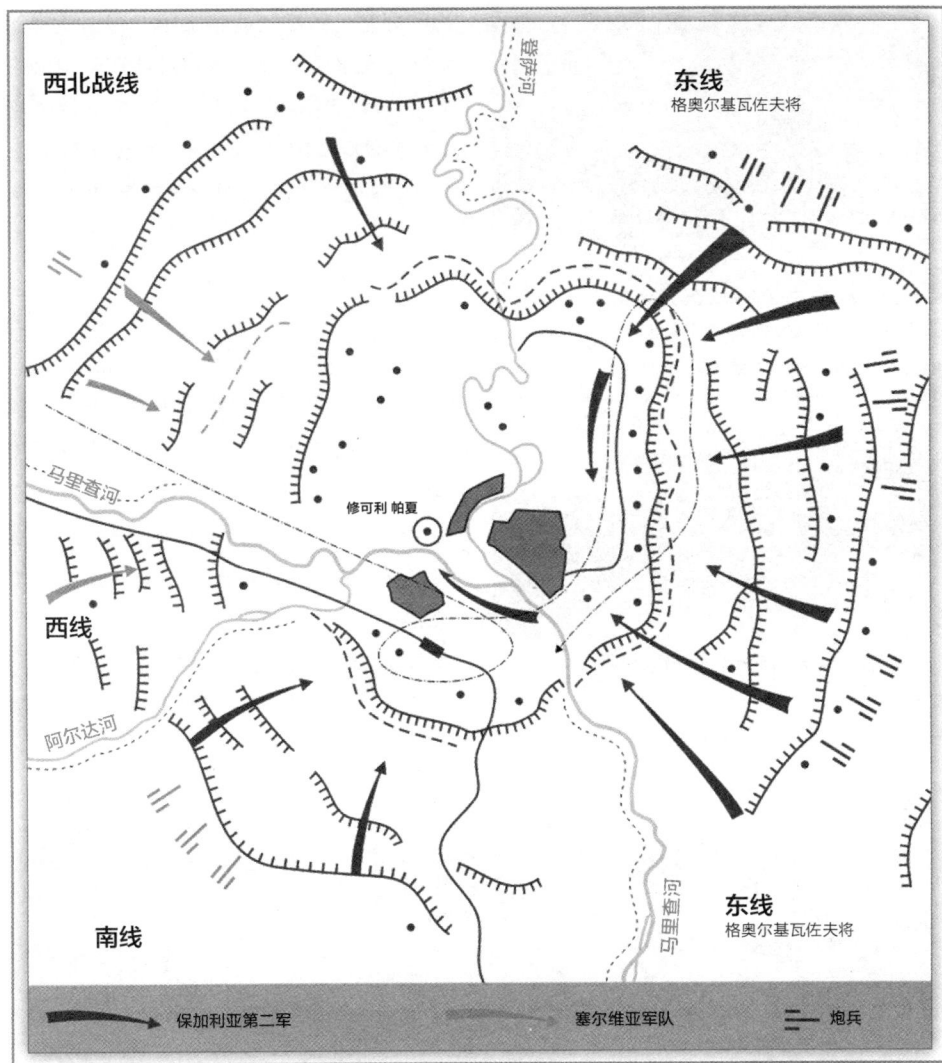

◎ 围攻亚得里亚堡示意图

伦敦谈判中断后，新上台的奥斯曼政府立即着手整军再战，试图扭转败局。1913年2月3日，土军孤注一掷，以20万大军从恰塔尔扎防线发起反攻，但即刻被严阵以待的保军击退，恢复作战后的巴尔干同盟随即加紧了对仍在抵抗的奥斯曼帝国几

个要塞的围攻。3月，奥斯曼帝国旧都亚得里亚堡宣告陷落。

亚得里亚堡驻有土耳其军队6万人，他们在德国军事工程师的指导下修建了26座钢筋混凝土的堡垒、整套地下工事和宽达5—9米的铁丝网防线。面对这座固若金

◎ 攻克亚得里亚堡要塞的保加利亚军队

◎ 1913年4月，黑山军队进入斯库台要塞

汤的要塞，保加利亚将围困亚得里亚堡的军队增至10万，5万塞尔维亚军队也赶来增援，他们带来了38门1908年从法国施耐德公司购买的120mm和150mm榴弹炮，大大弥补了保加利亚重火器缺乏的弱点（保军只有克虏伯制75mm野炮）。1913年3月11日午夜，塞军的重炮摧毁了土军的一个个碉堡，保塞联军冒着零下3摄氏度的低温和纷飞的春雪，向守军发起猛烈攻击。13日8时，太阳刚刚才从东方升起，保加利亚军队就进入了亚得里亚堡。为这场攻坚战的胜利，保塞联军付出了1万人伤亡的代价，守城的土军则是全军覆没，包括15名将军在内的数万土军被俘，413门大炮和12200支枪支成了同盟方面的战利品。帝国败局已经无法挽回，被迫再度乞和，4月13日，巴尔干同盟与奥斯曼帝国签订了

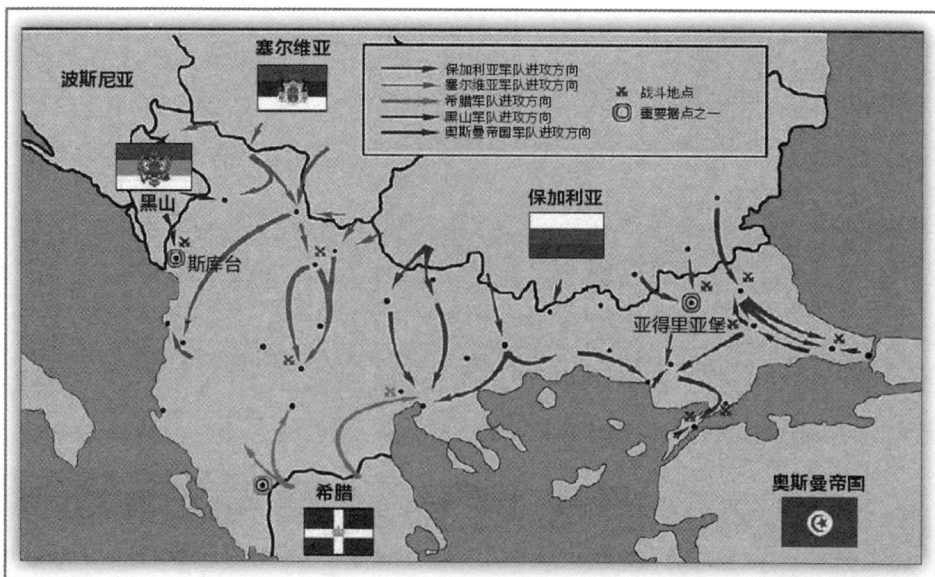

◎ 第一次巴尔干战争示意图

第二次停战协议。同一天，坚守长达半年的斯库台要塞守军被迫向黑山和塞尔维亚军队投降。至此，除伊斯坦布尔外，奥斯曼帝国在欧洲大陆几无寸土了。

同床异梦的盟邦

4月14日，各国代表再度赴伦敦参加和平会议，"问题的重心已经完全从战场转到所谓强国勾心斗角的舞台上去了"。经过激烈的讨价还价，5月30日，在战场上一败涂地的土耳其被迫签订了城下之盟，将米迪亚—罗多斯托一线以西的全部欧洲土地与爱琴海的全部岛屿割让给同盟各国，第一次巴尔干战争就此结束。这是自14世纪以来，巴尔干面临的第一次重大变动。奥斯曼帝国在巴尔干半岛的军事和政治权力基本终结，基督徒重新掌握了建立国家政权的主动权。但由于奥匈帝国和意大利不愿意塞尔维亚在亚得里亚海获得立足之地，于是，设法创造了一个独立的阿尔巴尼亚国家，塞尔维亚渴望已久的出海口再

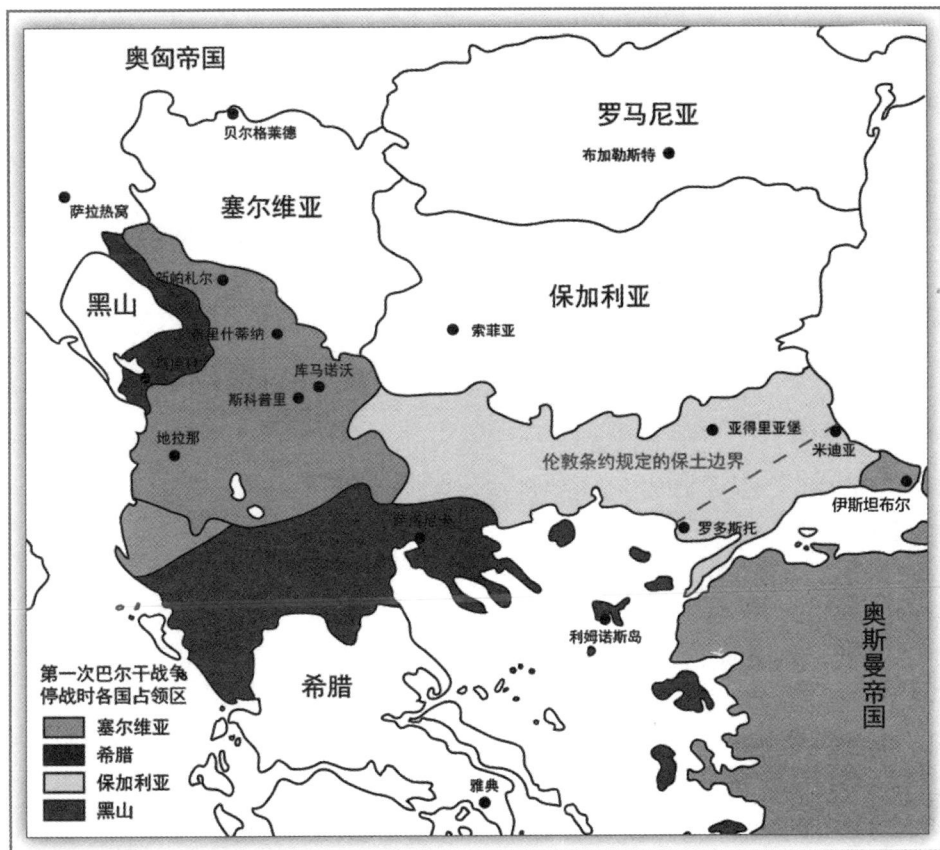

◎ 第一次巴尔干战争结束后的领土变更

次被堵塞。有人指出，"阿尔巴尼亚并不是为了阿尔巴尼亚人建立的，而是为了奥匈帝国与意大利建立的，它们希望能够塑造这个国家的未来"。以前，一直在战争中冷眼旁观的罗马尼亚提出，居住在马其顿地区的十几万在种族上与之有关的瓦拉几亚人归保加利亚管辖，但要求得到面积达8000平方公里的保加利亚粮仓南多布罗加作为补偿。在俄国的斡旋下，保加利亚最后决定将多瑙河南岸的锡里斯特拉要塞让给罗马尼亚。

《伦敦和约》恢复了巴尔干半岛的和平，却未解决巴尔干的危机。败于俄国、法国和奥匈帝国甚至败于意大利都不曾令奥斯曼帝国臣民发狂，但败于从前的藩属国与臣属民族的事实，激怒了奥斯曼民族主义者。这使青年土耳其党的主要支持群体发生了分化。和约墨迹还未干的6月11日，帝国大维齐、青年土耳其党的忠实支持者谢夫凯将军就被极端民族主义者暗杀在上班途中。颇具黑色幽默的是，青年土耳其党政府反而立即利用此事逮捕并流放了一大批不是民族主义者但持不同政见的人，从而把帝国用于装点门面的最后一点自由和民主也扫荡干净了，青年土耳其党终于如愿建立起对帝国的铁腕统治。令人眼花缭乱的宫廷风云背后，不曾改变的是向巴尔干同盟，尤其是向保加利亚复仇——很快，机会就到来了。

奥斯曼帝国势力从巴尔干地区撤走并没有留下太平，而是让巴尔干地区的形势变得更加复杂。巴尔干同盟的各国能共患难，却不能同富贵。辉煌的军事胜利带来新问题的同时，也揭开了旧伤疤，各国在如何分配战利品的问题上龃龉不断。保加利亚自恃在战争中出力最大，要求独吞整个马其顿——尽管马其顿大部分地区都是塞尔维亚和希腊军队占领的。保加利亚的官员公开表示，希腊抢走了保加利亚的萨洛尼卡，保加利亚有权成为爱琴海的主人与巴尔干半岛最大的贸易国家。塞尔维亚和希腊也不甘示弱，《伦敦和约》签订的第二天，两国就在萨洛尼卡签订了针对保加利亚的友好防御条约，条约要求两国互相帮助以保卫他们共同的边界，即塞希军队不久前在战争中实际占据的马其顿领土的分界。早在1913年5月初，塞尔维亚统治集团就公开要求修改《塞保同盟条约》，企图在马其顿方面获得更多的利益，以补偿由于阿尔巴尼亚的独立而"在亚得里亚海滨失去的土地"。塞尔维亚首相帕希奇直截了当地表示"考虑到整个民族的利益，塞尔维亚必须向南方（马其顿）进一步扩张"；而希腊同样觊觎被保加利亚占领的色雷斯——1830年建国以后，建立以伊斯坦布尔为首都的新拜占庭帝国一直是雅典当局的"伟大理想"。希腊的街头巷尾流传着一句话："下一次战争将与保加利亚进行。"果然一语成谶。

保加利亚的愚蠢冒险

战争在1913年6月16日再度降临巴尔干半岛。头脑发热的保加利亚国王斐迪南干了一桩被保加利亚后世史学家指责为"犯罪的蠢事"——他下令攻打占领着马其顿的希腊和塞尔维亚军队，并自负地认为几天之内就能击败对手。保加利亚自多瑙河至爱琴海集中 5 个集团军，计 36 万人，发动了大规模进攻。同室操戈的第二次巴尔干战争就此开始。著名的英国外交官詹姆斯·布坎南在回忆录中写道："保加利亚应为展开敌对行动负责，希腊和塞尔维亚由于故意挑衅也应该受到谴责。"

战争爆发后的头几天，保加利亚军队就遭到顽强抵抗，未达成既定目标，索菲亚甚至想过中途罢手，从马其顿撤军并宣布所发生的一切系"边境事件"。但这为时已晚，贝尔格莱德和雅典把保加利亚的行动当作天赐良机——期待已久的战争终于开始了，现在可以把自己说成是"受害者"了！于是，塞尔维亚和希腊毫不犹豫地正式宣战。塞尔维亚进行全国动员，以 30 万大军参战，希腊 12 万；出于地理位置和民族关系的接近（两个民族同源），黑山也追随塞尔维亚，投入 1.2 万军队向保加利亚宣战。在这场昔日同盟的内战中，各方的正规军都以残暴的方式对待对方的平民，屠杀的事情时有发生。当时，采访这次战争的俄国革命家托洛茨基写道："村庄变成了火柱，人人都在诛杀 12 岁以上的人。每个人都失去了人性，变成了野兽。"

6 月 19 日至 21 日，由希腊国王康斯坦丁一世亲自指挥的计 7.2 万人的 6 个师，在基尔基斯击败了 8 万人的保加利亚第二军，保军有 7000 人阵亡，6000 人被俘，130 门大炮被希腊缴获。康斯坦丁对希腊陆军这一罕有的大胜得意非凡，以至于将此后从

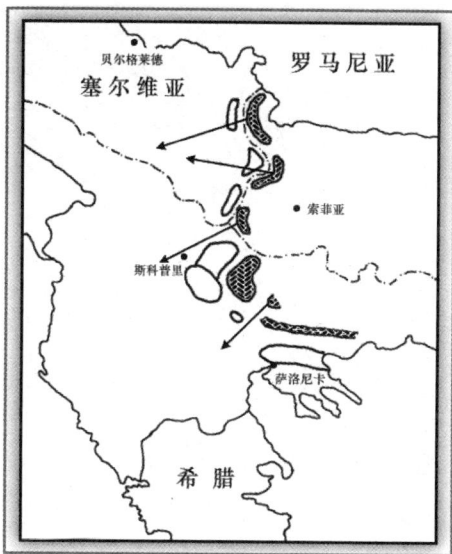

◎ 保加利亚的战争计划

◎ 指挥作战的康斯坦丁一世

◎ *希腊油画《基尔基斯战役》*

美国购买的两艘战列舰之一命名为"基尔基斯"号（另一艘则以第一次巴尔干战争中的著名海战发生地利姆诺斯命名）。

大获全胜的希腊军队继续北上，向保加利亚首都索菲亚进军；塞尔维亚与黑山的联军也在7月1日转入反攻，迫使保加利亚第四军在损失2万余人后仓皇溃退。7月11日，希腊和塞尔维亚军队在马其顿会师。就在这时，已经焦头烂额的保加利亚的南北国境上又出现了新的敌人。

7月10日，早就在自己的南部边境陈兵25万的罗马尼亚趁保加利亚将军队主力在马其顿前线，国内兵力空虚的有利时机，渡过多瑙河大举南下，没有遇到有力抵抗便占领了觊觎已久的"保加利亚之角"南

多布罗加，然后继续向南推进。几天之后，眼看昔日的敌人已尽陷内讧，一片混乱，奥斯曼帝国也决定撕毁《伦敦和约》，趁火打劫。第二集团军与凯末尔指挥的第三集团军共25万大军越过米迪亚—罗多斯托一线，"三巨头"之一的陆军大臣恩维尔帕夏（帕夏是对帝国高官的敬语），亲自指挥1支骑兵先遣部队向亚得里亚堡进军，几乎没有遭遇任何抵抗就收复了这座被视为奥斯曼帝国第二首都的城市。此役的胜利也为恩维尔赢得"埃迪尔内（亚得里亚堡）再次收复者"的美誉（1361年苏丹穆拉德一世时代的穆拉德亲王是第一位占领者）。

7月底，罗马尼亚军队连战连胜，先锋骑兵已越过巴尔干山脉，迫近索菲亚，几

平没有遇到任何抵抗，遭到的唯一灾难是突如其来的霍乱，令罗军死亡6000余人。从南方来的希腊军队和从西面侵入的塞尔维亚、黑山军队也在准备向索菲亚进军。保加利亚陷入四面楚歌的绝境，被迫请求列强干预。保加利亚驻巴黎大使恳求法国政府出面调停，"保加利亚首都即将爆发革命"。为巩固自己的政权，保加利亚统治集团准备做出一切让步。7月29日，保加利亚向参战各国乞和。由于天气炎热，霍乱相继开始在各国部队爆发。先是罗马尼亚和土耳其，然后是另外三国。于是，大家都迅速同意了停战的要求。第二次巴尔干战争只打了一个多月便宣告结束。

◎ 恩维尔帕夏

走向新战争

1913年8月，在布加勒斯特签订的和约给保加利亚人留下的报偿少得可怜：马其顿的大部分被塞尔维亚（得到2.6万平方公里）和希腊（得到3.4万平方公里）瓜分；罗马尼亚也获得了南多布罗加；保加利亚只得到马其顿的一小角（6000平方公里）以及西色雷斯的一小部分。随后签订的《保土条约》又规定把包括亚得里亚堡在内的东色雷斯大部地区归还奥斯曼帝国。这样，对保加利亚来说，巴尔干战争就以与其巨大牺牲——伤亡超过12万人，军费13亿法郎——极不相称的微弱战果结束了。相比之下，黑山和塞尔维亚的领土都扩充了1倍，塞尔维亚还收复了古代都城斯科普里和神圣的科索沃。

第二次巴尔干战争之后，战前的巴尔干同盟瓦解了，出现了两个集团：一是处于俄国和协约国影响下的希腊、塞尔维亚、罗马尼亚和黑山，二是处于德奥集团影响下的保加利亚和奥斯曼帝国。"巴尔干战争最大的悲剧在于，塞尔维亚与保加利亚结成巴尔干同盟的最后机会丧失了"，兄弟阋墙使得这两个同为南部斯拉夫人的国家就此反目，塞尔维亚人、罗马尼亚人和希腊人，已经成为继土耳其人之后保加利亚国内爱国者的仇恨对象。而对俄国不满也使得保加利亚一头扎进了德奥怀抱。1914年2月，保加利亚就试图与德国和奥匈帝国结成联盟，对《布加勒斯特和约》的忿恨比其他任何争端都更有力地决定了保加利亚在第一次世界大战中对交战双方

◎ 讽刺漫画《坐在巴尔干火药桶上的欧洲列强》

的态度。

与保加利亚的沮丧截然相反的是，塞尔维亚的自信心空前膨胀——作为巴尔干战争最大的受益者，尽管在战争中付出了伤亡 6 万人与花费了 5.9 亿法郎军费的代价，但战后领土扩充到 8.75 万平方公里，人口也陡然增加了 130 万。大塞尔维亚主义者把注意力转移到那些生活在"哈布斯堡压迫下"的斯拉夫人，矛头直指取代奥斯曼帝国"欧洲病夫"地位的奥匈帝国。塞尔维亚首相帕希奇公开表示："第一场拳击已经结束，我们要准备第二场，以对付奥地利。"为了能在接下来的"第二场拳击"开始时就取得有效的后援，1914 年 1 月，帕希奇首相访问俄国，请求俄国公主与塞尔维亚太子联姻，并要求俄国支援 14 万支步枪和几十门大炮，尤其是榴弹炮。

塞尔维亚与沙皇俄国两个斯拉夫国家的接近，刺激了奥匈帝国敏感的神经。早在巴尔干战争爆发前，克罗地亚人（奥匈帝国境内最主要的南部斯拉夫人）就在公开谈论土耳其失败以后匈牙利对克罗地亚的统治即将结束。第一次巴尔干战争结束后，奥匈帝国总参谋长康拉德元帅就认为，塞尔维亚对奥匈帝国最大的威胁就是，塞尔维亚在俄国支持下会成为南部斯拉夫人联合的中心。为此，必须毫不留情地把它消灭掉！ 1912 年底，大批奥匈帝国军队被派往与塞尔维亚接壤的伏伊伏丁那，进入紧急动员状态，只待下达进攻命令。奥匈帝国总参谋部在第二次巴尔干战争结束后更断言，塞尔维亚的土地增加了 1 倍，这大大降低了奥匈帝国的声威，如果这种情况再继续下去，那么奥匈帝国就不能再算是一个大国了。同样，作为奥匈帝国唯一盟友的德国，向巴尔干半岛扩张势力范围的"东进计划"也因巴尔干战争的结局而受到致命一击。德国在第一次巴尔干战争中帮助过奥斯曼帝国，在第二次巴尔干战争中也对保加利亚表示过支持，但土保两国分别在两次巴尔干战争中遭到惨败，使得德奥集团在巴尔干半岛的经济利益、政治地位以及国际威望受到严重的损害。

正因如此，康拉德元帅在他的回忆录里写道，在一战之前，他曾经先后 24 次要求对塞尔维亚发动"预防性战争"。1913 年 10 月，德皇威廉二世曾公开建议奥匈帝国用轰炸贝尔格莱德的办法来迫使塞尔维亚屈膝，足见奥匈帝国与德国对塞尔维亚宣战已是时间早晚的问题。事实上，早在 1897 年 12 月，德国的"铁血宰相"俾斯麦就已经给出一个不祥的预言："总有一天，巴尔干的一些蠢事会引发一场欧洲大战。"结果，第二次巴尔干战争结束还不到一年，萨拉热窝响起的枪声便把整个人类都拖进了前所未有的大厮杀——第一次世界大战。

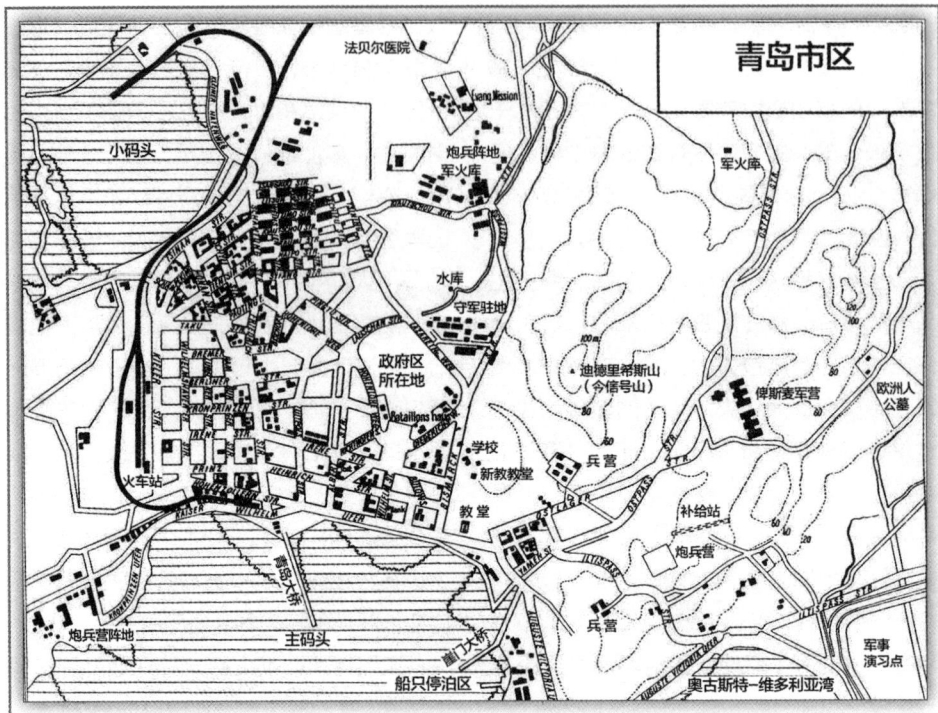

◎ 青岛市区

"一战"在中国

记 1914 年日德青岛之战

作者：麦田

19世纪末和20世纪初，世界上几个帝国主义列强不停地发动战争，为争夺殖民地市场像狗似的相互对咬。到了1914年，累积的矛盾终于导致了第一次世界大战的爆发。本以为第一次世界大战的主要战场是在欧洲，远离中国大陆，但此期间发生在中国青岛的一场战争，使得中国也遭受了战火的摧残。这场战争虽然发生在中国境内，但交战双方均为外国列强，北洋政府对这场发生在自己土地上的战争毫无主导权，这场奇葩的战争便是日德青岛争夺战。

胶州湾被租借

话说日本和德国，两个国家，一个在欧洲，一个亚洲，相隔十万八千里，怎么就在中国的青岛打起来了呢？这还得从德国殖民者抢占中国山东说起。当青岛这座城市刚刚有点规模（也就是有大点的渔船停泊港），列强们就盯上了这块土地，除了早期进出港口的英、法列强外，沙皇俄国和德意志第二帝国也对它产生了兴趣。甲午战争后，俄国、德国、法国为了遏制日本在中国的势力扩张，联合起来，共同"警告"日本放弃《马关条约》中规定割让的中国东北地区，这件事也被称为"三国干涉还辽"。事后，列强以测量港口为名，每每入侵港口进行非法测绘。由于当时中国的旅顺港在日本人手里，俄国为了获得一个梦想千年的"不冻港"，便把胶州湾定为目标。

1895年冬，俄国太平洋舰队没有经过清政府同意便悍然闯入胶州湾，企图霸占胶州湾。清政府一面命令中国驻俄国公使许景澄向沙皇政府提出抗议，一面与俄国驻华代办卡西尼展开会谈。卡西尼居然宣称本国没有不冻港，舰队来这里"猫冬"来了。直到第二年，俄国太平洋舰队才渐渐离开。1896年5月，李鸿章参加俄国沙皇尼古拉二世的登基典礼，暗地里接受了俄国50万卢布的贿赂，与俄国签订了《中俄密约》，把中国东北的主权白给了俄国人。当时的条约规定，如果俄国在太平洋发生战争，俄国可以使用中国所有的港口。其中，胶州湾租给俄国，期限15年。从此，俄国太平洋舰队就把胶州湾当成第二个家了。

但是，德国人也看上了胶州湾。其实，最早开始关注和想占领胶州湾的不是别人，正是德国人。1868年，普鲁士柏林大学教授、地质学家里希特霍芬在中国调查（间谍进行的非法勘探）时，对资源丰厚的山东省极为重视，尽管里希特霍芬没有来过胶州湾，但是他分析各种资料后，认定胶州湾是天然良港。他向普鲁士政府建议，如果想在亚洲谋求殖民统治，就必须占领一个港口作为立足点，胶州湾就是最好的选择。但是，当时的普鲁士连自己的南德意志还没有统一，国内问题一大堆，根本没有工

◎ 中国青岛的德国总督府

◎ 德国人建造的青岛火车站，外国殖民者最喜欢在中国干的一件事就是造铁路，俄国的中东铁路，日本的南满铁路，法国的陇海段铁路，德国人也没有放弃这个造铁路的机会。为什么殖民者愿意造铁路呢？归根结底在于控制殖民地区经济，为下一步侵略做好准备。

夫考虑殖民问题。

19 世纪末，德国统一后，自身的实力大幅度提高。占领世界主要殖民地，争夺世界霸主地位，成了当时德意志第二帝国皇帝威廉二世的目标。为了早一点实现殖民扩张、占领亚洲的愿望，威廉二世觉得应该学习其他列强，逼迫清政府放弃一些领土和港口，保持其在华的扩张。于是，他决定把德国海军、外交部、驻华使馆、德国天主教以及在中国所有的德国人都调动起来，为选择一处海军基地开始忙碌。最后，在收集了所有中国沿海资料后，选择了 4 个港口: 厦门、三门湾、舟山和胶州湾。德国驻军公使和驻上海领事力主武力占领胶州湾，他们希望胶州湾一方面作为海军基地使用，另一方面可以作为瓜分中国经济和地区利益的前哨站。但是德国海军认为，胶州湾太大了，水又太浅，位置又在中国北方，根本不是中国经济的主航道，所以不同意选择胶州湾。为了解决选择哪

里的港口这一问题，德国皇帝威廉二世特意派了考察团去考察。1896 年 4 月，他任命海军少将提尔俾茨为远东舰队司令，要他在中国大陆选择一个天然良港，能够同时放下德国海军和德国商船，保证德国在华的经济利益。

5 月，威廉二世又任命海靖为驻华公使，其使命同提尔俾茨相同。德国远东海军司令提尔俾茨来华上任后发现，厦门、三门湾、舟山等港口都不适合德国海军。8 月，提尔俾茨来到北方，视察胶州湾后，觉得胶州湾最适合德国海军在亚洲的发展。首先，胶州湾是中国仅有的天然良港，地理位置优越，极易发展商业；其次，从军事角度看，胶州湾半月牙形状，正好把舰队包裹在港口内，如遇见风暴天气，可以不用出港，直接在港口内躲避。虽然青岛有中国清朝的部队，但是这些部队的战斗力，德国人基本上可以应付。德国皇帝威廉二世知道提尔俾茨的想法后，下定了要占领胶州湾的决心。自此，德国政府一面命令德国驻华公使海靖向中国清政府提出租借胶州湾的要求，一面派海军工程师弗朗·裴斯到胶州湾实地考察。海靖的无理要求，被清政府严词拒绝。清政府感觉到了德国人虎视眈眈的威胁，决定立刻开发胶州湾为军用港口，把才从英、德购买的 8 艘军舰驻扎于此，并命北洋大臣和山东巡抚加紧制订建设计划。由于准备妥当，德国的武力抢占并没有得手。但是，德国人不死心，弗朗在胶州湾进行了 5 天的调查后，制订了抢占计划。

1897 年 11 月 1 日，德国两名天主教传

教士在山东曹州臣野县张家庄传教，被当地的反洋教组织"大刀会"砍死。这一事件对没有借口找茬的德国人来说，真是天赐良机。威廉二世接到德国传教士被杀死的消息后，于11月7日深夜，命令远东海军舰队司令利特里希海军少将（提尔俾茨回国组织德国公海舰队去了）立即攻击胶州湾，占领附近所有村庄，而且用最大的力量，去夺取整个港口。利特里希少将接到命令后，立刻命令德国海军驻上海的远东分舰队驶往胶州湾。10日下午，利特里希少将率领满载着德国海军陆战队的3艘军舰和补给船驶往胶州湾。11月13日，德国舰队到达胶州湾，驶入青岛。青岛炮台守军发现有外国军舰入侵，便马上报告青岛总兵章高元，章高元立刻派人去询问德国军舰的来意。利特里希少将以"友好访问"之名使章高元认为这不过是德国海军的一次正常访问，所以，港内所有海军军舰和炮台没有做好防御准备。德国人见清兵没有防备，胆子更大了，立即布置偷袭青岛的计划，命令1艘军舰驶入胶州湾后在后海停泊，旗舰和另1艘德国军舰停泊在青岛南面，挡住总兵衙门和青岛炮台阵地的视线。14日清晨8时整，德国海军各军舰马上同时行动，海军陆战队兵分几路，乘着小船，分头占领了港上的军火库、电报局、炮台，包围了总兵衙门和清兵驻所。这些行动结束后，德国海军远东舰队司令利特里希少将于9时向章高元发出最后通牒：限3小时之内，胶州湾左右驻防部队退出女姑口、崂山，不准携带大炮撤离，限清军48小时内必须全部撤出，如不遵守，

将视清军为敌人，即刻开战。

由于章高元压根没有想到德国人会如此狡猾，事发后，他慌张惊恐，在德国军舰的大炮威胁下，只好苦苦请求德国人不要开炮，先等清政府的命令。可利特里希表示没有谈判的余地，如果再不退兵，就大炮伺候。虽然港内中国军舰不少，青岛炮台也没有落入他手，清兵还有机会在此一战，但由于主帅章高元的懦弱，清兵早已被吓得屁滚尿流。在德国人的威胁下，清兵退出了胶州湾，所有炮台、兵营、军火库及14门150毫米克奴伯海岸大炮全部落入德国人手里。德军武力占领了青岛的消息刚刚传到北京，清朝政府就惊恐万分，光绪皇帝命令总理衙门一面与德国驻军公

◎ 德军在青岛建造的浮动船坞，远东离德国本土毕竟太远了，舰艇坏了不可能回德国去修，只能在当地修理。

◎ 青岛的德国式码头，很多人认为这是德国的波罗的海。

使海靖交涉，一面要求已经成为德国公使的许景澄提出抗议。在德国天主教传教士被杀死后，清政府已经按照德国使馆的要求，逮捕了十几名杀人犯，处分了州、县官员，其办理速度远远超过其他宗教案件。德国因这么小的一个案子，就出兵占领青岛，这是清政府万万没有想到的。清政府无法判定德国部队是否会继续进攻，只得暂时满足德国人的要求，令德国人不要进攻。因此，清政府给章高元的电报下了这样的命令：退出城外，继续驻扎，不要先开炮。但是，德国压根就没想扩大战争，只想占领一个据点，清政府没有任何战略眼光，失地在所难免。

德军的非法要求激起了中国爱国人士的民族心，山东巡抚李秉衡力主抗击德军的入侵，严令章高元坚守防地，不准撤退，一面又准备部队增援胶州湾，打算与敌人决一死战。但是清政府腐败无能，居然以"轻言开战，必动摇海疆，贻误大局"为理由，罢免了山东巡抚李秉衡，解除了其对山东军队的指挥权，通过武力收复胶州湾的希望落空了。中德交涉期间，德皇看到清政府腐败无能、软弱可欺，便下令扩大占领区，占领了胶州、即墨，此外，还组织第二支舰队入侵中国沿海，增援德国远东海军舰队。德国驻华公使海靖居然不谈判，直接提出租借青岛。前门豺狼，后门虎豹，俄国太平洋舰队也趁火打劫，以帮助中国海军部队为名，出动舰队侵占旅顺，提出租借要求。在德国和俄国两国的威胁下，清政府彻底臣服了。1898 年 3 月 6 日，光绪皇帝派李鸿章、翁同龢与德国公使海靖

◎ 战争前期的青岛海港，依山傍水，景色秀丽。

签订《胶澳租界条约》。其主要内容有：德国租借胶州湾，租期 99 年；中国允许德国修筑胶州湾到济南的铁路，沿线 30 里可开采矿产；山东所有工程，德人有优先承办权等。从此，胶州湾及周边数十个村庄，共计 513 平方公里的土地和 8 万居民沦为德国的殖民统治对象。山东成为德国事实上的殖民地，青岛遂成为德国化的城市。德国在青岛建立殖民统治机构，强化殖民秩序，加强胶澳的军事设施，建机场、修港口、筑工事、修铁路、开矿山，经过十余年的经营，青岛成为德国侵略远东的重要基地。

鬼子蠢蠢欲动

日本侵占中国可不是一天两天的事情，侵占东北、台湾、澎湖列岛后并没有得到满足，还一直窥视着德国占领下的青岛，对其天然良港的事实早已耳濡目染。德国化的管理使港口建设更趋完善。日本人常年在青岛开设鸦片馆和妓馆做买卖。日本人为了掌握德军占领青岛期间修建的各种基础设施和军用设施的情报，化装成中国

◎ 青岛要塞炮台，德国克努伯大炮已经装备到炮台处，照片右边的炮台还没有竣工。从图上可以看出，这处炮台可以俯瞰青岛港口。

◎ 日本鬼子在山东集结时一脸苦相，争着吃饭的情景。一战期间，日本也不富裕，士兵基本都是农民出身。

◎ 德国人在青岛建设的炮台，水泥钢筋结构十分坚固，再加上克努伯大炮，牢不可摧。

◎ 日军仰仗战胜俄国和中国，成了亚洲"老大"，屡次发动挑衅战争，从此走上了军国主义道路。

◎ 日军拍摄的青岛要塞，青岛要塞作为一个要塞群，十分坚固。

人，沿着胶济铁路进行侦察活动，看德国人是否准备把山东建成了德国"汉斯"。日本人本身就对"三国干涉还辽"中"多管闲事"的德国人心存记恨，1898年德国强令清政府同意租借胶州湾一事令它更不满——日本没能得到在甲午战争后侵占的中国东北土地，搅局的德国人却把中国的山东变成了自己的殖民地，因此日本把德国人租借胶州湾视为挑衅行为，天皇于是下令，加强对中国山东的德军的监控，试图有朝一日通过血战来襄取青岛良港。

1904年，日军和俄军在中国东北发生了血战。1905年，日本获得了俄国在中国东北的旅顺港口，所以占领青岛的计划就

暂缓了。但是，这不代表日本人放弃了这个计划，原谅了德国人。为了避免进一步刺激德国人，日本人很少在青岛惹是生非，并在德国占领期间就撤走了部分企业。天空平静不代表暴风雨不会到来，表面平静，私下却暗藏杀机。1913年至1914年，世界各列强矛盾越来越大，大战一触即发。这回日本鬼子野心更大了，希望通过占领胶

州湾,进而把中国山东变为自己的殖民地。于是屡次派出军政要员到青岛考察(间谍活动),侦察德国人在青岛的军事建设情况,秘密记下港口水文、德国军舰和港口内兵力部署情况,特别是有关炮台、堡垒和阵地的情况。日本人特意化妆成中国人,潜入青岛。日本企图把德国撵出后,独自做远东地区的老大! 1914年8月1日,第一次世界大战爆发,由于欧洲战场太重要,德国无暇顾及殖民地,即使有那心也无那力。因为德国所有的海上通道已被掐死,各处殖民地的军队只好各自战斗。在青岛的德国军队也不例外,只有战前驻扎的部队。鬼子看准了这一点,认为德军防守空虚,软茄子可欺,所以决定立刻占领青岛。

这里还得说一下战前的英日同盟。20世纪初,英国为了加强在远东的地位,力图假日本之手遏制俄国在远东的扩张;而日本为侵占朝鲜和中国东北急于寻求反俄的同盟者,于是,英国和日本于1902年为对抗共同的敌人俄国在远东的扩张结成了军事同盟。1902年1月30日,英国外交大臣兰斯多恩侯爵和日本驻英大使林董签订了《英日同盟条约》。其主要内容是:缔约国双方相互承认有权保护自己在中国和朝鲜的利益,如英国在中国的、日本在中国和朝鲜的"特殊利益"遭到它国威胁,或因中朝内部发生"骚乱"而受到侵害,两国有权进行干预;缔约国一方为保护上述利益而与第三国作战时,另一方应严守中立;如缔约国一方遭到两个或两个以上国家进攻时,另一方应予以军事援助,共同作战。条约有效期为5年。秘密条款

还规定:两国海军应配合行动,在远东海域保持优势。英日同盟是针对俄国的军事攻守,也是侵略中国和朝鲜的战争工具。同盟订立后,日本加紧扩军备战,发动了1904—1905年的日俄战争。1905年,两国签订了第二个同盟条约,承认日本对朝鲜的"保护权",重申两国中的一国在遭到任何第三国进攻时,另一国应提供军事援助。1911年,英日签订第三个同盟条约,这次条约签订的目的不再是防御俄国,而是防止美国和德国殖民扩张到远东,破坏了英国在远东的利益。

由于英日条约,日本把自己定位为协约国的一分子。1914年8月15日,日本政府以"维护远东和平"为名,向德国发出最后通牒,要求德国立即撤出在中国和远东的所有军舰和商船,8月23日12点为最后撤出时间,未撤出的军舰和人员,马上缴械,如果拒不缴械,大炮伺候;在9月到来之前,德国所有在华的港口和租地全部交给日本管理,这当然包括胶州湾海军基地。但德国政府没有搭理日本人,也没那闲工夫,因为毛奇正在进攻西欧呢。日本军队于8月22日开始在中国黄海集结,目标直指山东青岛和胶州湾。

8月23日,日本政府也没有管德国人回不回信,就向德国宣战。同时,德国驻华代办马尔大使同当时的北洋袁世凯政府商讨,愿意把租借地胶州湾无条件归还中国,只要中国政府同意德国军队从第三国回到德国本土,保障在华德国人的安全。(事实上,德国政府并未授权马尔处理胶州湾一事。)但是袁世凯不敢接受这个土地呀,

◎ 防御中的德军士兵机枪阵地。德国人拥有的马克沁机枪是第一次世界大战的主力武器，但这款著名机枪在战前却没有受到协约国的青睐，因此，协约国在一战初期吃了不少亏。

◎ 德军防御阵地前的铁丝网，一战时期，欧洲战场的防御阵地一般以铁丝网、机枪、战壕为主，这些杀人利器在亚洲战场也同样适用。

因为世界大战刚刚开幕（虽然亚洲战场暂时没有投入战斗），同盟国和协约国之间的血战才拉开序幕，而德国人一路高歌，直奔协约国二当家法国的首都巴黎，谁输谁赢还不一定。如果德国人赢了，那北洋政府根本得罪不起呀！北洋政府想出了一个折中的方案，如果第三国接手这烫手的山芋，那么这些问题不就解决了。也不知道哪个人提出了一个歪点子，让美国人接手吧！于是马上照会美国政府。而美国在亚洲有菲律宾这块殖民地，自然不是很需要天然良港，当然也不愿意去搅和同盟国与协约国这摊浑水，于是拒绝了北洋政府这一厢情愿的要求。眼看胶州湾战事不可

避免，北洋袁世凯政府只好建议日本和德国政府把战场只限于胶州湾和青岛。可日本不这么想，因为它的目标不是胶州湾这一个海军基地，而是整个山东省！

开战了！！！

开战在即，先简单介绍一下双方的兵力情况：

德军兵力方面：总指挥官阿尔弗雷德·梅尔·华德克海军上校（青岛总督）在青岛兵力有陆军5个营、各种舰艇17艘、飞机2架、火炮125门、机枪47挺，总兵力约万余人（含奥地利军一部）。

德军的防御阵地：日德青岛之战爆发时，德军在青岛设有四道防线，即李村河口至沙子口一线、孤山至浮山一线、海泊河至小湛山一线以及贮水山至八关山一线。其中前两道防线为前沿阵地，后两道防线是主阵地，每道阵线都有交通壕和掩体，火力配系严密。而德国为了保护在青岛的德国人，还在青岛市挖掘了大量的地道，贯通整个青岛市（有的地道至今都不清楚确切的位置）。

德军的炮台阵地：青岛山炮台曾名"俾斯麦炮台"和"首相炮台"，日军攻占后改为"万年炮台"。位于海拔128米的青岛山北巅，系侵华德军在1905年建造的青岛要塞炮台、堡垒和德军兵营的地下军事指挥中心，由南北炮台和地下指挥部组成，德军称之为"青岛炮台之最重要者"。地下指挥部总面积1600平方米，三层立体结构，其作战指挥、军事通讯、供应区共计

◎ 德国人在青岛建立的野战医院，对一支现代化的军队来说，医疗救护在野战环境下是必不可少的。

◎ 为了防止日军舰艇突入港口，德国下令用沉船堵塞港口入口。这与23年后的淞沪海上防线所采取的方式是一样的。

42个房间，顶部装有可旋转瞭望铁塔。德军在青岛修筑码头4座、堡垒6座、炮台22座，实现了要塞化。在日军进攻之前，德军在港口布设了机械水雷，岸上布设了电网，此外，还在市区设了两道防线：海泊河—湛山防线、贮水山—万年山—太平山防线。德军对海的正面防御以海口及市区街道防御为主，在台西、团岛、汇泉角、太平角均筑有炮台，并派舰艇在胶州湾内巡逻。此外，还向浮山、孤山、鳌山卫、金口、高密等地派了警戒分队。德军企图依托既设阵地，以逸待劳，据守青岛。

德国海军舰队方面：斯佩海军中将率领的海外太平洋分舰队由4艘战舰组成："沙恩霍斯特"号、"格奈森诺"号、"埃姆登"号和"纽伦堡"号，前面2艘是装甲巡洋舰，后面2艘为轻巡洋舰。斯佩的舰队本来以中国青岛和大洋洲加罗林群岛为基地，由于8月23日日本加入协约国，他在东亚和西太平洋没了立脚点，只好一路打家劫舍向南美西海岸进发。所以，港口内只剩几艘小型驱逐舰和1艘老式奥地利巡洋舰。德军将各老式军舰的舰炮拆下安装在临时炮台当陆战火炮使用，并在主海航道布设了水雷以防止日本军舰进攻，还把一些无法远洋行动的军舰和商船作为堵塞船自沉在港口。

日军兵力方面：登陆部队有陆军独立第18师团、1个步兵旅团、2个野战炮兵联队、4个攻城重炮大队、2个独立工兵大队及1个重炮队，另有72艘海军舰艇和2个英军大队（1600余人）。英日联军共约5万人。日军企图首先以舰队封锁胶州湾，夺取制海权；然后以独立第18师团在龙口登陆，长途奔袭从背后进攻青岛，以一部兵力攻占潍县，切断德军补给线；当主力到达即墨后，后续梯队在崂山湾登陆，从侧后围攻青岛要塞，尔后进犯济南。8月23日，日本对德宣战后，即以海军第1舰队警戒黄海及东海北部海域，第2舰队于27日封锁胶州湾，夺得制海权，掩护部队登陆。

登陆日

1914年9月2日，日军任命神尾光臣

中将为司令官，调动了以第18师团为主力的5万名陆军，配备了包括重型攻城重炮、山炮、野炮在内的数百门火炮和多架飞机，从陆地进攻青岛。日本海军出动第2舰队60余艘军舰，由舰队司令官加藤正吉中将指挥封锁胶州湾，从海上攻击驻青岛德军。日军在青岛以北150公里处的山东半岛海岸龙口强行登陆，第24旅团长山田少将率领独立步兵第2营（第10师）先遣分队开始在龙口登陆。此时的龙口地区，因为强降雨，道路泥泞不堪，河水泛滥，导致登陆部队费劲。司令官神尾光臣强令部队一定要不停地前进，作为"表率"，他自己于9月5日也下船登陆。直至10日，先头部队抵达平度，14日进至即墨。9月15日南侵的日本军队深入即墨西北毛家岭村便烧杀抢掠。无恶不作，村民奋起反抗，日军便对村民进行了血腥屠杀，打死打伤村民10余人，全村36户居民的164间房屋全被烧毁，一片惨败景象，这就是青岛历史上骇人听闻的"毛家岭惨案"。

9月18日，日军堀内支队在崂山仰口登陆，侵占李村，并在此与日军独立18师团本部会合。随军用物资一起登陆的临时铁道联队第3大队，在攻城地带敷设了一条全长140千米的轻便铁路以及作为运输路线的轻便铁路网。这条轻便铁路通往李村。在此期间，日军除先头部队的骑兵在流亭附近遭德军阻击外，均未受到抵抗。原定在龙口登陆的第23旅团，因风浪太大，转航至崂山湾与原定在此登陆的部队一起，于9月18日在仰口登陆，上岸后击退德军警戒部队，向即墨推进。

◎ 司令官神尾光臣中将

◎ 日军18师团在山洞建立的临时指挥部

第24旅团以部分兵力攻占栾家沟岔至仲村一线，并向城阳、桃林方向派出警戒部队，以掩护师团主力开进。第23旅团在仰口登陆后，于9月19日进攻柳树台德军据点。激战了一日，德军炸毁工事与营房后撤退，日军先后攻占蒲里、石门山东麓等地。9月23日，日军独立步兵支队向潍县、济南方向开进。26日，攻占潍县后，日军开始向北龙口、石门山、罗圈涧、楼山后一线的德军进攻。27日，英日联军向孤山至浮山的德军阵地进攻，激战后，日军攻占了李村河口、李村南侧高地至浮山东北金家岭附近一线阵地。28日，日军又占领了沙岭庄东侧、河西至浮山一线德军的前

◎ 英军将领与日军共同研究青岛战役的情景。

◎ 日军装备的法国莫里斯·法尔曼陆上飞机。

进阵地。在此期间，德军为阻止日军进攻，曾以舰炮和陆炮火力不断轰击日军，并以小部队实施反击，但均未奏效。

9月2日，日本陆海军2万多人配合少数英军，组织了英日联军。9月19日，英军舰队从天津启航，于22日抵达崂山湾海面。9月23日，英军西库斯联队900多名威尔士士兵、300名印度士兵由崂山湾登陆，抵达李村与日军会合。同日，日军400人占领了潍县车站，继而进兵济南。9月26日，日德军队在白沙河、女姑口一带交火。9月27日，德国人放弃李村水源地。同日，中国政府因日军侵犯中国，占据铁路，向日本提出抗议。27至28日，日军占领浮山、孤山一带。28日，英日舰队炮轰湛山、德国"俾斯麦"炮台。至9月下旬，日军在青岛外围集结完毕。

青岛要塞围攻战

如果德日英三国真的在青岛开战，青岛的中国居民或多或少会受到影响，特别是贫民。北洋袁世凯政府不仅对此漠不关心，还把山东龙口、莱州和胶州湾列为交战区，中国作为中立国，希望日本政府不要越过交战区，可日军哪里管交战区不交战区的，继续侵占着中国土地，攻击青岛的德军。

日本海军航空队也派出飞机参加实战。飞机当时可是新鲜玩意儿，特别是在军事领域。日本海军一共有航空兵13人，他们乘运输船"若宫丸"号到了山东半岛。到了目的地后，几架法国莫里斯·法尔曼水上飞机开始组装。1914年9月5日，日军首次在战场上使用飞机出击。海军航空兵这次只是简单侦察，他们以后的任务，除了侦察外，还负责轰炸青岛德国守军的无线电信号所和海军兵营。当时的飞机虽然没有现在的先进，但也能携带一些小型炸弹。

9月26日，日英联军向青岛外围发动进攻，企图占领孤山、楼山、罗圈涧、浮山等德军外围阵地，随后向德军堡垒线发起全面攻击。日本陆军火炮猛轰德军各炮台，海军亦从海上轰击各海防炮台。德军不甘示弱，各炮台一齐开炮，炮火十分激烈。双方飞机亦加入战斗，除侦察和轰炸对方炮兵阵地外，还进行了空中格斗，这成为亚洲战史上的首次空战。由于德军防守严密,加上连日大雨,日军攻击未能奏效,战斗陷入胶着状态。

由于进攻的屡次失败,日军开始考虑是否是攻击地点没选择好的问题,日军发现,日本军队的每次进攻都在德军视线范围内,因为德军每次发射炮弹都能准确砸到鬼子的头上。日军通过侦察发现,德军的炮兵校正分队就在海拔384米的浮山上!日军司令官神尾光臣中将及指挥部对德军设在浮山山峰上的德军侦察小队恨之入骨。随后,神尾光臣下达死命令:下次进攻战,以浮山为第一进攻要点,因为只有攻占了浮山,才能把德军这一炮兵观测点彻底拔除。如果日本军队占领了浮山,便可居高临下用望远镜直接观察市区情况,并且可通过浮山制高点指挥自己的炮兵轰击青岛市区。

浮山,位于青岛郊外,群山环绕,地势险恶。由于浮山遍地的岩石,上山的道路并不好开拓。德军在山顶建立的炮兵观察所,可以俯瞰日本军队的所有动作,自然就能观察到日军登陆后在沙子口的活动情况。由于该炮兵观察所是德军掌握整条防御线的耳目,日本军队视其为喉咙中必须拔除的鱼刺。如果能攻下浮山炮兵观察所,日军不仅可以为陆军的炮兵指示目标,还可以为海上的第2舰队提供方位坐标。日军师团司令部决定在9月28日前后攻占浮山。

浮山攻坚战在28日凌晨1时正式打响,日军第47联队第4中队从石馒头山出发,准备占领浮山北侧的102高地,第11中队也在3时与其会合。日军听人说昨天曾有

◎ 日军在泥泞的龙口登陆场的情景。

◎ 日军利用修建好的小火车轨道,运输280毫米大炮,该大炮在日俄战争中发挥了巨大作用,被鬼子称为有"一千块榻榻米大"(1块榻榻米大约1.5平方米,乘以1000就是该炮的面积。280毫米炮群需要布置在这个面积的混泥土炮台上,为了配合这种火炮的威力发挥,减小后坐力的影响,就得布置一个这么大的炮台)。

1个班的德军在此警戒,于是,日军官马上派了先遣搜索队前去探清虚实。先遣队后面20米,是古森中尉带领的工兵分队。该中队沿着102高地慢慢在山谷中前行。由于102高地遍布各种断崖,两旁的山体基本都是陡峭的岩石,所以,部队动不动就处在悬崖边。由于是在凌晨1时开始的行动,无法与其他部队取得联系,只能继续前进。中途迷了好几次路,然后不得不重新更正前进方向。

凌晨3点半,日本先遣队突然遭到步枪的射击,但很快山谷周围又沉寂下来。由于是夜间,日军看不清打枪的方向,中

队长便派出一个由 15 人组成的小分队在 102 高地的东南方向搜索。日军全部卧倒，仔细观察周围地形。凌晨 5 时，天朦朦胧胧快亮的时候，日军能看见前方大约 20 米至 30 米时，才发现不对劲——钻到德军阵地前沿了。德军机枪随即开火，扫倒一片偷袭的日军，日军不停有人倒下。在没有搞清楚具体有多少德军的情况下，日军发起了 "猪突" 冲锋。德军继续射击，此外，山崖上还有 3 名德军士兵远程狙击日军士兵，日军见状，小先头分队就地对射，大部队继续前进。

日军从枪声判断出德军应该有 30 多人，双方就地开始射击。5 时 20 分左右，日军中队长中弹倒地后仍命令部队继续冲锋，但随即被德军机枪子弹打成 "筛子"。冈千太郎中尉代替指挥，数分钟后冲至德军阵前约 40 米处时又中弹倒下。5 时 30 分，天色大亮。日军各个小分队终于攀爬到德军防御阵线 15 米处，日军随即在悬崖峭壁上展开进攻，德军士兵依然坚守阵地，许多士兵被击中后滚落山崖，没被枪打死也得摔死。日军的伤亡人数也不断增加，每前进一步都要付出极大的代价。日军感到正面强攻不行，便从侧面和后背迂回包抄。5 点 40 分的时候，有两名日军从山的背坡爬上去，向德军战壕内投掷手榴弹后，很快被德军击毙。

没办法，日军只好改变正面强攻策略，从高地东侧猛攻吸引德军的注意力，同时派许多士兵爬上悬崖峭壁，到德军据守的阵地上面，往下投掷手榴弹。5 时 50 分左右，日军派出的敢死队带着日本膏药旗冒死爬

◎ 德国画家笔下的日德浮山之战。

◎ 日军正在使用 "电葫芦" 吊装 280 毫米大炮。

◎ 日军 240 毫米大炮阵地，一战期间的所有战斗，大炮这一攻坚利器是必不可少的。

◎ 日军动用一切炮火攻击青岛外围要塞群的情景。

上了山崖，同时，日军还集结数名步枪兵封锁了山崖方向的德军。日军利用巨石做掩护，慢慢地接近山顶。

为了配合前线的进攻，另一支日本军队从102高地的西北侧进行包围。激烈的战斗一直持续到上午10时，日军的炮兵部队终于移到山脚，开始火力支援前线。由于日军火力的加强，开始三面进攻德军阵地，德军士兵们终于顶不住了。11时30分，山顶挂出白旗，德军向日军投降了。日军第4中队俘虏了15名德军士兵；11时40分，在山体中部抵抗的德军也投降了。12时，日军全面攻占了浮山高地。此战，日军共俘虏德军士兵58名，缴获了大量的武器弹药。日军24名官兵死亡，百人受伤。

9月28日，日本军队占领了预定中的第一个目标，开始全面攻击德军的第一道防线。英舰驶抵大公岛北海面，轰击德军在伊尔其斯岬（今太平角）和汇会前岬（今汇泉角）的炮台，从侧面支援陆军的进攻；另一支日军舰队驶入崂山的董家湾轰击浮山方向的德军陆上阵地。经过激烈的炮战，日军逐步占领了德军第一道防线，并缴获了德军使用的4门轻型火炮。

德军方面记载，德军在9月19日，派遣了费斯莱尔少尉、8名军官和50名士兵在浮山一带负责观察日军进攻动向，并且提供炮兵方位。20日，德军建立了5个防御阵地。26日，开始向山上运送粮食、弹药和饮用水。一天时间，就送上去子弹6万发、手榴弹300颗、照明弹2000发及足够坚持8天的食品和水。25日，德军对这个可以俯瞰整个日军的制高点不放心，于

是又派出了古拉保夫中尉与信号通讯部队（1名少尉、6名士兵）去该高地查看地势，并与驻守在浮山高地上的德军合并，共同驻防在浮山高地，由费斯莱尔少尉统一指挥作战。

28日凌晨，山顶的哨所发现山下有移动物体，认为可能是日军要突袭浮山炮兵观察所，于是马上开枪试问（这就是第一枪的来历）。黎明时分，山体侧面和背面出现日军的身影，两三个日军冲了上来，德军开始不停地开枪。鉴于日军已攀登到山峰处，德军阵地损失太大，上午11时，古拉保夫中尉的阵地挂起白旗投降。但是主阵地在人员和弹药损失太大的情况下，才投降。有11名德军士兵在帕奥利军士长的带领下，乘混乱顺山崖上的树藤滑下，逃出了浮山高地，回到市区防线。

德军指挥部对浮山炮兵观察所的失守十分不满，认为浮山本是制高点，前几次攻击日军成功都是因为该高地提供的坐标。现在，日军能够使用它来观察青岛市内防区。占领浮山是日军利用夜间发动突然袭击的成果。德军失守的主要原因是兵力不足，分布不均，导致日军从山的背面攻击

◎ 日军的机枪阵地及其使用的法国制哈奇开斯机枪。

成功。

自此，浮山被日军占领。日军开始了下一步动作，进攻青岛市内。

10月2日，德军学习日军夜袭，出动350人袭击四方山，遭到日军阻击败退。此后，德军不断组织火力、兵力反扑，企图改善防御态势，均没有取得明显效果。

10月6日，日本占领山东首府济南、胶济全线。10月10日，日军又增派了一个混成旅到山东。此时，日本派往中国的陆海军总兵力为4万人、60余艘军舰。10月17日，日本巡洋舰"高千穗"号在塔连岛附近被德军击沉，近300余人葬身海底。

10月13日，日军攻城炮兵司令部、攻城重炮兵第4大队和步兵第29旅团等后续部队在崂山湾登陆，准备参加攻打青岛要塞。日军攻占德军外线前沿阵地后，迅速开始谋划进攻青岛要塞太平山堡垒、海岸堡垒、贮水山炮台、台东镇炮台、小湛山堡垒和154.4高地。

日军将攻城部队编为6个队：左翼队、右翼队、第一中央队、第二中央队、炮兵队和预备队。左翼队由崛内支队5个营及部分炮兵、工兵组成，向太平山堡垒进攻；右翼队由第29旅团1个联队及部分炮兵、工兵组成，向海岸堡垒、贮水山炮台进攻；第一中央队由英军及部分日军工兵组成，向台东镇堡垒进攻；第二中央队由第24旅团5个营及部分炮兵、工兵组成，向小湛山堡垒和154.5高地进攻；炮兵队由野战炮兵第24联队、野战重炮第3和第22联队、独立攻城重炮兵4个大队及1个海军重炮队组成，约火炮百门，在攻击部队的两翼后方占领阵地，摧毁德军工事，压制德军火力，支援步兵战斗；预备队的3个大队（这3个大队是3个旅团各抽调1个大队组成的），位于中央队后方，主攻方向是德军右翼。日英联军经过1个月的准备，完成了攻城部署。

日军于10月29日将进攻出发线推进至距德军第一道防线1500—2000米的位置。10月31日，是"天长节"——日本大正天皇的生日，日军于此日向青岛的德军发起了总攻击。日本陆军炮兵在新登陆的重炮联队的配合下，向德军各炮台、堡垒发起猛烈的炮击，步兵也向各堡垒群发动一波又一波的集团攻击。德军依托坚固的堡垒拼死抵抗，各炮台亦向日军猛烈回

◎ 德军对日军进行反攻的情景，德军单兵素质强、作战勇猛，不是一味单纯防守。

◎ 图为日军的火炮阵地，右下角堆放的炮弹表明屠杀才刚刚开始。为了占领青岛，日军真是下了本钱。

击，战斗甚为激烈。日军展开两翼合击德军的有生力量，炮兵依据浮山炮兵侦察所提供的方位坐标开始轰击德军在青岛港内的剩余军舰，空军也侦察和轰炸了青岛德军。仅11月1日，日军就向德军阵地倾洒了1600吨炮弹，德军发射的炮弹数量亦与之相当。

日军以舰炮和陆炮对青岛要塞实施火力袭击已连续7天，德军损失严重：防御工事均遭到不同程度的破坏、发电厂被炸毁、要塞部分设备失去作用。日军各编队在炮击的同时发起攻击：11月1日，占领了四方至浮山所的第一攻击阵地；3日夜，攻占了水泵厂至浮山所的第二攻击阵地；6日夜，占领德军各堡垒附近第三攻击阵地。7日凌晨，日军发起总攻。11月7日凌晨1时30分，日军敢死队趁德军极度疲惫偷袭中央堡垒，经过激烈肉搏之后，中央堡垒陷落。德军遂集中全部炮火轰击中央堡垒，企图夺回堡垒，但未能成功。日军乘势从前后两面夹击德军各堡垒，先后攻占了湛山、台东镇等堡垒。伊尔奇斯诸炮台随后相继失守。6时，德军俾斯麦南炮台失守；7时，德军在信号山悬挂白旗投降。此战，德军战死百余人，剩下的全部被俘；日军因进攻中遭到德军速射炮和重机枪的猛烈扫射，死伤1000余人，远远高于德军。

投降

德军在青岛只有5000人和5艘军舰，寡不敌众，无法与日军相抗衡，防御体系已基本瓦解。于是，德国总督命令炸毁所

◎ 这是印度兵吗？头上戴的民族特殊记号大围巾，显然就是印度人没错。哪里有英国兵，哪里就有印度兵，这时的印度人显然是英国殖民者的帮凶。

◎ 日军的280毫米大炮，该炮基本只在中国境内实战过，为帝国主义侵略分子留下了无耻的恶名。而该炮的散布率相当悲剧，所以该炮常常集中使用，形成炮群。

有炮台，销毁手中步枪及其他所有武器，同时将所有船舶炸沉在胶州湾青岛港内。9时20分，德军宣布投降。德军代表与日军代表在青岛郊区的东吴家村接受了日本提出的放弃青岛、出城投降的要求，签订了停战条约。11月11日上午10时，日军正式进驻青岛市内；13日，鬼子开始在青岛行使管理权；14日，发布了占领青岛的宣言；16日，宣布对青岛市内进行军管。经过两个多月的作战，日军终于把德军撵走了，占领了已觊觎30年的中国青岛港！

截止到11月7日，这次战役德军失踪、

死亡、受伤总计 439 人（阵亡 199 人），被俘约 3600 人。日本陆军伤亡 1900 人（阵亡 415 人）。海军损失了轻巡洋舰"高千穗"号、驱逐舰"白妙"号、鱼雷艇 1 艘和小型扫雷艇 2 艘，伤亡总计大约 400 人（阵亡大约 300 人）。英国失踪、伤亡总数为陆军 74 人、海军 9 人（其中陆军阵亡 13 人、海军阵亡 3 人）。

由于战前已经收到德国皇帝威廉二世关于各个殖民投降与否自主决定的命令，

德国总督华德克上校感觉很轻松（没有负罪感）。华德克被解往日本东京本愿寺。

1914 年 11 月 27 日，日本攻占青岛半个月后，日本大正天皇发布命令，在青岛设置日本守军司令部，任命率兵攻占青岛的日军中将神尾光臣为首任司令。其职权相当于当地市长，管理各个部队和机关，负责青岛治安，统率占领地区之民政，监督山东铁路以及矿山的经营管理权等。日本与德国殖民者没什么两样，换汤不换药。

日本守备军的规模庞大，规模远远超过德国殖民者，设置了参谋部、副官部、宪兵队、通信部、经理部、军医部、军理事部、青岛军政署、李村军政署、闸邮电部、水道部、埠（码）头部、港务部、山东铁道管理部、运输部、防备部、无线电信所

◎ 被德军炸毁的炮台。

◎ 日军进入青岛市内的情景，三三两两进城，这哪里是正规军，分明就是土匪！

◎ 日军士兵攻占了德国人的战壕。

等部门。这么多部门，真想赖在中国不走了！为了防止中国老百姓闹事，日本人还在青岛部署了8个步兵大队、1个重炮大队、1个铁道联队和守备军（由骑兵中队、工兵中队等组成），总人数为2万人，驻扎在青岛和胶济铁路沿线。此外，还有日本海军舰队停泊在青岛港内。

在日德青岛战中，中国人民遭受了巨大的灾难。战前，北洋政府袁世凯宣布山东为战区，任由两个帝国主义国家在中国土地上互相争夺。日军在龙口登陆后，烧杀抢掠无恶不作。在平度，日军就逼当地人民在5天内交猪、羊各1000头，粮食250万千克，小推车500辆，并公布"惩斩令"。占领青岛后，将20万青岛人民逼进了苦难的深渊。日本对中国的经济掠夺，充分显现了它的贪婪本性。日本将德国公产和中国人的财产攫为己有，拒不返还给中国主人。德国人投降前破坏了青岛所有的蓄水池、水道、发电站、港口和青岛市内基本瘫痪，夜间一片漆黑，大量人口外逃，损失财产达1900余万银元，40人在战火中身亡。据初步统计，中国公私财产损失达2000余万元。

日德战争是一场容易被人遗忘的战争，它是第一次世界大战在远东地区发生的唯一一起重大战役。这场战争的性质与十年前的日俄战争一样——两个帝国主义国家为争夺在华利益而进行的一场帝国主义战争。这场战争给中国的老百姓带来了极大的灾难。我们不应该忘记，第一次世界大战期间，中国的青岛也发生了战火！

◎ 德国守军向日军递交了投降书，正式把中国青岛交给了日本人。

◎ 被战火损坏的房子，日德青岛争夺战最终的受害者是中国的老百姓。

◎ 战后残存的青岛要塞堡垒，已经被炮火攻击得不成样子了，足见当时战斗的激烈程度。

附录1:
S-90雷击舰PK高千穗

1912年秋,德国海军中将马克西米连·安·冯·斯佩伯爵率领新组建的亚洲分舰队来到青岛。当时的青岛驻有德国4艘装甲巡洋舰:"沙尔霍斯特"号、"格奈森瑙"号、"莱比锡"号、"纽伦堡"号,轻巡洋舰"埃姆登"号,"大沽"号和S-90雷击舰(驱逐舰)。排水量为280吨的"大沽"号原本是中国海军的鱼雷艇,八国联军攻入北京后被德国掠走,不久就被保养成废品了。S-90雷击舰是在1899年下水的,排水量为350吨,长63米、宽7米,动力为2座三胀式蒸汽机,功率5400马力,双轴推进,最大航速27节。舰上的93吨煤使它可以在17节的航速下行驶1180海里。另外,军舰中心线有3座450毫米可旋转发射方向的鱼雷发射管,甲板处和军舰两侧有3门50毫米机炮。

一战爆发后,德国海外舰队东亚分舰队司令觉得如果坐以待毙,呆在青岛的话,英日海军很有可能把这支小舰队堵死在青岛港,重蹈俄国太平洋舰队的覆辙(日俄战争中,俄国太平洋旅顺舰队被日本人堵在了旅顺港里始终无法突围,最后投降)。如果青岛再丢失,那么东亚分舰队就只有投降的份了。所以,为了保存实力,斯佩司令决定,这支舰队主力舰只必须突围出去回到德国本土。

轻巡洋舰"埃姆登"号舰长冯勒梅上校决定去印度洋碰碰运气,于是率领"埃姆登"号奔走印度洋。7月,奥匈帝国的"伊利莎白皇后"装甲巡洋舰,由于舰只老化,依靠自身动力是走不动了,外边又是协约国各大军舰的围追堵截,于是也开进了盟友控制下的青岛港。德军将所有能撤走的军舰和商船全部撤走。结果青岛内只剩下炮舰"豹"、"山猫"号和小型雷击舰S-90。

由于日本人突然宣战后便登陆山东半岛,德国海军舰队毫无准备。日军舰队有"周防"号(原俄国战列舰"胜利"号)、"石见"号(原俄国战列舰"鹰")、"丹后"号(原俄国战列舰"波尔塔瓦")等,比港内德军舰队强1万倍的舰队。"高千穗"号是从英国购买的"浪速"级防护巡洋舰之一。

"高千穗"号由英国著名造船厂阿姆斯特朗造船厂制造。它的名字来自日本雾岛山东麓的高千穗峰。1885年,从英国购入,完工时,排水量为3708吨,全长91.4米,宽14.1米,吃水深度5.8米。动力系统为2台蒸汽锅炉,6台燃煤锅炉。动力为7604马力,双轴推进,航速可达18节,以13节航速,能达到9000海里的航程。甲板首尾处各有1门260毫米主炮、两侧有6门150毫米大炮,此外,还有6门47毫米炮、10门25毫米双联装加特林机炮、4具360毫米鱼雷发射架。1894年,"高千穗"号参加中日甲午战争,8月炮轰威海卫,9月参加了中日黄海大决战,11月参与了占领中国大连港及旅顺口的行动。次年2月，它又参加了对威海卫的总攻击。中国北洋水师全军覆灭后，该舰于3月南下攻打中国的澎湖列岛，并长期驻扎在台湾基隆。1904年，它参加了日俄战争，战后退出主力战舰序列，编为后备训练舰，后于1914年8月重新加入作战序列（日军第2舰队），并加入了封锁胶州湾的军事行动。由于服役太久，到青岛围攻战时，"高千穗"只能低速行驶，执行一些小任务。

英国远东舰队的战列舰"凯旋"号来到了青岛，还带来1支英国驱逐舰编队。由于对英国舰队的恐惧，德军决定用布雷战迟滞英日的海上进攻。于是，S-90雷击舰带着C-77型水雷在胶州湾打算布设，但被英军驱逐舰"肯特妮"号发现后就赶紧逃跑了。

由于进攻战不断升级，德军决定将还能动弹的军舰，突围出去，逃到"第三国"中国那里。1914年10月18日凌晨1时，日军轻型巡洋舰"高千穗"号在第2舰队的东南方大公岛外海一带警戒时，突然传来一声爆炸声，短短5分钟的时间，舰长伊东大佐及284名水兵全部葬身大海。甲板上值班的水兵跳水后被赶来救援的日军小船救走。

"高千穗"号轻巡洋舰被哪种利器击伤了呢？其实并没有什么利器，只是德军战术使用

得当。S-90雷击舰驶出青岛湾不久就发现左前方有3艘日军驱逐舰，于是，为了躲避日军巡逻舰队，它转舵向南行驶。转舵不久，它发现前边不远处有1艘双桅单烟囱的巡洋舰，该舰只周围没有其他日军舰只，所以，德军舰长立刻决定采取突袭。并计算距离与斜角，给鱼雷设定射击诸元。S-90雷击舰在距日舰500米处发射了2枚鱼雷，其中1枚命中日舰的舯部，引起剧烈爆炸，然后，S-90雷击舰又在距日舰300米处用舰尾发射了1枚鱼雷，命中其艉部。很快，日舰"高千穗"号就沉没了。日军司令部得知此事，下令不惜一切代价，一定要击沉或捕获S-90雷击舰。S-90雷击舰急速前进时触礁搁浅，舰上60余名德军水兵弃舰上岸后，炸毁了S-90号雷击舰并集体向中国政府投降。日军发现S-90雷击舰时，舰上空无一人，整个船只破损严重，就算如此，日军也打算将它夺走。但是，由于事发地在中国境内，中国北洋政府抗议，拉走一事不了了之。

◎ 日军巡洋舰"高千穗"

附录2:
中国上空的第一次空战

◎日本电影《青岛要塞大爆炸》的海报。

第一次世界大战爆发后,日英联军为了占领青岛,对德军发动了进攻。这期间,中国上空发生了第一次空战。

1914年8月28日,日军直扑青岛,以陆军5万人、空军348人的总兵力开始作战。这支强盗部队拥有9架作战飞机——水上飞机运输船"若宫丸"载着1架大型水上飞机"莫里斯·法尔曼"、3架小型的"莫里斯·法尔曼"水上飞机,正从宇品港赶赴山东龙口日军登陆场的日本陆军航空部队的4架"莫里斯·法尔曼"飞机和1架"纽波特NG2"型飞机。

此时,在青岛的德军只有5000人、5艘军舰、1架"陶博"飞机以及3名飞行员。

如果从数量上相比,德军无疑处于劣势,因为德军只有1架飞机,而对手日本军队有9架飞机。

"陶博"飞机由德国制造,73.5千瓦(100马力),双座单翼机,全重1300千克,最大速度为120公里每小时。日军的水上飞机"莫里斯·法尔曼"由法国制造,73.5千瓦双翼机,翼展19.5米,全重为995千克,续航时间为4.5小时。陆军的"莫里斯·法尔曼"也是由法国制造,不过功率小点,只有51.5千瓦双翼机,全重为858千克,最大速度83.5千米每小时。但是,德国航空技术比日本发达,飞行员素质也比较好。

战争初期,双方的飞机只用于侦察和炮兵校正。最先开始侦察任务的是德国人,因为德国需要密切掌握日军所有的动向。

德军为了发挥飞机在战斗中的作用,在"陶博"飞机上加挂了2枚小型炸弹对日舰"关东丸"号进行轰炸,虽然不可能命中目标,但也把鬼子吓得够呛。10月13日,德军飞行员奥斯特拉和布鲁肖与往常一样,驾驶着飞机执行侦察任务,当飞到日军登陆场中国山东龙口一带时,被日军3架"莫里斯·法尔曼"陆上飞机拦截,此外,日本海军航空兵也出动1架"莫里斯·法尔曼"水上飞机拦截,企图两面夹击德军飞机,使其迫降。但奥斯特拉没心思较劲,把飞机高度升到3000米左右钻入云层,跑了。德军这架"陶博"式飞机一直使用到2

个月后的青岛要塞失陷。

日军在青岛之战中，使用"莫里斯·法尔曼"陆上飞机 86 次（侦察德军阵地 39 次），平均每架飞机飞行 21 次。飞机最高升空高度 2100 米，在德军阵地上空高度为 1250 米，总飞行小时 89 小时，投弹 44 枚。"莫里斯·法尔曼"水上飞机共出动 49 次，升空高度为 2850 米，总飞行时间 71 小时，共投弹 199 枚。

◎ 日军很重视飞机在战争中具有的作用。

◎ 法国生产的"莫里斯·法尔曼"陆上飞机。

◎ 日军装备的高射炮，这在当时可是新鲜玩意儿。

附录3：
参战国编制情况

	陆军			海军	
日本联军(司令官陆军神尾光臣中将、参谋长山梨半造少将)	18 师团（久留米第 18 师团）	步兵第 23 旅团（掘内文次郎少将）	步兵第 46 联队、步兵第 55 联队	第 2 舰队（司令长官加藤定吉中将，参谋长吉田清风大作）	巡洋舰 6 艘、炮舰 4 艘、海防舰 9 艘、驱逐舰和水雷（雷击艇）艇 31 艘、侦察和扫雷舰 18 艘
		步兵第 24 旅团（山田良水少将）	步兵第 48 联队、步兵第 56 联队		
		步兵第 29 旅团（净法寺五郎少将）	步兵第 34 联队、步兵第 67 联队		
	临时攻城炮司令部	野战重炮兵第 3 联队（渡边岩之助少将）	独立攻城重炮兵第 1 大队		
			独立攻城重炮兵第 2 大队		
			独立攻城重炮兵第 3 大队		
	其他	独立步兵第 1 大队、独步兵第 2 大队、临时铁道第 3 大队、骑兵第 22 联队、野炮兵第 24 联队、野战重炮兵第 2 联队、工兵第 18 大队、辎重兵第 18 大队、临时铁道联队、独立攻城重炮兵第 4 大队、独立工兵第 1 大队、第 10 登陆场司令部、临时攻城炮司令部			
德奥军队(阿尔弗雷德·梅尔·华德克海军上校)	陆军 5 个营、飞机 1 架、各种火炮 125 门、机枪 47 挺，总兵力约万余人			各种舰艇 17 艘	
英国观战团	1 个步兵大队、2 个印度兵中队（指挥官：巴纳迪斯顿少将）			斯维夫特舒雅级战列舰"凯旋"号、E 级驱逐舰"亚斯奇"号等	

附录4：

为了阻截德国海外舰队、威胁协约国航运，日本于1914年9月临时编了4支舰队，具体情况如下：

舰队名称	作战海域	指挥官	舰队序列
第1南遣支队	南太平洋	山屋他人中将	战列巡洋舰"金刚"、"鞍马"、"筑波"，装甲巡洋舰"浅间"，驱逐舰"海风"、"山风"
第2南遣支队	南太平洋	松村龙雄少将	战列舰"萨摩"，轻巡洋舰"矢矧"、"平户"
遣美支队	东太平洋、夏威夷	森山庆三郎大佐	战列舰"肥前"，装甲巡洋舰"出云"
特别南遣支队	新加坡、印度洋	加藤宽治大佐	战列舰"香取"，战列巡洋舰"伊吹"，轻巡洋舰"筑摩"

当时，协约国老大哥交给日本海军的任务是：第2舰队封锁胶州湾，第3舰队到香港以北航道警戒德舰，第1南遣支队警戒太平洋德舰，第2南遣支队护送澳大利亚运兵船队，第3舰队警戒南中国海和新加坡德舰，遣美支队追踪德国远东舰队。日本凑齐联合舰队约三分之一的舰艇，算上辅助舰艇共50艘。当得知斯配舰队撤离了青岛在印度洋、太平洋时，日军认为机会来了，可以夺取德国在亚洲的所有殖民地了。于是，第1、第2南遣支队立即指向太平洋，抢夺了德国马里亚纳到密克罗尼西亚的大片殖民地。对德宣战时，日军实际上已经掠夺了德国的殖民资源，势力范围已扩张到太平洋。

1914年9月29日，日本第1南遣支队向德国美拉尼西亚殖民地的根据地——马绍尔群岛的亚尔特岛发射炮弹，破坏军事设施后派遣海军陆战队登陆，俘虏了德国总督和一些海军人员，并释放了被扣押的英国商船。10月3日，日军得意洋洋贴出了占领公告，在东经170度的海面上升起了膏药旗。

10月5日，日军夺占库塞岛。10月7日，日本第2南遣支队占领加洛林群岛中的亚普岛，德国观测船"福拉内特"不战自沉。日军俘虏1艘德国特勤舰和30名船员，同时占领了其余诸岛。10月14日，日战列舰"香取"占领马里亚纳群岛中的塞班岛。10月21日，日军占领马里亚纳群岛南端的罗特岛。

巴黎和会签订的《凡尔赛条约》承认日本接管这些德国殖民地，日本遂将亚尔特岛改名为巴劳岛，并在那里开设了"南洋厅"，开始了正式的殖民统治。就此，新殖民者的刺刀插在了旧列强的餐桌上。

太平军之末路杀劫

作者：刘伯瘟

一 厉鬼

天晴得虚幻。清晨的雨气早已幻化成白雾，被风扯成碎片，抛在山间。日近晌午，天蓝得让人不敢抬头看，直怕被耀花了眼。

张鹏飞道："不是怕给耀花了眼，是怕给摄走了魂。庆平府三万男女全在天上看着咱们呐……"他说着话，手里磨刀活计也未停，寒光闪闪的劈刀给砥石搓得火星爆溅。一小兵凑上来晒道："飞哥，咱锐字营封刀都三日了，您瘾头还没过够？

咱营里数您跟着吉军门年头最长，断城劫灰的场面您都经过多少了，怎么……"张鹏飞硬硬截断他话头："老子是怕月黑风高，冤魂索命。"

夜如泼墨。一个湘勇兵士站在崩塌了的城墙边，朝壕沟里撒尿。远处的角楼上闪着几点明暗不定的幻火。兵士呵欠连天，手把那话儿，一股热流直被夜风吹得连不成串。几个弟兄在帐里裹条破毡挤得浑身暖烘烘，本是宁可憋着泡尿也不肯出来，怎奈憋得工夫长了委实撑不住，他这才出来受这场寒，只图回去睡个痛快。

兵士只觉下身坠胀渐轻，代之以由下而上的缓缓快意，直舒服得他浑身哆嗦。正提裤子，忽觉得喉间发凉，一直凉到胸口，腾出只手来一摸，由喉咙到胸口黏糊糊的浆液糊了一层。兵士这才觉出喉间剧痛，痛得张口要喊，却发不出声音，竟是喉间被人用利刃开了口子。口子里冒出血泡，将喉间胸前的一摊粘血泛出沫子。兵士疼得一头栽进五六丈深的壕沟，断气了。

段同难出击得手后隐回到城墙根的暗影下，将那柄割喉的短剑在破布条缠成的衣袖上擦干血迹，别进腰间，便坐在城墙根下破碎的砖块上，望着壕沟出神。这是湘军围城时掘的长壕，足有三丈宽，五六丈深，湘军劲旅霆字五营借此将庆平府围困前后达四月。六天前，攻城湘军以敢死队身背撼天雷炸塌城墙，庆平城破。在城上死守多日的不足两万太平军与之巷战短接，尽数殉城。此役湘军亦死伤惨重，陷城后红了眼的攻城各营营官接到霆字军统带鲍超的将令：纵兵三日。如此，湘军三天屠城，将庆平细梳一遍，不留活口。

却独漏下一个段同难。

麾下将士无一生还，同袍诸王尽数殉身。庆平守军由可王李镇南统制，七王协同参赞军务。结果，列王段同难是唯一活下来的。城破时他正在一处城垒里指挥向蜂拥登城的湘勇放枪。出自湘军锐字营的敢死队以爬云梯死命登城的湘勇为掩护，在城墙下掘洞埋药装捻，继而以血肉之躯引爆撼天雷，硬将城墙震塌，敢死队连同这段城墙上的湘勇与太平军同归于尽。段同难城垒虽离那不近，此前却挨过一发劈山炮弹，早已不牢稳。爆炸一起，这座城垒随之倒塌，碎砖断石将段同难与上百太平军将士活埋。可巧当时段同难正站在垒内墙角处，砖石塌下来时自成一方斗隅，卸去了力道，人却被震晕过去，三日后方才醒转。挣着命爬出掺着腐尸烂肉的砖石堆，眼见的却是几个月来舍命守护的庆平府已是一座死城。

幸好湘军已封刀，几个营又开拔到别处，城里少了许多乱窜的游勇。段同难找到一处破屋挨过半个白天，天擦黑溜到几条街外一群开伙的湘军伙勇那里偷了干粮，回来就着积在地上的雨水泥汤硬塞了下去，缓过来劲便开始想法子出城。凭着几个月来自己已熟透庆平府的边边角角，段同难趁夜摸到被轰塌的城墙口子，钻出去后顺手干掉这个半夜出来撒尿的湘勇兵士，即将出城，却在壕沟前止住了步。

壕沟并不难过。只是，活下来了就真要走吗？能走到哪里去？

天国情势早已不堪多言。段同难为天国征战十载，心中早已一切了然。十年前，天王起兵，向苍生许诺一个天堂；十年后，天国将倾，百姓们还要以"甜露"来填塞饥肠。抛开十年间的种种不提，一切让段同难一介俗人俗骨对天国再无信仰。眼下，段同难心中只是愧疚与不忍。他人虽善，性子却颇有些暴戾。十年来，每次临阵自己都存必死之念。战场上，段同难的悍厉勇绝、抵死拼杀常令清军闻风胆丧，每每阵前一见"太平天国列王段千岁"大旗便败得如山崩水泻一般。如今天国败落至此，此念更是越发强烈。庆平一役，本该与弟兄们同生共死，一道殉城，可偏偏是自己一人苟活。天父天兄保住了自己的命，却将自己推入不义的境地。段同难抚着腰间刀鞘，心如刀绞。这是柄带解腕护手的西洋军刀，刀身狭长。那年随忠王打上海，太仓城下，大败英法洋枪队，连破清营三十余座，阵斩五千多人，这柄刀便是从一个被他斩杀的"洋鬼"官佐身上解下来的。段同难幼习刀剑，发现这西洋军刀劈、砍、挑、刺、撩、拨皆可，正得刀剑两家之长，从此便使上了它。还缴了一柄防身的短剑，也就一并使着。抚着刀鞘，心里渐渐清明起来。两个月前自己就知道，天京已是兵围千重，天国疆域不久亦将所剩无几。这里已算是天国边界。庆平失守，湘军北上，不知天兵还能守在哪里。再说，怕是也与自己无关了。

和麾下弟兄一道上路，管他是去见天父天兄还是阎王老子，落个忠义两全，死而心安。

手上这柄西洋解腕军刀注定要再多多饮血。然后了却尘缘，入火化烟消散升天，还给天父天兄。

段同难霍地起身，紧紧腰带，轻轻迈步向城墙口子走去。

城里真的闹厉鬼了。

自从那夜一个出去撒尿的兵士被利刃割喉抛尸城壕后，城里就没断过死人。每天大早，巡逻的军士总能在残巷坍屋发现几具湘军兵士的尸体。半夜出帐解夜的兵士常常一去不返，第二天清早才被人发现倒毙露天，下身精赤。都是胸前颈后的伤，一刀致命，有的干脆被摘了脑袋。仍驻在庆平城中的锐字、健字两营顿时军心惶惶，兵士晚上宁可拉撒在帐里也不敢出去。紧接着便是哨兵。营官哨长半夜查哨，一夜连着发现几个哨位空空如也，哨兵不知所踪，又是天亮才在附近找到哨兵尸体。有的是拎着火枪站哨，却连鸣枪示警的机会都没有就着了道。于是，两营撤掉单双人小哨，改以十人为一队划地巡哨，彻夜严防，这才少死了几天人。可那鬼竟在白昼里出来了。大白天两个搬一杆抬枪上城的兵士横死在离城墙不远的巷子里，抬枪被劈成碎木头。中午时分，城上一哨湘勇左等右等等不来午饭，找人下城一看，送饭的伙勇被杀死在城下，人头被割下闷进了饭桶。再一找，这哨湘勇埋锅造饭处也被抄了，八个长夫伙勇的人头全煮在两口大饭锅里。百十号湘勇当场呕出来，一个胆子小的当时就失心疯了。两营上千湘勇终于明白，此鬼不除，或迟或早都会将他们统统拉去阴司过堂听审。仅庆平屠城，就够他们在九幽十八狱受几辈子罪。

早在第一夜有兵士遭割喉的事报上来，锐字营营官吉镜海便暗地下令，留意辎重军需，必要时向那些搬运粮弹、修营筑垒的长夫发放兵刃，亲兵队加强戒备，守护中军。吩咐两哨湘勇，暗中搜城。他心下明白，刀下漏过去人了，城里还有长毛残兵。客军逢巷战最是麻烦，若是小股熟悉庆平府的长毛借街巷与自己周旋，自己就把一千多人马都撒在城里怕也不见得能将对方全剿出来。真要剿起来，城中大索，必大乱，乱中只怕更糟。最好就是严守门户，勿为所乘。再等几日两营也要开拔北上。临走前一把火点了庆平府，诸事皆了。虽说这样挺下去士气熬不住，却也再无良法。且派上两哨兵士在城中搜搜，当是安抚军心。混小子有出息，曾国藩的湘军各部中论战力最强，鲍超的霆字军毋庸置疑，论军纪败坏也能坐上头把交椅。吉镜海的锐字营更是霆字五营中翘楚。自组建以来，吉镜海统带锐字营大小百余战，一刀一剑硬拼出名头。锐字营上下是出了名的拿人命不当事，连同自己的命。庆平攻坚，几十人的敢死队都出自锐字营，临阵吉镜海与之共饮血酒壮行。杀长毛狠，杀老百姓也狠，"狠勇双绝"乃是锐字营的招牌。湘军粮饷不济，一拖几个月发不出饷是常事，霆字军又是欠饷欠得最狠。鲍超知人，

饷银到手发给锐字营的最少。吉镜海追随鲍超近十载，最是明白上头的深意，于是，逢城屠掠成了定制。就是有时曾大帅严申军纪，鲍超也能独放锐字营一马。此番攻庆平，破城、入城、屠城，锐字营都是先锋。留驻庆平也是为稍加休整后北上再战。健字营素与锐字营搭档，因营官在庆平城下中炮身亡，便先由吉镜海署理统制。锐、健两营是湘军精锐，编制都较一般营为大。庆平攻坚死伤的缺额几天就递补上，两营加起来足有千多人马。吉镜海正三品参将衔统着正二品副将才能统的兵，若不是城中的烦心事，此刻还能乐上几天。可一想起城中那个索命的鬼，饶是吉镜海刀前马上、野战攻坚样样在行的骁将，也只能摇头叹息，奈何不得。

自建营起一直跟自己的老哨官张鹏飞这回倒真是一眼看准了。

二 密室

夜里又死人了。死的是锐字营中军里给下面哨官传令的亲兵。两个人，一个被截穿肚子，一个被劈断后颈。领兵搜城的哨官张鹏飞来瞧了瞧，漠然摆手，让人把尸体抬走。刚抬起来，露出压在身子下的兵刃，张鹏飞眉头一紧，拾起来细看。是两柄最普通不过的雁翎刀，一柄未及出鞘，一柄染血。张鹏飞摸摸刃间的血，又摸刀刃，蓦然间低吼道："听令！"四周湘勇赶忙围拢，张鹏飞粗声道："都撒出去，方圆一里半，巷子里头拿点子！两个弟兄好样的，那鬼着他们道了。"锐字营虽无军纪却素来操练严整，上百湘勇兵士立时散开，两三人自成一队，四处搜索。都知道那专挑暗处下手，手法堪称嗜血，两营兵士视之为"鬼"的点子不好动，但无人畏葸逡巡。七律十八斩军令森然，更有兵士们这些天来净吃闷亏，心里憋足的气，拼着死不超生也要把那鬼揪出来剁成鬼酱。张鹏飞的亲兵则奉令急奔回中军向吉镜海报信请援。

张鹏飞亮出那杆寒光闪闪的劈刀，当先带着兵士搜起来。

段同难醒了，睁开眼睛发现眼前所见一片血红。明白这是左颊刀伤处的血在睡梦中流进左眼，赶忙用手去拭。这些天来隐身残巷，寻机猎杀，手中一长一短两柄家伙连取了清妖几十条性命，昨夜却险些失手栽了。那时，见两个传令亲兵提着灯笼进巷子，附近再无别人，段同难便抢在他们前面伏身一处断檐上。放两人走过，猝然间自檐上跃下狙杀。知道眼下夜路难走，走在后面的亲兵虽有防备，却不及应对，被段同难一刀斫上后颈，直劈得颈子只剩前面一层皮和身子相连。前面亲兵身手颇利索，回头将手上灯笼照脸砸过去，抽刀便上。段同难见眼前一晃，灯火袭来，想也未及想就将灯笼拨开。亲兵趁此一缓，手中雁翎刀带着大力劈向段同难。段同难急急撤步偏头，终是慢了，只觉左颊一凉，半边脸火辣辣疼起。心下登时暴怒，西洋军刀全力前刺，正闯空门，直戳进那亲兵小腹，将亲兵顶得背靠墙动弹不得。段同难全身扑上，一手掩住亲兵口鼻，一手操刀在亲兵小腹上连戳十几下。亲兵嘴里发不出声，身上使不出力，刀却还乱挥。乱挥间刀身平拍在段同难太阳穴上。段同难一阵晕眩，只将手上劲道下得更重。十几刀下去那亲兵总算断气，段同难放开尸体也觉筋疲力尽，走不动路一般，知是那亲兵身手不弱，让自己头上连遭两记，受了暗伤。他弯腰喘口气，强拖脚步离开。边跑边从破衣上扯下布条包扎脸上伤口，

跑了一会只觉晕眩渐重，脚步不稳，怕是跑不动了。正见路旁有个马厩，槽子里堆着半垛草料，前几日也曾在这里躲过几个时辰。回头检视，还算小心，一路没留下血迹，便钻了进去。用草料将自己覆好，本只想待几个时辰挨过头晕便走远些，谁想那亲兵手够重，竟让自己睡了过去，还一觉睡到天明。

段同难拭去眼眶中的血，眼前又见清明起来，头也不见晕了。正自庆幸一整夜未被清妖发觉，待看看外面，忽听得一声暴喝："里面什么人？"接着，见一只矛头挟劲风朝草堆刺来。原来两个湘勇兵士正搜到这里，一个眼尖的刚好看到草堆中有东西动了几动，正是一觉甫醒、尚无戒备的段同难伸手拭目，这兵士不假思索一矛就扎过去。段同难顿时回过神，看准长矛来路，双手一撑身子侧滚，翻出草堆，矛头险险擦过发际。段同难不及拔刀，自腰间抽短剑抬手掷向执矛兵士。短剑直插进眼窝，剑刃贯脑，兵士狂叫着毙命。另一个兵士识相，大叫："有长毛！快来拿！"自己连退几步，不敢上前。段同难未曾改装剃发，仍是身着破烂的太平军战袍，长发纠结脏乱，面孔脏垢满是血污，半边脸紧扎裹伤布条，已让人认不出是那清廷悬红千两缉拿的太平军悍将。段同难听四周远远有脚步急促、大声呼喝，知是大队湘勇正围拢过来，自己此番再无生理，心下一横，抢起军刀，要先砍掉这兵士再图死战。却只听背后"砰"一声响，兵士额前爆出一朵血花，仰天倒下。回头一看，残墙边蹲着个手端火枪的湘勇兵士，正是

此人射出这一枪。段同难正欲挥刀扑上前，那兵士低声喊道："列王千岁，是我！石云川！"

段同难一愣，认出眼前这人叫石云川，可王麾下一员师帅。石云川是猎户出身的湖广人，一手鸟枪绝技在军中颇叫得响，百步之内说射左耳不射右耳的角色，战阵之上专门对付敌酋，常是一铳建功。本以为早殉城了，居然也还活着。正要问这身湘勇装束，石云川一把抓住段同难胳膊："先别问了，列王跟我走！"

石云川拉起段同难朝巷子深处钻去。四周喊拿声愈来愈近，段同难见所经之处自己都熟，根本藏不住人，正待开口，石云川拉他冲进一处宅院，指着前进院右厢房道："进这里。"段同难知道这是庆平府大户韩家的老宅子，前年，太平军克庆平时就已是人去屋空。太平军在宅子里驻过兵，守城时存过火药辎重，湘军陷城后却被锐字营当成屠场，砍下人头就扔进后院井里，封刀时几百具无头血尸在后院架起柴堆付之一炬。这宅子血腥气太重，连自觉在曾九帅（即曾国荃）"三如"（即"杀人如麻，挥金如土，爱才如命"）中堪列"杀人如麻"之目的吉镜海都不愿将中军设在这里。段同难也曾在里面藏过两夜，这宅子局面不大，就躲个一时半刻也无大用。石云川拉他进了右厢房的浴间，伸手在墙上一阵抚摩，找准位置，用力一推，墙竟半旋翻转，闪出道门。段同难点点头，墙中套墙，中夹斗室，果然隐秘。这阵疾跑直跑得两人目眩气短，关上秘门后再也支持不住，半瘫在地上拉风箱般喘了半天方

才缓过劲。

段同难注意到外墙上开着扇石框小方窗，与他窗无异，虽被砖头砌死，却还露道窄缝。石云川笑笑，轻喘口气，道："列王勿忧，屠城时清妖都没找进来，留着正好瞧动静。"

段同难深呼出口气，问道："贵庚？"

石云川笑道："属羊的，二十九了。"

段同难点头道："长你两岁，三十一，往后世上再无列王，你只添个大哥。兄弟，大恩不谢，留待日后还你条命。"石云川嘿嘿一笑："都是天国的兄弟，大哥这可小气了。"

段同难环顾密室，问道："在这里面撑到今天？"石云川指着墙角几口缸道："有粮有水，何乐不为？都是当初韩家老财给备下的。"扯扯身上湘军号衣："老在里面闷着迟早被活活困死，也曾出去探过，随手宰个清妖扒了衣裳，尸首装进煤口袋沉塘。怕是被他们算到大哥头上了。"又指指剃秃了的前额，笑道："也不怕火华（即耶和华）爷降罪，我连头都剃了，就为白天出去方便些。清妖都说城里有鬼，我却知这是城里还有兄弟。两哨清妖日夜搜城，我就咬紧他们盯上，看能不能把我带到兄弟那里。天可怜见，七八天了，总算让我抢先半步。"

段同难道："也未曾想道，城里除了我还有你这么个不走的。"

石云川叹口气，道："我是无处去。到这步田地，还能往哪里走？"

段同难沉默良久，道："都一样。"

外面呼喝嘈杂声一片，两人都无心透

过窗缝查看外间情形。段同难忽地问道："来庆平两载，我怎不知还有这处洞天？你是归体王节制吧，给他备的？"听到问及此处，石云川又笑，道："别说大哥你和体王他们，连可王也不晓得。可还记得前年咱们打进庆平时的情形？"

段同难道："那时城里老百姓逃走一空，全躲进四周山里。可王觉得城里没人太过寂寥不像样子，就派兵进山去搜。只要肯听话回城便不打不杀，如此十几天下来，庆平城里才总算有了几千人丁。"

石云川道："不错，从回来的百姓嘴里我才晓得韩家的箱子底究竟有多厚，当初建这座宅子也不过是拨个了零头。所以，我料定韩家的金银细软逃难时无法全带走，宅子里定还有存货。"

段同难道："存货藏得还不浅。要是好找也轮不到你。"

石云川道："于是我自请率部巡街，其实一连几天都守在这宅子里。先用水探法，在几个天井中浇水，一无所获。"水探为太平军常用之法，若地下挖空埋物，水必渗快而纳多。此法百试不爽，太平军借此起藏甚多。"问地问不出，只好去问人。我打听到搜回来的人里有个韩家从前的使女，那年年前才出嫁，多少该知道点。"

段同难垂头不语，石云川接着道："也没怎么为难她。她一问三不知，我就带她去看杀人。那天在街市上杀清妖细作和变妖的外小（即同情或暗助清廷的百姓），看得她当场尿湿裤子，告诉了我这处夹墙。"伸手拍拍身边一口缸："缸盖下是口砖砌旱井，全在里面。"

段同难抬头看他一眼，冷冷道："自己全吞，一吞两年？"

石云川笑笑，道："缴给可王就是被他吞。李镇南打仗是好手，就是心在天京那口大染缸里给染黑了。他那王府你比我熟，在庆平府里算小天堂，他那装金贴银的十人抬杠大轿，听说都是自天京城千里转战带来的。好在李镇南到底是条汉子，无粮无援兵将不整的一座破府城居然带着咱们撑了四个月，破城时力战不屈，手中刀都砍钝了，最后给火枪打成蜂窝一般。首级挂在城门口示众，和体王的挂在一起，我偷偷去看过。"

段同难盯他双目，一字一顿道："我不管他们。那时你要是在我麾下，让我知道这事，一定点你天灯。"

石云川仍是笑道："早知道大哥在天国里算是异数。大哥这般人，别说是少了，恐怕早就没了。律己御下都像是从当初那些念头里出来的，但我知道大哥也不是在为当初那些念头拼杀。"

段同难道："这些年多经多历，谁还信那些东西？只是……"想说石云川这么做不该，却说不出口。倒是石云川自嘲道："这些黄白物在井下压了两年分文也未动。我不是广西老弟兄，毕竟还有活路。当初不是没想过，讲句投诚就能回去当顺民，照样娶妻生子，拿着金银买田置地春种秋收，喊吾皇万岁、太后吉祥。可总是想得到，做不出。不是怕，还是心中不忍。毕竟当初都是跟着那些念头走的，哪怕走到今天无路可走……"讲到此处只觉如鲠在喉，说不下去。

段同难胸中一股热流翻搅，用力拍石云川肩，道："都在这条路上走熟了，停不下了，管他前情种种，后事如何，总要走下去，走完方尽。"

石云川重重点头，胸中块垒好似一朝破尽，只觉畅快，问道："大哥打算往哪里走？"

反是段同难笑了："这些天来庆平往北的情势你更明白些，得你说，况且……"顿顿道："这屋子不小，这些天就藏你一个？"石云川跟着笑道："列王还是列王，兄弟敬大哥敬得心服口服。北边昊王杨云瑞的人马经月未动，至今还在回龙寨。近点的就是承天义天将张道凯，驻兵舜县。大哥可是想去找他们？"段同难道："眼下只能做此想。有出城的法门吗？"石云川站起身揭开口缸盖道："算是服了大哥。

今天本是打算最后一次盯清妖搜城，还真就遇上大哥。两位兄弟早出去了，此刻就等在城外。这是韩家老财没顾上使的出城密道，一起钻。"

段同难当先钻进，随口问一句："也是那韩家使女供出来的吧？人怎么样了？"

石云川后进，还不忘盖上缸盖，随口答道："后院井里，两年了。"

韩家宅院外湘勇环立，张鹏飞面色铁青，不发一言。匆匆赶来的吉镜海一下马就将张鹏飞拉到一旁："老张，如何？"张鹏飞冷冷道："标下无能，还得请军门听我一次。"吉镜海道："老规矩，随你。"

张鹏飞转头冲兵士喝道："听令！备撼天雷！"

三 伏击

庆平地陷了。

段同难和石云川爬出石头虚掩的洞口时几乎被震倒。地道深达数丈，直自长濠下穿过，这里已是长濠外。回望庆平府，只见城中腾起冲天烟尘，大片砖瓦如惊飞的群鸟散到空中，又簌簌落下，庆平直被罩在一片恶浊的昏黄尘浪中。再看地道，也被土黄的烟尘灌满，不见来路。石云川啐一口，道："清妖够狠，居然径直用红药（即火药）平韩家宅子。"段同难道："不止。炸出这般力道，怕是撼天雷。莫说韩家宅，小半座庆平城都该被夷平了。搜不到人就下这般重手，吉镜海的锐字营也真能做得出。"

说到此处，段同难忽觉颊旁劲风擦过，心中一惊，反手抽出腰间军刀摆开门户，眼睛瞥见几步外一棵树上钉着枚乌沉沉的六棱钢镖，正是此物险些穿腮而过。却听石云川轻唤道："小马？阿德？"一条人影应声自草丛中闪出，又一条人影从树上倒挂着跃下。一见段同难，两人险些齐齐矢口叫出——列王！

这两人段同难都认得，也是可王帐下的两员师帅。被呼作"小马"的叫马锐，本是滇北豪族的少年子弟。当年只身反家门，万里投天军，曾一时传为佳话。马锐由可王牌刀手（即卫士）到师帅，军中人人心服。他身负家传武学，刀中夹镖堪称绝艺，常被拿来与康熙朝的黄天霸做比。另一人名字怪些，唤作徐舍德，是军中出了名的"舍命阿德"。有次众将聚饮，可王乘酒兴问他这些年挂过多少次彩，他是这样回答的："仅是前胸后背对穿的窟窿有多少就记不清。"此人天生厮杀汉，阵前舍命尤甚于统兵独当一面的段同难，当圣兵时便是斩将夺旗的惯手，做了天将更以挥刀纵马进出敌阵砍杀为乐。有人戏称他是战而求死。两人衣衫稀烂，披着破战袍，与段同难无异。

还没待两人开口，石云川先道："再无列王，叫段大哥便是。"马锐一笑："活下来就好。"徐舍德重重一挥手："能活几时都说不准，还说这些作甚。这里不宜久留，先进山再叙话！"

北边苍莽群嶂在眼，四人匆匆向山里奔去。

山里草木葱茏，光线自树间投射下来，林子里氤氲重重。四人手擎兵刃，悄声行走。原来这些天马锐和徐舍德早已多次潜出城探路，知道往北去也是凶险。庆平孤城遭围四月，北面几股太平军相继被击溃，仅剩的天将张道凯率几千人马苦苦据守的舜县县城也在几百里之外。如今山里到处有民团团练把路搜山，专捉拿劫杀太平军溃兵。四人一路走来，连连避开了几个明暗卡，虽然处处小心，却仍是不得不冒险昼夜赶路，只为早一日赶到舜县县城，若情势有

变舜县不保，自己就真成了无处归的孤魂野鬼，那时才真是无路可走。

走在最先的马锐轻轻摆手示意三人停下脚步，轻声对后面道："下面有人，走路稳些。"

三人朝马锐指点的方向望去，见是处山间洼地，几乎被山洼边沿横伸出的树木枝叶掩进林中。洼地集水，不大的洼里还淌条小溪。溪边是十几间泥巴搭就的小茅屋。破败的茅屋间有条瘦狗跑过，几只鸡凑在一起啄着泥墙上长出的青草。茅屋里隐隐有人声，一个衣衫褴褛的老婆婆茫然坐在墙根下。石云川皱眉问道："庆平府的流民？"徐舍德轻叹道："当初跑什么跑？留在城里虽说清妖手下免不得一死，好歹死前能过两年安稳日子，总好过拖上两年活活饿死在这山里强！"段同难心中一紧，摇头道："走吧，咱们也对不起人家。"

四人绕开山洼继续前行。刚走半个时辰，马锐神色突变，伏在地上侧耳细听，道："清妖，几十个人，二里地，快躲！"四人闪进树丛，不大工夫果然见一小队游勇缓缓开来。约莫三十多人，都是当胸书"勇"字的号衣，红穗子凉帽，队中一员骑马挎刀的武弁是把总成色。四人明白，这些并非湘勇，是从南面一路追剿过来的绿营兵。只听队中一个清兵调笑道："总爷，那边撑破天四五十口，也就二十个娘们，老韩要是眼不瞎看得准，也才七八个看得过眼的，咱几十号弟兄怎么分啊？"此言一出，众清兵瘾头勾起，一齐跟着起上了哄。那把总笑骂道："都他妈一个个精虫上脑啦？跟着我，总有的分！我先挑，剩下的按年

纪轮着来，要是本钱够硬每人还不轮他个三五回啊！"一清兵叫道："一时没轮上的到一边杀鸡宰狗备大席！一厢干着，一厢先补着！"又一清兵切齿道："弟兄们快一个月没沾荤腥了，整天忙着给山下那堆死长毛尸首过刀，不是人干的活！我不顾下面先顾上面，去那村里就为吃肉！"把总骂道："那四五十口人当初也就是从庆平府逃出来避长毛的，山里苦挨上两年也剩不下多少家当，还吃肉，能喝口剩汤就他妈知足吧！"说完抬头看日头，道："别忘了咱们出来是巡山的。眼下时辰还早，那村里男的女的怕还都在山里讨生活，现在去了就真成杀鸡宰狗吃肉了。到南边先兜一圈，等到差不多日头偏西人全归了巢给他们弄个一锅烩！可别忘了完事怎么办？"一清兵答道："老规矩，统统剁下脑袋当长毛拎回去！"把总道："山里零散长毛捉得差不多了，营里价码都抬到了一两银子一颗首级，待会可一颗别漏下。"一清兵问道："总爷，人头用不用剁得烂些，回营里别让人瞧出都是剃过发的？"把总晒道："才明白？从前的都是白缴的？这个乖还没学会？"一众清兵就如此吵吵着走远了。

四人默默钻出树丛，相视无言。都是出入战阵、谈笑挥戈的豪杰之士，眼见这般行径胸中自该怒火满腔，可四人此刻偏偏觉得胸中空了，只余下一股痛，几近撕心扯肺的痛，痛到开不得口。终于，段同难低声道："走吧。"

无人应答。良久，马锐道："心里想的都一样。那几十口人颈子伸进刀口，兄

弟们看不过却无能为力，心里都苦。"沉默一会，又道："列王说得对，咱们也对不起人家。"

徐舍德猛抬头，低吼道："我回去！拼掉一个是一个！"说着转身便要走，石云川一把拉住："几十号清妖啊，就怕你一个也拼不掉！这种事天父天兄护不住你！"

徐舍德吼道："老子当初跟着起反也不是冲着劳什子天父天兄！当初有看不过的事老子造反，到这步田地了有看不过的事老子舍命！"

马锐深吸一口气，缓缓道："阿德，我和你一道去。"说完转向段同难、石云川，道："我也是忘不掉，当初造反为的是什么。"

石云川一笑："罢罢罢，一道跟着吧。就是这么条路，走到哪里都是头。"

段同难目光扫过三人："都愿往回走？"三人不答，只紧盯着他。

"好，打仗我领着！"

巡山归来，清兵兴致高涨。过了这片树林便能见到那山洼里的村子，几个骑兵都快压不住马，步卒跑得直比骑马的都快。忽见前面跑来一员湘勇兵士，破布缠着蓬头乱发，号衣脏得辨不出样子，手里倒提口雁翎刀，大叫着："出大事了！"一路直撞进清兵队里。队首的几个清兵想要侧身给他让条路，只觉这湘勇跑得够快，一股风直从胸腹间刮过。紧接着都是胸腹间剧痛，一个清兵拿手一摸，满手是血，痛得叫了半句"长毛"便扑倒在地。那湘勇兵士索性抢起雁翎刀在清兵队中大砍大杀。这湘勇兵士不是别人，正是与石云川换过

装的杀星徐舍德。林中一时血光四溅。

段同难自树丛中飞跃而出，拦住队首，西洋军刀重重劈进一个清兵背门，清兵惨呼一声，立仆当场。听得耳后劲风起，段同难抽刀转腕，反手一刀，捅进背后清兵小腹，手腕就势翻转，腹中刃硬硬将刀口搅裂，拔刀时更带出半截肠子。刚拔出刀回身又是反劈，一刀剁进清兵面门，活活将一张脸破成两半。

队尾骑兵见势赶忙拉缰勒马，马锐自树后闪出，抬手一镖将他从鞍上射下。不防队尾之后还有一骑压阵，瞬间便已驰来。眼见刀光兜头闪起，马锐侧身避开，放过马头，抽刀斩马蹬。血光爆起伴骑兵惨嚎，半条小腿硬硬被卸掉，斜挂在蹬上。骑兵痛到手发软，又少了一只脚扣蹬，身子自鞍上被颠下来，却又有一只脚扣蹬解不脱，直被马拖在地上一路远去，喷出的血随之撒了一路。

一见后面也有敌来袭，一众清兵赶忙转身看究竟。马锐手上不停，钢镖连串打出，镖镖照清兵要害招呼。或咽喉，或额头，或胸口，中镖者吭不出声便丧了命。那把总倒是灵便些，见钢镖飞来，直接便是滚鞍坠马来躲，却听林间一记脆响，一枚铅子飞来，正撞上他后脑。铅弹钻进后脑，将里面搅个稀烂，又撞破眼珠，直从眼窝里飞出去。正是伏在草间的石云川放的枪。石云川扔下空了膛的鸟枪，蹿到做过标记的树后，拎起事先藏好的鸟枪，平端在腰际便将清军队中一名鸟枪手射倒。一连将树后的三杆枪射尽，石云川也抄起钢刀，冲入战围。

这队清兵尚未及回过神，就被放倒了十几人。等到明白过来亮兵刃御敌，徐舍德已将清兵从头到尾扫个遍。一柄雁翎刀使不过瘾，又从地上捡起一柄单刀，双刀齐舞，直杀得一地残肢断臂。拦队首的段同难也杀得浑身浴血，一刀砍翻一名鸟枪手，顺势转身斜撩，直将背后清兵身上开了条由下腹到下巴的长豁子。有清兵挺长枪当胸刺来，被段同难伸手攥住枪头，将劲道向旁带去，右手挺刀将之扎个对穿。眼角忽地瞥见十几步外一个清兵举起一杆鸟枪正待向他瞄准，心下也不多想，端着尸体，合身扑上。"砰"一声响，铅子射进尸体，那清兵却被段同难端着尸体撞得后退几步，硬挤在一棵树上。自尸体背后穿出的半截刀尖刺进这清兵的肚子，段同难手上的西洋解腕刀没柄埋进两个清兵身子里，竟穿糖葫芦般将两人一串钉在树上。段同难一声嘶吼，拔刀反抢，就地一个回旋，刃间寒光、腔子里喷出的血雾连同两颗清兵的首级一齐散到半空，两具挤在树上的无头尸缓缓委倒在地。

段同难抹把脸上的血，环顾四周，这段林间小道已变成了修罗场，几十个清兵残缺不全的尸首铺了一地，本就泛红的泥土直被血染得赤红。马锐、石云川、徐舍德正翻检尸首、拔钢镖、剥衣服，见还有口气的就随手补上一刀。

一队游勇，尽数就歼。

徐舍德抛下双刀，拳头疯擂得胸膛咚咚作响，狂呼："痛快啊！"

马锐亦扔下镖囊，与石云川双掌互击，大吼："好痛快！！"

四 绝路

四人不敢在林中久留，各自卷上件还算干净的湘勇号衣便匆匆北行。行不多久，又到先前两番走过的山洼边沿。四人不由向那村子多看两眼，徐舍德胸中刚刚平复的豪情重起，正欲开口，马锐却急道："出事了！看那边！"手上所指之处，正是先时墙根下那衣衫褴褛的老婆婆，此时却倒在茅草屋门前。石云川急指洼间溪流惊道："还有那里！"虽有半幅茅草屋顶遮挡仍可见先前那条瘦狗，现下竟侧卧着漂在溪里。段同难双目扫过山洼，沉声道："下面冒烟，左数第二间。"果见那间茅屋门窗有淡淡烟雾溢出。徐舍德一声不吭便冲下洼去，三人只得紧紧相随。

一路趟过山溪，徐舍德见那老婆婆是倒在一摊血泊里，一颗心登时欲爆欲裂，亮出雁翎刀，当先冲进茅屋。茅屋里烟雾扑面而来，徐舍德眼睛半眯，呛得几乎咳出声，隐隐见眼前有个半蹲的人影听到动静回头查看，还伸手自地上摸起件半长的物事，徐舍德不假思索一刀掠过去，那人惨呼半声直给劈翻在地，却又是惨叫着打起滚，屋里顿时翻起点点火星。原来这人在屋里生火，正给徐舍德一刀劈倒在火堆上。徐舍德上前一脚踏住这人右腕，雁翎刀顶在他喉间。这人右手紧握柄锈刀不松，肩上刀伤血流如注，烟火缭绕中一双赤红眼珠死死盯住徐舍德的脸。徐舍德不愿与他对视，目光一转却见茅屋一角还有具尸首，是个不及一刀高的孩童，竟是身首异处。低头再看那柄涂满鲜血的锈刀，一切不言自明。徐舍德只觉热血涌上顶门，直催得他怪吼一声挥刀斩下。段同难自身后托住他的手腕，轻轻道："缓一刻，先拖出去。"

徐舍德足下用上狠劲，那人右腕一声"咔吧"惨响，腕骨断折。徐舍德踢开那柄锈刀，弯腰去揪那人前襟，却扯下一把碎布条，索性攥住那人一头乱发，将之拖到茅屋外，重重扔在地上。

日头已暮，残阳昏黄，整个村子都被涂了层刺目的红，山洼间流着一溪的血。那人坐在地上，看着四人的装束不由一怔。四人看着那人，亦是一时语塞。

那人身上，依稀可辨是件太平军号衣。

石云川轻声对徐舍德道："整个村子都找过了，溪头那间里还有具尸首，也是位老人家，给刺死在草褥子上。"

马锐返身走进那间生火的茅屋，用刀自地上挑起件黑漆漆的物事细看，闻闻味道是只烧到半焦的鸡，连鸡带刀抛到屋外。地上那人抓过鸡，疯子一般撕啃起来，喉咙间野兽般的"胡胡"声低响。此人生火原是连褪毛架烤都等不得，直接将鸡丢进火堆里烧。

段同难问道："三条人命？"那人不暇理会，只是点头。"就为吃只鸡？"那人大嚼鸡骨头，仍是点头。段同难顿了顿，问道："你是圣兵？师帅是谁？"

言及此处，那人猛将鸡掷向段同难，恨恨道："老子他妈在山里饿了九天九夜！扒过坟包！吃过腐肉！吃的就是上头师帅的！"

马锐口中大骂"畜生",飞起一脚把他踹个跟头。那人挣扎坐起身,骂道:"打吧,杀吧,点天灯活剥皮过云中雪(即斩首)老子全认!就是当不得饿死鬼!老子饿怕了!打了这些年仗连顿饱饭都没吃上过!"字一个个从喉间活嘣出来,无比怨毒。

马锐心中一颤,扭过头去不忍再看这人,只喃喃道:"走造反这条路本就如此,大伙都一样,你有谁可怨?"这人接着骂道:"本就如此?老子他妈回不了头了!老子在这条路上学会了杀人、放火、捞浮财、抢女人!爹娘活活饿死在老家老子不能回头,搜粮征粮连杀带抢老子想不起回头,落到扒坟包吃人肉老子更回不了头!前头有清妖的鬼头刀,后头是天国的云中雪!!杀人吃鸡又算得什么……这辈子……最后一点念想啊……"骂到最后无以自持,杀人凶汉伏地号啕大哭。

段同难痛苦地闭上眼睛,一时只觉天地间草木山川一切都是混沌一片。面对那人,什么也不想说,也无话可说。那人强收住号哭,抬起头来,逼视四人,双手捶地狂吼道:"老子当初没想走这条路!老子是被抓来的丁!!"

老子当初没想走这条路!老子是被抓来的丁!!

段同难流泪了。

段同难睁开眼睛,看了眼一直立在那人背后的徐舍德。徐舍德会意点头,雁翎刀缓缓抬起。刃如霜雪,映出他的眼睛里也多了几条血丝,不知是怒,是悲,还是怨?

一刀斩下,那人的首级滚出老远,身子却仍然跪立。鲜血溅射,像极了一个刚点燃的烟花。

天地间,只剩了太阳落山的声音还在回响。

不知过了多久,石云川轻轻唤道:"当心西面,坡上下来人了。"脑中一团乱絮的段同难像被冰水激了一下,赶忙招呼三人离开山洼。回头再看,西面有七八人显是没瞧出村中有异,正顺着坡走下山洼,依稀可见手里提的是竹篮编筐,肩上杆棒挂着山货——是栖身在此讨生活的庆平流民天晚陆续归家。四人不敢想象流民们见到村中惨象后是何情景。一想,便是镂肝刻胆。进了林子,竟不自知地一道发足狂奔起来。心里都乱得很,也痛得很,只想逃,好像流民离村子愈近,自己便只能往更远处跑,大概跑得远了,心里多少才舒服些……

舜县县城犹如一头遭猎户重创的野兽,遍体鳞伤。残破城垣上"九门御林真忠报国承天义张"的旗号,劫火之下只剩了半幅。角楼半坍,城墙斑驳,足见战况之惨烈。都是百战余生之人,四人打眼一瞧甚至都能一一报出城墙上五色杂陈的缘由——哪里浇过滚汤,哪里沾了沸油,哪里挨过炮子,哪里恐怕沾的是血……

见有人靠近,几十只火枪齐齐指向城下,城上一声断喝:"杀妖——"

城下马锐高声应答:"——报主!"

见口令无误,城上又问道:"来的什么人?"

马锐高声道："快秉张天将，摆仗出迎列王段千岁！"

过不多时辰，城门大开。杂沓的马蹄声直在城门洞石板路上敲出火花，橙黄战袍、顶盔贯甲的张道凯亲率几十骑出迎。段同难肃然而立，马锐、徐舍德、石云川三人依天国礼制侍立在身后。张道凯滚鞍下马纳头便拜，段同难赶忙搀起。张道凯细细端详四人，半晌动容道："列王千岁与众家兄弟受苦了！"段同难心中顿时宽慰。这些天来四人几历生死，总算活着重归天军。由庆平府到舜县，恍若两世为人一般。正待与张道凯叙礼，已被张道凯亲自扶上坐骑，迎进城去。

进城当夜，头回睡床，段同难四人只觉手足无措，万分不适。几个月来的守城血战、生死逃杀一幕幕划过梦境，段同难一夜几番惊醒，次次满脊梁冷汗。第二天起床一问，石云川、马锐都把刀压在枕下才敢睡的，徐舍德更是一夜梦话，含混不清的喊打喊杀，偏动静又大得吓人，几乎是声震屋宇，吵得房外站班伺候的小兵都一夜没睡。四人凑在一起将这一夜的种种尽数付之一笑方才明白，几个月来都没能这么笑过。甫才笑完，又成了感慨。

中午，张道凯为四人开宴，接风压惊。张道凯的副帅苏长海也来相陪。当此艰危时局，都是久战苦撑的天国弟兄，已是不易，段同难与这二人从前又都是忠王麾下，义属同僚，酒酣耳热，聊起来便没了避讳。原来舜县城里太平军不过两千，自保尚无力，湘军又以长围之法困庆平，内阻突围外隔援军，张道凯根本无力相助。庆平攻防三个多月后，湘军胜局已定，留主力继续攻城，放偏师四出，扫荡四围州县。湘军来打舜县，张道凯、苏长海全力接战，相持月余，湘军攻势虽猛，守军死伤不在小数，但总算保住舜县城池不失。五日前，苏长海趁夜带几百人缒城而出，大杀一阵端翻了湘军的营盘，迫使湘军退兵十几里下寨，这样段同难四人昨天赶得巧才能进得了城。可那晚随苏长海劫营的弟兄，活着回来的也没多少。

"还有多少兵？"段同难问。

苏长海看着张道凯，张道凯灌下碗酒，哑着嗓子道："一千多一点。"

苏长海是个粗豪汉子，端起碗酒，咬着牙道："弟兄们，活着的、倒下的，都是好样的。"仰脖灌了下去。

段同难点点头，端起酒，整碗撒出去："祭弟兄们。"又一坛酒开了封，倒进六只大海碗里，尽数撒到地上。

段同难放下碗，问道："下一步有打算吗？"

张道凯摇头道："这舜县是守不下去了。"

段同难道："北面昊王那里情形如何？"

张道凯道："一守城就是音信断绝，早不知那边怎样了。回龙寨地形险峻，易守难攻，日子总要比这里好过一点。不过再好，怕是也好不到哪里去。"

段同难沉吟道："派人过去联络一下，看看情形，这边一面加固城防，以备清妖再来攻城，一面让弟兄们准备停当，随时弃城。一旦那边有了准信，情形还好，这边就弃了舜县城，火速开拔回龙寨，跟昊王那边合兵，再图后一步，如何？"

苏长海眼睛又看向张道凯。张道凯伸出舌头舔舔嘴唇，道："列王千岁好远的打算。"

段同难道："兵还是你带，我这只是主意，你别多想。说说你的？"

张道凯放下酒碗道："列王千岁才没多想。就听列王千岁的。"

那晚，大家都敞开量让自己醉了一回。段同难四人都是被搀回去的。

段同难这夜睡得踏实了。到下半夜还是醒了过来，却是酒喝得多了要解夜。他轻轻叩着微痛的脑袋走进茅厕，正小解却听茅厕墙外隐隐有动静传来。茅厕墙矮，段同难随手一扒便让脑袋露出墙头，揉揉眼睛，见墙外似乎有成片的灯火在晃动。张道凯为四人安排的客房算是县城里的高处，加之县城局面小，段同难扒出墙头，半个县城便在眼底。段同难久历沙场的老厮杀汉了，宿醉之中也能一眼瞧明白，这是成队兵士夜里指路照明的灯笼火把，城里是在调兵开拔。

……不错，回龙寨那边情形还好，这边已经开始弃城合兵了……段同难脑中一股迷迷糊糊的欣喜。

不对！联络的人还没派出去，回龙寨怎就会有消息传回来？这都半夜了，城里太平军要开到哪里？段同难的酒猛地醒了，化作冷汗从背上冒出来，就如同昨晚在噩梦中惊醒一般。冲回房要去取他的军刀，却见石云川正在门口等他。见他来了，

石云川一把抓住他道："派给咱们的护兵全撤走了……趁咱们喝醉了睡过去时撤的……阿德和小马在外面看动静……"

段同难耳边轰鸣，脑中晕眩，弄得他竟是半步跟跄。完了，舜县完了。从庆平府走过来的这条路，难道是要到头了？他横下心，眼里放出狠光，狠道："杀出去！先找张道凯！"

四人本是横着条心要杀出去，出了大门却是一路无人阻拦，街上也看不到来往巡哨的太平军。四人一路闯到张道凯的帅府，却是中门大开，无人守护。四人想也不想，闯了进去。

说帅府，不过是座县城里的大院，正对大门的帅厅里红烛高照。张道凯坐在案后，低着头细细擦拭一只洋短枪，段同难四人进门，他并不抬头，只道："列王千岁是来问城里圣兵开拔往何处了吧？"

段同难冷笑道："是开到清妖营里吧。"身后三人各按刀剑，石云川更握住别在后腰的手铳柄。段同难摆手道："不必怕，他舍不得冲咱们下手。咱们若肯随他一道落旗反水，更是他立下的大功。用有几分名色的活人换顶子可比拿血染的值钱。"

张道凯抬头问道："列王殿下是天国的旧将了，可曾听说过昔年金田团营时先翼王殿下做的那副对联？"

段同难道："'了不得'对'不得了'？"

张道凯点头道："正是。先翼王联中之意简单得很，造反有成，天下在手，便是了不得；造反不成，只能落个给清妖抄家灭门，九族联诛，这便是不得了。"

段同难道："想说什么，尽管倒出来。"

张道凯道："我也是老弟兄，江西兴国投的军。十年下来，眼瞧着弟兄们的下场由'了不得'变成'不得了'，我心里苦，不想对不起他们，不想让他们跟我多年，最后身遭'不得了'之祸，想给他们找条活路。"

段同难道："所以你就降了清妖？"

张道凯道："降卒援例发票遣散，回乡各守本业。我对得起弟兄们。"

段同难怒道："可你对不起天国！"

张道凯"霍"地起身道："天国不在了！"

段同难怒吼道："天国不在，造反亦不悔！"

张道凯不再言语，立了一刻，松手扔下短枪，自腰间拔出腰刀，伸脚在案上一顿，跳过桌案，一刀飞刺段同难。段同难疾出刀格挡，阻住刀势，自己退了半步。张道凯这一刀向前发劲，不管不顾，空门大开，马锐、徐舍德双刀齐出，正面深深捅进张道凯胸腹要害，将他刺翻在地。石云川拔出手铳，顶在张道凯额上。

段同难正待说话，却听地上的张道凯喃喃道："……谢列王……成全我……"

四人一惊，张道凯断断续续道："……既是造反，我就从没怕过'不得了'……只是……我心里……装不下……"他已是离死咫尺，每个字靠口气带出来，给两柄刀洞穿的胸腹之间也就有大股鲜血涌出。"'不得了'……装不下它……给它压在心里下半辈子……我宁可死了……"

马锐惊道："你诱我们杀你？"张道凯道："……落旗反水……本就是死罪……能给弟……兄们找条活路……值了……"

段同难问道："你是让苏长海带队去投诚的吧？既是要降，为何守了一个月还要让他劫营，去打那一仗？不怕这样再降清妖容不下你们？"张道凯道："以战求降……让他们知道……我们不是白降的……没错……城里已无一兵一卒……就留下……我自己……等着你们……我……"说到最后几个字已是声若蚊哼，几不可闻。

段同难长叹，心中只剩了说不出的凄凉。

张道凯身子下已成了一洼血泊。他躺在这洼血泊中，呼出了最后一口气。

"我是……招降你们……不成……而死……他们……不会再为难……弟兄们……"

五　求死

回龙寨其实并不是寨，只是一座气象萧森、削壁切云的青苍回龙山。山间岭上遍布大大小小百十个石垒，整座山就成了道关隘，这便是回龙寨。山对着的一侧是江，半江碧水磨出了整河滩的鹅卵石，铺在山下。河滩南面还有山相夹。从南面往北过了两山之间的一道岭，景色豁然一开，苍山碧水石滩都在眼前。段同难四人立马回龙山下，细想想自己都觉得奇怪，舜县之后，为何还一定要来这里。

几天来，躺在血泊中断气的张道凯成了道迷离恍惚的幻影，总在段同难脑中出现。这仿佛在提醒他们，路总是要走到底的。在四人看来，这条路的尽头，只能是回龙寨。

山间岭上石垒里都很安静，不见有人。河滩上只有一个素袍人挽起裤腿，把脚泡在水里，安心沐足。段同难见这人背影相熟，翻身下马，走到那对这四人浑若不见的素袍人背后，轻轻唤道："昊王……"

素袍人耸耸肩，回身道："回龙寨不存，天国不再，太平天国的昊王，留着还有什么用？"笑笑又道："倒是太平天国的列王，还留存几分样子。"

段同难奇道："昊王都知道？"

素袍人正是昊王杨云瑞。他起身笑道："我派到舜县探消息的人前天才回来，报给了我从庆平到舜县的种种。你们离开不久，湘军锐、健两营便进据舜县，眼下湘军该是正向这里开过来。"

段同难指指山间，正要说话，杨云瑞挥手止住道："不用问。我将部下全散掉了，眼下回龙寨是座空寨。"

临阵遣散兵将，放在平时何等令人惊愕的大事，现在听来却没有人再起波澜。段同难只点点头道："也好，少替几千人操心出路，省了多少事。"杨云瑞听罢大笑，看着段同难身后三人似有不解，便道："我若不遣散他们，恐怕就要兵变了。到时他们鼓噪起来一刀杀了我，还是一样散。真不如我开了库房、发了金银让他们自寻出路来得便当。"

段同难问："昊王给自己寻好出路了吗？"

杨云瑞道："就是在这里等你们。单听探回来的消息，我就知道咱们都是一路人。要说出路，咱们的，都该是一样的。"

石云川从旁问一句："昊王想没想过降清？"

杨云瑞大笑："自打扯旗造反那天起，'天父杀天兄，江山打不通，执埋包袱回家转，依旧做长工'的梦就不该做。造反是泼出性命的活计，哪能这么容易就让你把性命再拿回去？先翼王就是例子，他还是肯用自己的命去换麾下将士的命。结局如何？十几年来，单单是清妖的封疆大吏，死在他手里的就有三员。清廷连他的部下都不肯饶过，更不用说他。你们若是要降，在舜县时不就随张道凯去了？"

这话一出，段同难心中不由一痛，道："反正我们是逃够了，不愿再逃。"

杨云瑞又是一笑，道："都是一样。"

山间起雾了，漫山青苍在隐约的雾间显得渺无边际。段同难、杨云瑞、石云川、徐舍德、马锐五人步行在回龙山间。杨云瑞本是二等列爵王，爵位在列王段同难之上，又曾加过军师衔，须知天国军制乃是军师负责，军师如清军的方面大员，是号令一方的统兵大将。此刻，麾下再无兵将的他为段同难四人领路，一路历数回龙寨的过往故事："回龙山自蒙元起就开始筑垒，到前明便有了现在的规制。这里扼守水陆要冲，历来兵家必争，所以历代筑垒守御都不遗余力。因为山险易守，所以，这里也是历代军械辎重存放之所。那年我率军来打，守寨的绿营不战而逃，回龙寨不战而得。到现在，世事如转轮，难道又是要转回去了？"说着，停住脚步，望山下一眼，道："我不甘心。"

段同难叹道："那年在岳州城下，我与妖头罗泽南对阵。两军列阵相持，罗泽南挑了群嗓门大的兵丁来骂阵，骂我们是江湖贱材，聚结徒棍，终难成器。今日看来这话竟是对了。咱们这些为天国卖力卖命，垫背垫脚十几年的天兵天将，都只是蝼蚁之聚，不管怎么来来往往，总当付为劫灰啊……"

杨云瑞默然无语。心中对天国都已然是彻骨的绝望。起事十余年来，为天国南征北讨的老弟兄们心中莫不如是。地上天国的毁灭已在旦夕间，而心中的天国，早已是丘墟一片了。

段同难喃喃道："最冤枉的是十几年来千千万万随我等冲锋陷阵的天国将士。天国难寻，战死的无处讨荫封，活下来的空做一场欢喜梦。可如今……"摇摇头，苦笑道："连梦也破了。"

蓦然间，杨云瑞抬头问道："谁之罪？"

谁之罪？

谁都能说，天国梦碎，非战之罪。可千千万万天国将士心中究竟该恨谁？恨朝中权乱？怨天王倦政？怪众将拥兵？还是清妖势大？抑或是，起兵举事，从一开始就错了？十几年来，一错再错，大错特错？

杨云瑞道："江南十余载战祸，减丁恐怕要以千万计。壮者死锋刃，老弱填沟壑，至惨至烈。天国也好，清妖也罢，在千万生灵面前，都是罪人。身为以杀人夺命为职志的武人，你我更无以幸免于罪。"

说完，杨云瑞不再多言，只默默看着段同难。段同难木然久立，缓缓道："一道赎罪。"

杨云瑞摇头道："百死莫赎。"

段同难转过身，头颅高昂，脖颈上青筋横肉道凸现，咬牙道："那就一道赴死！"

立了半晌，杨云瑞展颜一笑："正合我意。"

身后又是一声笑："现在不死，留待何时何处？"正是石云川。

马锐轻轻道："反正，路走到现在，也是……无路可走了……"

一旁的徐舍德粗声道："就死在这里了，再不图个心里过得去，老子本也就活不下去了！"

杨云瑞环视众人，道："还欠一仗，一场必死之仗。"

段同难咬牙道："这仗一起打……一起死！"

"这里的库房都开在山间，储存的军械火器足够几千人用。天军往南北两线军需都由这里供给。自造的，从清妖、洋妖手里缴的，应有尽有。当初我开库清点，里面竟还有不少远至前明的积存。你们若是不来，我就要一把火烧了以免资敌。"杨云瑞一边依次打开各间库房门，一边道："都依着性子来吧，能使多少使多少，看看咱们五人，能将这回龙寨守到几时。"

段同难笑道："那年我们在岳州城里起获过康熙年间吴三桂遗下的铜炮，接着天军便是一路捷报频传，顺江而下取了天京。好，今天有了前明的军械，回龙山上，正求打个痛快，死得尽心！"

两天之后，就是那战而为死的死战之日了。

还是晌午，山间隐约的薄雾将山岭河滩遮个了六七成。五人聚在一处山头，枕铳挂刃，或坐或卧，静待死战到来。

段同难静静看着山下河滩，道："此番来的还是锐、健两营。能拼掉几个算几个，当是为庆平府的百姓报仇，也就算借此赎些罪吧。"

杨云瑞忽地另起一题，问道："都是天国旧人，正想问你，天王、首义诸王，天国的诸般法度，你究竟怎么看？"

段同难想想，道："无论如何，生逢法度崩解，九州劫数，有人能乘时而起，把天下兴亡置于肩上，不论手段种种，结局如何，这就已经是了不起的至伟千秋业了。"

杨云瑞道："这桩千秋业为何不成？还有，即便成了，又会是怎生个天下？后人总是要问个究竟啊。"

段同难一时无语以答。坐在旁边一直未曾开过口的马锐却轻轻道："我倒是想明白个道理。少时在家塾里读书不上进，专爱习武弄枪棒，还爱听戏。听得多了，一次回去问家中的西席夫子，为何世上多昏君庸主，即使朝中有忠良也扶不起来？看那些个戏文里的忠良都是遇大事死争，

平日里也不甚尽心，若是常加规劝，何至于朝纲败坏到那一步？夫子喟叹，夸我聪慧，然后说了段话。少时不解，现在，算是想明白了。"

"什么话？"

马锐缓缓道："直臣犯颜而谏，智臣扼腕无言，不是看不出来，而是说也没用。"

不是看不出来，而是说也没用。

众皆默然。

天国的过往与假设，一切种种，尽在此言。

默然良久，石云川叹道："天堂乐土只在方寸之中，尘世间，永远找不到。"

徐舍德忽地站起来，低吼道："你们说的老德我听不懂。我只认一条，这天下太脏太烂，没天没理，该亡了！没能亡在咱们手上，不知就该亡在哪个手上！总之是要亡！造反就像生韭菜，割了一茬再生一茬！咱们造反死光了，后头还有接着造反的！一茬一茬，就是要捅他清妖的星斗造他娘的反！"

捅他清妖的星斗造他娘的反！！

段同难、杨云瑞猛然悟到，或许天国十余载，能传诸后世的，就是这句话了！

两人正待叫好，却见马锐指着山下岭口处道："来了！"

六 降卒

少说两千人马，纵列开进岭口，在河滩上列阵。时已近午，山风徐疾，山间雾障开始渐渐散去。山下列阵完毕，山上正

能看清山下情势。锐字、健字两营湘勇，展开各自号旗，背靠岭口列阵。而列在一线的千多兵马，不展号旗，服色亦与湘勇

迥异。这千多人列阵成左右三队，中间一队人少，两翼人多，正是山上五人熟悉的"螃蟹阵"。

是太平军。

杨云瑞皱眉道："怕是张道凯的降卒。"

话音刚落，中间一队里竖起面大旗，上书"弃暗投明张"。

五人相视，各自无言。段同难脑袋里好似堵了一团溃水的乱麻，一时乱了起来。眼前犹见一洼血泊中的张道凯，难道他终还是白白死了？难道这最后一场死战，竟还是要兄弟相残？

山下太平降军中有人发令。一千多人似是听令而动，各挺刀矛，左翼一队更是开始抬步缓进。石云川道："要攻山了。他们怕是还以为寨里有不少人守着。"

杨云瑞拍拍段同难肩，道："各归各位吧？"

段同难收敛心神，转过身，道："今番，就是死别了。"

杨云瑞笑道："都是天国的兄弟，真若有幸，咱们天堂再见。"

徐舍德一把扯过四人的手，大吼道："有下辈子，还摊这个世道，咱兄弟们，又是一道造反！"顿了顿，一句许久不曾呼过的阵前口号竟从徐舍德嗓子里吼了出来："天父天兄看顾——杀妖——"

有如一个炸雷劈响在脑际，四人不再多想，扯开嗓子，使出力气，大吼："——报主！"

不再多想，各归各垒。

吉镜海甫一接令"剿除回龙寨残匪"，心里便明白，用得上那千多降卒。打这般鸡肋仗，最要用遮枪挡炮的肉口袋。他受了张道凯的降，清楚就算就地遣散也是要花钱的。

他受降时缴了降卒的军器，现下却是只发还刀矛，扣下了火器。他听张鹏飞的，锐、健两营列阵，前三列用上的俱是洋枪兵。其实他明白，舜县不战而下，回龙寨里恐怕也剩不下多少既有力又有心相抗的长毛。

吉镜海抬手指指前方，身旁张鹏飞会意，将令旗连挥数下，前面太平军降卒右翼一队紧跟在左翼之后，整队踏步向前。螃蟹左右两螯一前一后伸出，正是太平军山地对敌的最常用战法。从山上看下去，两队七八百人的样子，真是如两片辨不清颜色的杂云，一左一右缓缓盖过河滩，向回龙山上飘来。

马锐伏在山脚的一处石垒里，静静看着从前的同袍，现在却是敌军，越走越近。降卒们依旧是太平军服色，却都已剃发，新刮过的脑门在太阳底下闪着冷冷的湛青。人都离得远，看不清面目，不晓得脸上各自是怎生表情。既是只求一战不问结局，来湘军两个营一千人还是再加上一千人，对这五个人来说都无分别。天国到这般田地，人人都清楚这几年背主降清的简直多于过江之鲫，像有名的程学启那般昨日还是天国大将，今朝降清，转过刀口便上阵杀自家弟兄也是惯见，没甚稀奇。但这些，毕竟活生生就在眼前，挺着刀枪杀了上来。更何况他们的命，本不该再丧在这里。他们的命都是张道凯拿自己的换来的啊！我们是求此一战，他们为了什么？马锐只觉心里滋味万般，吐不出来的不舒服。他不敢多想，咽口唾沫，紧盯着敌军步伐。在他们大概走过小半块河滩时，马锐也走出石垒，沿濠来到山脚下石墙后。太平军扎营坚守，素来是山上筑垒，山下驻兵，山上山下以壕连通。马锐蹲在墙后，从枪眼里望出去，左翼一队当先快走过半块河滩了。他微微点头，手里一件件摸起这两天从山上库房里搬下来的物事。是地上码着的一堆生铁罐子，他将这些罐子仔细拿起，轻轻塞进跨在肩上的布兜里。

轰然一声响，河滩上爆出一朵黑云，黑雾里成片鹅卵碎石给掀到空中，袭向遍布河滩的人群队列。左翼一队降卒登时倒下一片，队列立刻乱了。马锐心跟着跳了一下，看着整片降卒倒下，说不上喜，却是兴奋莫名。是万弹地雷炮，他们用这两天工夫埋下的。找大瓷坛，里面装足火药，用土填紧坛口，留一小眼装引信埋入地下，在地面埋伏钢轮发火机，与坛口引线相接，再设绊索，发火机和绊索都埋在鹅卵石下。刚刚走在左翼最前的人脚触绊索，钢轮便自动发火，引爆地雷。大火药坛炸起，离炸点最近的兵士都如碎石一般给炸飞出去，血肉模糊落在远处。降卒列队而进，队列密集，一次便给四散迸射的泥土碎石陶片放倒了几十人。这些太平军降卒全是久历沙场，经验十足，踩了地雷乱了队列便不待上面发令，自行散开，三四百人拉大间隔，横着占了整块河滩，继续前进。马锐暗笑，火华爷圣明，来得正好。

河滩上又是一声炸响，降卒们知是又

有人踩雷，齐齐停下步子，屈膝半蹲，双手夹护住脑袋，免得为天上落下的碎石泥块所伤。谁知一声炸响紧接又是一声，完了再是一声，一声声响个不停。有脑子灵便些的顿时明白过来，有药线相接，是连环雷！谁也不知自己脚下是否有雷，有的顾不多想撒腿便跑，有的仍是蹲在原地不敢动。这次爆溅在空中的不止陶片碎石，还有一一引爆的铁雷、石雷。有蹲着不动给飞溅的铁石破片削倒的，也有往来奔逃直接给爆开的雷炸翻的。一连炸过几十响后，河滩上才安静下来。滚滚黑烟完全罩住河滩，山上山下一时都看不清滩上局面，只是黑烟笼罩下有断断续续的哀呼惨号声传出来。马锐手里不停，又咽口唾沫，这才是真正的万弹地雷炮。

河滩另一端，螃蟹阵的中军队一直未动，"弃暗投明张"大旗之下，一条汉子双拳紧握，身子微颤，正是张道凯的副将苏长海。他不忍再看陷进漫滩黑雾里的弟兄，回头望背后两营湘军，远远见居中指挥的吉镜海似乎根本不看滩上情形，而是一直用单筒望远镜观察回龙山。苏长海悲愤莫名，抢起拳头狠狠捶打自己的胸膛，却并不能让自己好过一点。

山风差不多将黑雾吹尽了，河滩上余下刺目惨景。这一阵万弹地雷炮连环轰爆使左翼一队简直好似被炸残了一般，连右翼一队都略有波及。河滩变得坑坑洼洼丑陋不堪，残缺尸首连同残肢断臂满滩展布，还活着的伤兵惨号着蠕动在碎石浮土和残尸堆里。活着的降卒站起身，抖抖身上衣服，看着四周惨象，再看看回龙山，都不再前进，纷纷回头望向自己中军。一双眼睛就是一把刀子，直直捅进苏长海心窝。苏长海不敢向前看，闭着眼睛强忍心中剧痛大吼："继续攻！"

中军令旗挥过，无人逡巡，残存的左翼降卒迅速向中间围拢循上山之路，冲向马锐掩身的那堵石墙。后面右翼一队也加速跟上。就在此时，山上几处石垒间闪过几点火光，紧接着便是几声雷鸣。滩上降卒只见晴天霹雳在空中划过，眨眼便已落向河滩。有人大叫："炮子！"旋即被轰隆巨响吞没。爆焰轰燃，铁屑横飞，炮子触地炸出冲天烟焰。连吉镜海都是一惊，西洋合膛开花弹！炮弹落在右翼队尾，焰光烟尘又是将太平军降卒成片地吞下。

操炮的正是山上段同难几人。前两日他们就在石垒间将炮位安置停当，火炮与炮子都足用，所以便每门炮只放一次，不再装药填弹。平时操炮，每门炮少说用三五人，多的要用十几人。而如此只要事先调好方位，一人点火足矣。几人在地雷连爆、烟锁河滩之前便把方位定下，烟一散去即行点火发炮，合膛开花弹本是难得之物，威力惊人但数量稀少，平时只能用在攻坚拔寨、轰塌城墙上，现在直接用来轰击冲锋队列，结果可想而知，落在队尾便硬是将这右翼一队彻底炸散。

滩上已经落下几百具尸体，降卒们红着眼睛冲到山脚下，却被那堵石墙挡住去路。回龙山上不见大石，石墙是用碎石垒起的。石墙一人多高，沿墙多开射击用的枪眼。都是太平军，降卒们深知底细，

纷纷避开枪眼，矮下身子倚在石墙上，自为肉梯，让后面兵士踏肩爬墙。第一批十几个人刚爬上墙头，就听墙下呼然闷响，五六个人惨呼着栽下来。正是掩在墙后的马锐朝墙头放了一铳。这碗口大的古旧铜铳是从山上搬下来的，恐是前明货色，马锐事先往里面填满两钱重的小铅子，铁脚架支起铳身，火折一点便放了出去。墙上人正待跳下，却听又是"呼"地一响，又好几个人从墙头栽进墙内。马锐不看也知道，这一铳是从上面的石垒里打出来的，守在那里的是石云川。剩下几个悍不畏死，还是跳进墙里，正给马锐抄起镖囊，一镖一个，一一了帐。

外面的该是都挤在墙下了。马锐后退几步，从布兜里掏出个生铁罐，火折子一抖点燃罐口引线，不待迟疑扬手便从枪眼里扔出去。这是火罐，军前唤作"万人敌"，用碎铁蒺藜填装，每罐单单火药就装了一斤。引线药捻剪短，落地即爆。马锐沿墙跑动，挨个枪眼向外扔掷。咣咣爆响不绝于耳，弹片在墙外飞及数百步，降卒们根本不及躲避，死伤甚众。掷光整兜火罐，马锐按事先做好的记号，扒开草丛，找出根插在地上的竹竿，使劲扭断，扯出里面一条棉绳，平摊在地上，火折子插在一旁。做完这些，马锐沿壕向山上跑去。该石云川的了。

石垒里的石云川将鸟枪木床下的铁叉支起，用心瞄着石墙一线情形。山下降卒被火罐炸得死伤枕藉，但都是知根知底的太平军，破解之策倒是很快有了。十几个蛮牌兵手舞蛮牌，死死抵住枪眼，严防里

面再有东西丢将出来，后面的又是蛮牌护身，搭人梯翻上墙头，见墙后无人，才敢跳下来。一批批兵士如法炮制翻进墙里。太平军降卒左右两队七八百人抛尸小半才算是攻破第一道防线，吉镜海微微颔首，山上长毛不多，但既是有心又有力相抗，两边能先打成这般倒也是不错。毕竟，还不是劳动自己两营湘勇出手的时候。

降卒兵士们仍不断翻墙而进，墙里已经集结起能往山上冲的百十号人。这边正要打起嗯哨发令攻山，山上不远一处石垒里却是一声枪响快过这边。是石云川，他打的是掩在草丛里的那支火折子。青烟一记，枪管里三钱火药推出去枚一钱重的铅子，正正将那支插在地上的火折子打断，隐隐燃着的火头正落在那根棉绳上。棉绳引燃，嗞嗞烧进地里。那是埋在地下的暗捻。按事先的布置，若是敌军在墙下待得还久，就该是坐待火折烧尽，引燃棉线。分寸则是石云川凭一手神铳技艺自行拿捏。眼下这个分寸，他可是拿捏得极好。放过这一枪，他一矮头缩回石垒里，撇掉鸟枪捂住双耳，嘴巴大张，心里默念："杀孽……罪过啊。"

马锐沿壕往山上跑着，脚下开始颤起来，连人带山都在发抖。他顺势匍在地上，肚子跟地面间留出空隙，双手抱头，将脑袋往地里拱。

七 攻山

爆炸，撼天动地。

江里的水直给震得没了出来。就连河滩那头的吉镜海都给震得直晃。

石云川头顶的石垒先是颤抖着落下大片泥土，紧接着是碎石块。石云川紧抱脑袋，不敢抬头。伏在地下的马锐只觉一股大力死死将他按住，让他动弹不得。还有疾速刮过背脊的风，凉飕飕，奇寒入骨。山上段同难、杨云瑞几乎被迎面扑来的劲风和灰尘迷了眼。

而那声巨响，则是所有人都想抛诸脑后的。他们都想自己压根没听到过那一声。

巨响骇人。

那声骇人的巨响过后，山上山下一片死寂。直到烟云散去才能看清，那道石墙，连同墙里墙外的几百人，都没了踪影。山脚下只留着一片巨大的空白和一个骇人的巨坑。

苏长海双膝跪倒，仰天大哭。

细细湿湿的泥土带着一股血腥味四散落下，落进江里，砸出水花。一江碧水泛起浑浊的杂色，几近红赤。

是撼天雷。

段同难五人用了两天工夫挖坑埋药，填进去的火药多达几千斤，使的正是早先太平军攻城惯用，后来被湘军学去的穴地钻爆之法。段同难几个月来两次在湘军撼天雷里吃过苦头，本打算这次一起讨回来，造化弄人，却是这般使法。段同难面无表情，伏在门炮上静静看了许久，伸手抓起军刀，沿壕走下山去。

吉镜海几乎要拍掌喝彩。精彩！布置得着实精彩！若缺了那些肉口袋，想想这一仗还真有些后怕。他看眼张鹏飞，张鹏飞面色如铁，扬臂再挥令旗。前面太平军降卒队中立时躁动，上去都是送死！苏长海垂首跪地，对士卒不加约束。几个火气大的士卒按捺不住，回过身冲着湘勇放泼大骂。吉镜海冷笑，轻轻挥手，十几杆洋枪对准那几个降卒一齐开火，枪声抹掉骂声，却点起太平军降卒队中更大火头，不少人干脆调转刀枪。眼见要跟湘军火拼，苏长海站起身，抹把脸，唰啦一声自腰间拔出长刀，哑着嗓子疯了一般狂吼："继续攻！"

螃蟹阵仅存的中间一队列成散阵开进在河滩上，一路跨过死尸跟伤兵，绕过地雷炮子炸出的累累战坑，缓缓接近山脚。苏长海走在最前，"弃暗投明张"大旗依然紧紧相随。他木然直视前方，手里死死攥着刀柄，直像是要从刀柄里攥出水来。山脚下还剩些活着的太平军降卒，都已痴了一般，或站或坐，面色骇然如死灰，都生生让撼天雷震成了傻子。苏长海默然走过他们身旁，并不知山上已有人用枪瞄上他。石云川自石垒里搬出条一丈长的抬枪，招呼从壕里爬上来的马锐，用肩做枪架，支起枪身。石云川在后面架起枪托，瞄准山下无遮无拦的苏长海，正待开火，却有人将手搭到他肩上。扭头一瞧，是段同难。这些天来，几人已成默契，石云川明白这意思，点点头，抬枪方位微调，使劲一扣

发火扳机，一蓬硝烟拥着枚铁节尖啸着飞向山下去。

苏长海听背后"扑通"一声，知是又有人倒下。没多想，却见脚下多块影子，越来越大。抬头看去，真有一片阴影当头罩下来。他想也不想，长刀向天，当空一劈，听的却是布帛裂响。阴影一斩为二，半块阴影正自他眼前飘落。留在他眼里，却是个斗大的"弃"字。

倒下的是紧跟在身后的大旗手。那面"弃暗投明张"大旗，一起倒了。

苏长海呆立半晌，看着被自己斩为两幅的大旗横上河滩。那大旗手给山上抬枪打出的铁节穿腹而过，碗口大的创处流出的血染了大旗，原本杏黄旗的一角很快辨不出颜色。苏长海只死死盯着已经给分成两幅、错了位、凑不全的"弃暗投明张"五个字看，通红眼睛里充上了血，鲜红欲滴。降卒们都停下脚步，望向倒地的大旗，望向自家主帅。

自望远镜里看到这一幕，吉镜海暗道："差不多到时候了。"

苏长海转头望山上，一言不发，抢起长刀，甩开双足发劲疾冲。主帅带头，兵士们连散阵也不要了，重挺刀矛，迈步冲锋。

吉镜海看了张鹏飞一眼，喝声："进！"

令旗起处，湘军阵列终于发动。

苏长海不理那骇人的大坑，从另一侧攀岩上山。几下子翻过无路的削岩，刚站上山坡，便见一条凶神般的大汉手擎双刀立在面前，正是徐舍德。苏长海恨恨瞪过去，血红双眼直让徐舍德心中一凛。徐舍德紧

住眉头一刀递出，两人登时斗作一团。

这些太平军降卒都是惯于跋山涉水的老兵，当先几十人片刻攀过岩上，见主帅与人拼斗，正待围过去，却见四五丈外，坡上壑里又跳出来个人，怀里抱着一捆怪模怪样的竹筒。那人将整捆竹筒扔下，随手自里面拔出一根。依稀可见这竹筒麻绳密缠，筒下接柄。这人一手紧握筒柄，一手抖开个火折子，使劲向竹筒前端一戳，便急急转过头去，像是离那竹筒越远越好。降卒们不知这是什么名堂，正要分出些人对付他，却见那竹筒着起火来，瞬息间爆燃，竟有一条火龙自筒中钻出，直袭向岩边降卒。降卒们一时惊呆，待反应过来，已是全身燃着，打滚扑救都已不及，不少人惨号着栽回山下。山坡上顿时焦烂之味刺鼻。这道焰龙火势极猛，自竹筒喷射出去长达十丈，见物即燃，直将岩上扫一个遍。一刻过后竹筒中火势要竭，却见那人从整捆竹筒里再抽出一支，凑到火龙旁引燃，又爆出条焰龙。那人执筒转到坡上一侧，让焰龙变成道火障，阻住降卒上坡，将苏长海与他们死死隔开。新爬上来的有几个悍勇过人，不顾死活，硬要冲过火障，但披着一身的火又觉眼前晕眩，喉中欲呕，便一头栽倒在地，被活活烧成焦尸。放火人心中暗叹，真是不知这喷筒的厉害。

放火人是杨云瑞，镇守回龙寨有些年头了，对回龙寨库里前明军械最是了解。这些竹筒唤作喷筒，是极霸道的火器。这喷筒不但可放火，还可放毒，筒里毒饼与火药一般都装填十层。战阵之上喷出焰龙本是为毁敌器械，随火龙一道喷出毒烟才

是杀敌。方才那几个拼死闯火障的降卒，便是死在毒烟之下。所以，杨云瑞一直是回头施放，让口鼻尽量远离喷筒。

杨云瑞守着山岩一侧石垒，一直观察山下，也留心到苏长海的反应。他本打算用喷筒伤敌守垒，现下变了打算，只用喷筒射出的焰龙支起火障，为徐舍德掠阵护法。也说不上为何，徐舍德未必能一举格杀或是制住苏长海，即便杀了或制住了又能如何？但他宁愿一试。而要让喷筒射向大队太平军降卒，他却是再下不得手。

苏长海瞪着通红的两眼，长刀狂劈乱砍，只攻不守。刀势如疯似狂，直将"杀神"徐舍德逼得连连退后，几乎稳不住阵脚。苏长海横挥一刀又将徐舍德逼退一步，自己借这一步蓄足力，长刀举起，力劈华山，夹着劲风砸下的力道竟是与修堤打夯无异。徐舍德咬咬牙，双刀架十字，高举过头便要硬接。锵然一声金铁交鸣，长刀在双刀上砸出火星，徐舍德双臂一麻，总算接住这一刀。苏长海狠狠瞪着徐舍德，撤回一步，重蓄刀势，大吼一声后又"力劈华山"当头斩下。徐舍德倔劲里给激出了狠劲，双刀再架十字，咬牙迎上去。这次徐舍德硬硬给震得退后一步，双腕发软。苏长海眼里真滴出血了，又是后撤举刀，竟不肯变招，要三度"力劈华山"。徐舍德知道第三刀自己绝无接住的道理，但狠劲上来，明知是死也要扛，双刀又欲架十字。正在此时，苏长海忽见被那条焰龙阻在一旁的兵士都在冲自己大喊大叫。隔得远听不清喊些什么，但能见不少人拿手冲自己背后指点。

苏长海心念一动，长刀反身横卷，果然背后有人。背后人正是段同难，挺起西洋军刀挡一记横斩，刀却顺着苏长海长刀一路滑下，削他握刀右手。苏长海不想顾他，倒是惦念徐舍德还欠他一斩，正待撤刀回身，两条大腿却是剧痛，痛得他站立不稳。原来徐舍德双刀出架变分，使出地堂刀招数，两刀狠狠划在苏长海大腿上。这两刀下去，苏长海大腿肌腱齐断，再也无力支撑身子。苏长海下盘重创，痛得撤刀不及，给段同难生生削去三根手指，长刀坠地，终于无力自持，仰面倒地。

徐舍德健步上前，刀架上苏长海脖子。杨云瑞手中喷筒烧尽，那条焰龙渐渐消失，太平军降卒迅速围上来，却因主帅落在险境而不敢造次。刀口之下苏长海倒是静了下来，方才的疯狂一扫而空，像那几刀除了附在他身上的邪神一般。

段同难一把扯起苏长海，想要骂他降清在先又将弟兄推上战场，却不知从何骂起；想要问他几句，却又不知该问些什么，索性一声暴喝："为什么？"

苏长海颓然惨笑："清妖不肯遣散我们……除非打这一仗……"

清妖不肯遣散我们……除非打这一仗……弃暗投明张……原来如此。

段同难一个巴掌抽过去，怒吼："跟他们拼啊！"

苏长海哽咽着摇头："拼不出结果，所有弟兄都是必死。打，若是胜了，总还能有弟兄活下来……列王，我……对不起你们……清妖狠毒……弟兄们，都完了……我对不住他们……"

说完眼睛一闭，双臂一撑身子，把自己颈子抹上了刀锋。徐舍德急急往后撤手，已经迟了。刀锋瞬间切进苏长海喉下数寸，血喷出来溅上了徐舍德的战袍。苏长海喉间一串咕咕声响伴着血沫子泛出，攒起最后力气抬起抽动的手，指指山下，全身猛一抖，断气了。

段同难将脸埋进臂弯，重重一拳捶在地上，胸中似给大石压得欲爆欲裂，话却是都堵在喉头，一句也说不出。

几百太平军降卒围在四周，无语亦无泪。几百双挂着血丝的眼睛沿着自家主帅临死时指的方向，望向山下，望向那如吞没河滩的洪水般整齐开来的千余湘军。刀枪还紧紧握在手里，却使人茫然不知所指。山上五人就在他们面前，这就是回龙寨全部守军。他们有几百条人命，哪怕豁出去耗，短兵相接无论如何也能杀得掉这五人，活下来的就能按事先条件遣散回家。可是，事情已到这步，人这副样子、这般心境，活下来又有什么意思？张道凯、苏长海尽了全力要让他们活下来，但自己的结局，让人心寒。造反，总是造反，该杀的和该被杀的，无论何时何地，总不会变。

几百人的血渐渐翻沸。该是时候为一力维护他们的主帅做点事了。

杨云瑞蹲在苏长海尸体旁，心也乱了。这些年，这些事……自己做的事，段同难他们做的事，张道凯、苏长海做的事，究竟对还是错？他对还是错？他们对还是错？我们对还是错？对还是错？对还是错？……一切在心里撞成一团，在脑中混沌成一片，不由地直从嘴里念叨出来："对还是错……对还是错……"他霍地站起身，并起双指，指着太平军降卒们喝道："对还是错？你们分得清吗？"

"分不清！"降卒里有胆大的喝回来："也不知该怎么分！可眼下，老子就想……拼了！！"言毕，那降卒嘶吼着抢起刀冲下山去，十几个人紧跟在他身后，冲回山下。

沸血泼上滚油，给火星点燃了。几百太平军降卒跟冲上山时同样的疯狂架势，向来时方向冲回去，冲向逼过来的湘军阵列。他们自己都想不通为何最后要有此一举，为何还有几分希望能到手的生机要被他们甩手扔掉。他们已不是太平军，为主帅而死也说得牵强。如同杨云瑞和那个降卒所言，他们分不清是对是错，也不知究竟该怎么办，只是想……拼了。

不拼这一把，就是有负此生。今日一战，下场九死一生也还罢，即便真能如约遣散，这捡回来的下半辈子，也将是充满难言之痛，不如不要。

几百副刀矛冲向三排阵列几百杆洋枪。石云川几乎要出言喝止，马锐道："不必了……他们的路走到这里，是时辰了……"

吉镜海不解，难道是这些降长毛又给山上人说动，二度反水？早先从苏长海那里他约略知道从庆平府逃走的是什么人。是那个"鬼"，他曾用撼天雷炸平半座庆平府，却没能伤那"鬼"分毫。眼下他深信那个"鬼"就在回龙山上。那个"鬼"，发匪伪列王段同难，朝廷为他开出的赏格颇丰，跟他一道的也都是要务必斩除的贼酋。吉镜海隐隐判定，守回龙寨的，只会

有这几个人。扫视四周一地尸首，区区几个人，竟能让这许多人葬身寨下，却连山还没能攻上去，此战已能入史。这几个人不能轻易死。生擒了解回去是小事，要紧的是自己一定要亲眼一见。看看那究竟是怎样的"鬼"。

念头转回眼前，吉镜海侧过身轻轻对张鹏飞道："连环进。"张鹏飞随即连挥令旗，鼓足中气大声向全队发令："连环——进！"

第一排洋枪兵齐齐单膝跪倒，举枪瞄准，第一列的哨长看准时机，第一个放枪，整排洋枪随之噼噼啪啪响起，山上冲下的太平军降卒立时栽倒一片。第一排放完枪，跪在原地上药填弹，第二排自第一排横列的空隙间穿过，挡在第一排之前，单膝跪倒，放枪，上药填弹，一切如前。紧接着是第三排顶上，第一排再顶到第三排之前。如此循环复往，便是火枪连环进击之法，后面几列长枪兵亦是步步跟进，全阵依此稳扎稳打，步步前推。太平军降卒冒着枪林弹雨往前冲，他们已不计生死，前面成片倒下后面仍是成片冲上，却鲜有人能冲到湘军阵列前数丈之处。

几个太平军降卒躬身伏在地上，静待时机，专借洋枪兵后列前移之机前挪。待挪到阵列几丈之外，趁又一列洋枪兵放完排枪，这几人站起身大吼着疯虎一般冲进阵去，抢刀见人便砍。接连劈翻几名洋枪兵，几人都觉腿上吃痛，低头一看小腿已被挠钩勾穿。阵后列的挠钩手使上劲，猛将几人扯倒，拉进阵里，落在洋枪兵后的长枪兵阵列。几十个长枪兵手把长枪往地上乱捣，不过片刻地上便只余血肉几摊，不辨

人形。

阵列前推，千多湘勇脚底踩着倒在枪下的太平军降卒尸首向前冲。待最后一排枪响过后，山下再度死寂。

几百名太平军降卒与前面同袍一道，血洒河滩。

两者相较，不知他们算不算死得值些？

吉镜海咧开嘴角笑笑："好，那笔遣散银子算是省下了。"

八 死战

自第一队太平军降卒攻山算起，山上山下已激战了不少时辰。两天来的布置已经全然用尽。湘军阵列停在山脚，重加部署。五人凑在一起，相互间都明白得很：到时辰了。

机关用尽，守无可守。

两营湘军在山脚下变换阵列，前三排洋枪兵左右分开，自成小阵为两翼，让出路给后面长枪阵。吉镜海佩刀出鞘，遥指山坡。坡上五人清晰可见，吉镜海大叫道："一个活的换一个顶子，银子另算，五百两起价！"上千湘勇顿时欢声雷动。张鹏飞挥起令旗，攻山之令正式下达。湘勇立功心切，潮水一般涌上回龙山。

段同难环视四周，五个人，六把刀，仅此而已。

只一个字，拼！

吉镜海边爬山边用单筒望远镜观察战局。他并不在意自己部曲，只看那五个长毛如何绝地搏杀。初时，五个长毛还是结阵死扛，渐渐就各自陷进重围，几道人围子清晰可见。走得越近听得里面杀声越紧。

吉镜海刚上山坡，就见有个圈子几乎给里面冲开，十几个湘勇兵士赶忙上去补缺。仔细一瞧，一条凶汉圆抡双刀疯劈怒砍，身旁尸体足有一小垛，那疯汉更好似从血池里捞上的一般。围他的湘勇见无法，已将圈子拉大，打算慢慢轮战，先将他耗脱力再一举擒他。吉镜海皱起眉头，唤过张鹏飞，吩咐道："老张，放倒他，给弟兄们拿下头一功！"张鹏飞五官似是铁皮打造，不露声色，只操起劈刀往圈中去了。

吉镜海本要为张鹏飞助阵，却见远处一道刀剑挥出的光圈在太阳下熟悉无比。吉镜海肯定自己未曾见过这光圈、这刀剑，亦未曾见过那光圈里使这刀剑的人，但他肯定，自己就是熟悉。

是那庆平府的"鬼"。

吉镜海急领一众亲兵向那光圈围过去。

石云川挺不住了。

石云川腰别短枪身陷湘军围中，一弹一杀，例无虚发，片晌间枪子便都射尽。湘勇惮他火枪厉害，不与他近战，专放挠钩袭他双腿，再抛绳索网兜困他以求生擒。石云川无可挡避，一会就已是遍体鳞伤。

石云川双腿已被挠钩勾烂，绳索网

兜一道道捆在身上，竟是制他不住。足足二三十个湘勇兵士连拖带拽，都放不倒他。生死边际，石云川湖广人的瘦小身子一时居然神力如牛，死死稳住步子，倒拖绳索，往前强迈一步。他神智还清醒，前面，就在前面！一步！再迈一步就行！可这已是极限。他身子本弱，双腿重伤，发力发到极处，嘴里牙生生咬碎半颗，颈上青筋已近爆断，前面一步，无论如何也是迈不出去了。

说来倒真是天意，一个湘勇兵士见石云川硬撑着死活不肯束手就擒，这许多人都拉他不倒，自作聪明，索性换个路子，松开手中绳索，上前一脚踹石云川腿上伤口。石云川痛得大叫一声单膝跪倒，这迈不出去的一步，却是拿膝盖跪出去了。

膝一着地，石云川径自笑出声来。没错，那个记号做对了。自己这两天在回龙寨间布下的最后一道埋伏，正在膝下。

只听一声闷响从地底传出，石云川面前山石土块四溅。原来，地下埋了火药，量虽不大，只炸出个大坑，但拖拽绳网的湘勇兵士吓得四散闪避。石云川脸给炸花，哈哈大笑，逃开几步有什么用？逃不掉的。

一件黑漆漆的物事伴四溅的山石土块飞到半空，足有七八尺高。这番布置是将一只木柜埋入地下，木柜一旁安置翻车，与柜内发火机关相连。石云川用膝盖踏翻车，牵动发火机关，则柜底火药爆发，将柜中物事抛出来。

这黑漆漆、人头大小的物事是只圆形巨雷，生铁所铸，引信燃着。

石云川大笑不止，片刻间笑声就被一声轰爆巨响取代。那巨雷在空中轰然爆炸，烟焰扫过，霎时间方圆几十丈内活物给平得一干二净。

只剩那笑声犹自回响。

听得炸响，段同难知道弟兄们走了一个。他不分神，西洋军刀运转如飞，将敢欺近前来的湘勇一个个扫倒。吉镜海心中暗赞，好俊的身手，好舍命的打法！那柄西洋军刀，尤其不凡。他轻抚自己手上佩刀，微微一笑，这也是好刀啊。刀鞘熟铁皮制就，铜钉钉出云纹，刀柄镶墨绿南阳玉，刀面正中端端正正刻着"殄灭丑类，尽忠王事"八个大字，旁边一行小楷：涤生曾国藩赠。曾国藩素以"不爱钱，不怕死"为律治军，麾下部将战功超卓者，能给予的最大恩赏并非保举顶戴花翎的奏功折子，而是一柄题款"涤生曾国藩赠"的宝刀。吉镜海手上佩刀，便是率锐字营屡立奇勋之后，霆字军主帅鲍超代曾国藩亲手颁发。吉镜海上阵对敌甚少用此刀。但今天，正是出鞘饮血之日。

吉镜海轻抚宝刀，静观西洋军刀在湘勇群中左右翻飞，血光四溅。这些血里，也有段同难自己的。血再多一点，吉镜海轻弹刀背，便到它了。

杨云瑞本不善短兵肉搏，甫一跟成群湘勇接仗，身上便被连斫数刀，脚下踉跄起来。他连挥几刀逼开身旁之敌，想撤回壕里再战，却见退路已被封住，十几个湘勇兵士各挺兵刃守在壕边。他干笑几声，转身往山坡高处跑去。湘勇兵士识得杨云瑞的明黄战袍，知道这是长毛里的要角，不用吉镜海发令，拼死也要生擒。几十人大呼小叫着追了上去。

杨云瑞跟跄着强支两腿爬坡，爬到最后几步脚下不稳，只能拄刀而行。湘勇兵士背后赶上，并不敢伤他，只横过枪杆重重击他胫骨。杨云瑞胫骨吃痛，一头栽倒，趴在地上却是返身一劈。这一劈颇见凌厉，背后湘勇只觉刀光耀眼，反应不及，便给这一刀裂了肚肠，滚下坡去。

杨云瑞挣扎站起，紧奔几步，停在一门炮前。众湘勇疑惧起来，莫不是他要引火自爆，同归于尽？那门炮样式古拙，中间粗两端细，炮身镂云波纹，安在四轮炮座上，炮座边插着燃着的火把。杨云瑞靠在炮上连喘了几口粗气，见湘勇疑惧不前，自地上抄起火把，从容点捻。众湘勇大惊，海水退潮般急急退散，有的直奔到十几丈外。杨云瑞不再多走一步，只坐到炮座一旁的如斗石弹上，静待线捻燃尽。

这门炮只有杨云瑞一人识得，唤作"铜发熕"。炮身上是有铭文的，"铜发熕，嘉靖十三年造，五百斤"。这炮发实心铅石弹，近处伤不得人，杨云瑞也没打算用炮火伤人。他只坐在那里，静静看湘勇避远，线捻燃尽。他知道这五百斤巨炮该如何施放，须在炮位一侧挖掘土坑，点火后立即掩身坑内。但他今天偏不掘坑。这门炮是他今日最后一招。就如同这回龙寨一战，不求伤敌，但求一死。

杨云瑞已心如止水，燃捻倒是显得漫长。然后便是震天一响。

山下湘勇远远见一枚火红炮子从山上飞起，半空划个弧线落入江中。湘勇们正笑这炮子飞得没边没际，却听一声惊雷炸响耳边，猝然间直让人浑身一颤，寒彻心胆。抬头看看，却是天高云淡。

这一声巨响更是差点毁掉全部攻山湘勇的耳膜。几百人一时头晕目眩，耳痛如裂。正舍死拼斗的徐舍德、张鹏飞几乎握不稳刀；马锐刀中夹镖扬手打出便失了力道，斜斜坠下。围攻段同难的湘勇全都停下刀枪，紧捂耳朵，痛苦不堪。段同难却像浑然听不到一般，依旧挥刀痛杀，将那些一时无力再战的湘勇兵士一一剁翻。

山坡上多出条寸把宽裂缝。退到那门铜发熕十几丈之外的几十名湘勇，或坐或卧，全僵在那里。都已是尸体，却无伤无血，只是脸上泛着雀斑样的黑点。杨云瑞仰面躺倒，面无表情，满面黑点，然后七窍流血。都是被这门炮活活震死的。外面看来是留下全尸，里面早已五脏俱裂。

吉镜海耳朵里嗡嗡响了好一阵才又能听清动静。见段同难一连放倒几个湘勇后竟奔自己杀来。吉镜海凝神蓄势，待段同难冲到面前，脚下拿桩，佩刀大力挥出。

段同难重重砍出一刀，砸上吉镜海刀刃。锵然一声，火花暴溅，西洋军刀，竟是断了。

段同难呆呆看着半截断刀落在地上，一时失了神智。

徐舍德跟张鹏飞死死搅在一起，两人在地上滚成一团。拼到这步田地，刀已拼得不见踪影，一切早就没得施展，完全是最原始的搏命。徐舍德身负十几处刀伤，双腿几断，伤势稍轻些的张鹏飞便略占上风，压在徐舍德身上，劲道用在左臂，横抵住他喉咙，腾出右手横削掌砍击他太阳穴。太阳穴乃人身要穴，挨上一击轻则头晕目眩两眼发黑，重则颅脑出血立时丧命。徐舍德喉咙给一臂抵住动弹不得，情急之下侧转脖子，拿额头硬受下这记手刀，颅间一阵彻痛，痛得他哇哇怪叫。他忍痛伸手抓张鹏飞右手，死命扭住。胸膛鼓气上顶，与下颌一齐用力硬要锁张鹏飞左臂，自己右手抬个剑指，由下而上狠插他眼窝。张鹏飞急侧脸闪避，给这一指重重划过腮帮，多日未剪的长指甲直在腮边蹭出道长长血痕。这一指插出去未能插到眼窝，徐舍德一恼，两根手指反蜷成爪，竟是自腮帮上抠了回来。张鹏飞脸上剧痛，知是给破了相，要抽左臂反击，却是一抽不动，真给徐舍德拿胸膛下颌给锁住了。他索性臂上不再运劲，脑袋后仰，蓄上力，一记头锤磕向徐舍德面门。待再抬起头，张鹏飞已是脸上带血。徐舍德脸上更是惨不忍睹，鼻骨碎在头锤之下，又粘又红的鲜血暴涌出来，直如开了个酱园一般。张鹏飞一喜，重摆头锤再磕。徐舍德给这一锤磕得非但鲜血长流，更兼流泪不止。透过婆娑泪眼，看到张鹏飞又是头锤击下，徐舍德脑袋一偏闪过头锤，下颌随之抬起，张鹏飞左臂顺势得以抽出。没了一臂压喉，徐舍德竟直起半身，看准张鹏飞喉咙一口咬过去。张鹏飞大惊，急闪之下还是慢了半拍，给徐舍德一口咬中下巴。徐舍德饿兽一般紧咬钢牙，一块血淋淋的肉从张鹏飞下巴撕下，"咕"的一声，竟吞了下去。

徐舍德一脸扭曲，血从鼻里嘴里淌出，可怖凶相直让张鹏飞那副铁皮五官悚然为之而动。乘张鹏飞这一刻松劲，徐舍德右手抄到张鹏飞脑后，下狠劲掐拿他耳根。张鹏飞痛得叫出声来，两肩一阵酸软，他情知给徐舍德拿住了重穴，危险之致，强提起拳头，一记平摆拳抡中徐舍德耳门。耳门乃是死穴，几乎是中者立毙。张鹏飞耳根受制，双肩乏力，这一拳没有致死的力道，却也将徐舍德耳膜击穿了。徐舍德只觉耳旁无数炮子惊雷一同炸响，震得他脑袋爆裂。手上力道陡然重下去，双指生生将张鹏飞耳根掐穿，死命一扯，半只血淋淋的耳朵提在手上。一直压在徐舍德身上的张鹏飞痛到半死，全身抽搐。徐舍德同样强忍剧痛，腰上使劲，将张鹏飞扳下身去，反压在他身上。双手将他脑袋按在地上，重重一记头锤砸下。挨上一记，张鹏飞跟刚才的徐舍德一般下场，鼻骨碎裂，开了酱园。徐舍德冷笑，支起身子又是一记头锤。张鹏飞下颚骨裂，半口碎牙落了满嘴。扬起头正待三度磕下，徐舍德只觉背上一凉，紧接着一股凉气穿彻身体。他明白，一切到此为止了。

一杆长枪自背后刺穿徐舍德身体，枪尖从肚子冒出来，伴着徐舍德的呼吸犹自微微颤动。徐舍德还未及有感觉，又一杆长枪刺下，枪尖钻出胸口，一道血泉随枪尖潺潺流下。

张鹏飞、徐舍德两人一上一下死死搅在地上，众湘勇围在一旁实在无从下手相助，只能看热闹。待到徐舍德占了上风，压上张鹏飞身子眼见要置他于死地，湘勇也得了出手良机。两个手底下功夫硬的湘勇兵士拿好分寸，两枪齐下，将徐舍德扎个对穿。

徐舍德眼前愈加模糊，胸腹间两股冰凉延展向全身。他摇头苦笑，这下命是真舍出去了。他深吸口气，双手攥住那两枚穿透身体的枪尖，使上最后气力，发劲一扯，两杆长枪脱出那两个湘勇兵士之手，直在他身子里扎得更深，两截更长的枪头露出身子前面。徐舍德顺势把住枪头，身子重重一沉，往张鹏飞身上趴去。

两枚枪尖重重扎进张鹏飞肚腹、胸口，张鹏飞身子一凛，不动了。

徐舍德伏在张鹏飞身上，生死相搏的敌手，一起喘完了最后几口气。

临断气前，徐舍德自己都听不见的声音喃喃念叨："……路……造反……到头了……"

马锐也到了最后关头。

他将单刀舞得雪片一般，四周罩起座银网，近前三尺地护个密不透风。更是刀中夹镖，全赖飞镖趁隙伤敌。湘勇惧他钢镖厉害，不敢欺近。可如此耗下去，镖囊渐轻。等到马锐再要抬手放镖，才摸到囊中只剩最后一枚钢镖。他毫不犹豫一镖打出，把个跃跃欲上的湘勇兵士射翻。镖囊空了，马锐也没了惦念，索性舞刀杀进湘勇堆里去。

湘勇初时仍不敢跟他近身搏战，纷纷躲闪，但很快瞧出端倪，成群湘勇兵士上前死死贴住他。湘勇要生擒，只一力围攻，并不下杀手，而马锐刀法厉害，一时还是制他不住，倒在他刀下的反而不少。有湘

勇老兵看得真切，在人群后暗暗出主意道："还得使挠钩。"

几个湘勇兵士挺起兵刃一起上，刀枪齐出捣马锐上盘。马锐抖起单刀连磕带打，消掉攻势，抽刀时刀上一紧，没能抽回。原来湘勇的刀势易消，几杆长枪却是杆长力沉，枪杆反架，将马锐单刀锁住。十几把挠钩夹着绳索网兜趁机撒出，将他缠个结实。一把挠钩径自勾穿他右小臂。马锐痛得右臂一绷，一个湘勇瞅准机会快刀斩下。钩网绳索间一蓬血雾爆起，马锐右手连刀一齐飞上半空，痛得他双膝一屈，几乎瘫软在地。马锐左手撑地，本能地在地上摸索。一个湘勇兵士见状，径自一枪刺下，长枪洞穿左臂，硬将这条胳膊钉在地上。马锐四肢已废其二，再也无力反抗。众湘勇拔出那杆长枪，捆手的捆手，按肩的按肩，三五柄刀压上后颈，便要将马锐生擒。

马锐扯起嗓子狂呼一声："列王！！"

其实段同难即便回过神也听不到马锐呼叫。他双耳鼓膜都被巨炮震穿，两道血从耳孔里流出，外界于他只是一片死寂。但他偏偏听到了，说不上为何，凌乱不堪的神智中，他就是看见马锐跪地遭缚，大声呼他。他想也不想，扬手大力掷出那半截断刃。他与马锐相隔不远，断刀自人群间隙飞出，钉进马锐胸膛。

半截断刀穿胸而过，马锐的头立时垂下，散乱纠结的长发遮住胸前刀柄，也遮住了脸上的笑意。

"……谢列王……"

双刃交击之后，吉镜海的刀便架在了段同难脖子上。正待喝降，孰料段同难不

理不睬，还当面将断刃掷出，杀了自己同僚免为湘军生获。吉镜海火气上来，抬脚狠踢段同难胸口。一脚将他踢翻，正要跟上一刀，段同难却从地上摸起一根铁杵，横抡吉镜海下三路。吉镜海急退两步让开铁杵，脚踝还是给扫中，痛得龇牙。段同难翻身坐起，自怀中从容掏出火折子，往铁杵点。吉镜海大惊，这铁杵竟是只火铳。火门喷出火星，段同难双臂紧端二十几斤重的铳，站起身一步步向吉镜海逼来。

吉镜海慌了，这火铳激射起来铅子连片，方圆几丈之内根本避无可避。他退了几步，见身边亲兵也退，干脆一把扯过来个亲兵挡在自己身前。轰然一记爆响，强大冲力差点将吉镜海推倒，脚下拿桩才堪站稳。呛人硝烟拌刺鼻焦臭散进空气里，吉镜海险些呕出来。给他抓过来当人盾的亲兵身上挨了几十枚铁砂铅子，已是血肉模糊，没了面目。吉镜海撒手扔下亲兵尸体，只见段同难满面焦黑，手中铳管烧得通红，灼得双臂皮肉"滋滋"作响，但仍是死不松手。段同难像是从地府里钻出来索命的鬼，面目焦黑狰狞，浑身散发皮肉烧灼的焦臭味，手捧烧红的火铳，如同捧根铁棍一般，一步一步踏过来，直要将吉镜海逼入绝境。

吉镜海终于发了蛮性，宝刀一横，紧冲几步，狠狠一刀捅进段同难前胸，再一使力，便是对穿。段同难手中火铳也带着股大力重重撞上吉镜海小腹，撞得吉镜海低呼一声，手上再加分力，把刀又插深一寸。小腹给这一铳顶得难受，吉镜海正要抽出刀再捅，惊觉刀拔不动。又觉腰后有异，回手一摸，后腰已被段同难一条胳膊死死箍住。

吉镜海低头一看，段同难焦黑的脸上居然露出一抹白。是牙齿，段同难在笑。

段同难胸膛鲜血喷溅，连串滴在烧红的火铳上，"滋滋"声不断。他左手箍住吉镜海后腰，右腋夹住火铳，右手衔着那支火折子，胳膊全力反折，往近口火眼轻轻一戳。

火门再度喷出火星。

这支火铳亦是前明旧存，名为"十眼铳"，铳管每隔四寸钻一火眼，装药一节，稍加填实，装一把铁砂铅子，用纸片隔住，再装第二节。装完十节，依次点放。而先前五人自库里取出几十支，增大药量，多装铅子，都只填了两节。

如今第二节已点燃。

吉镜海死命挣扎，段同难左臂却似铁钳，将他后腰死死钳住。吉镜海使尽力气拔刀，那刀倒像是长在段同难胸膛里一般，纹丝不动。眼见火门里火星越喷越亮，吉镜海终于全然崩溃，双手乱舞，厉声惨号："……救命啊……"

亲兵们围在四周，知道将要发生什么，无一人敢上前。一声闷响。山坡上爆起一阵血雨。吉镜海下半身给这一铳崩得没了踪影，人只剩半截。段同难身子里镶进几十枚铅子，身上衣衫着起火来。两人一同倒下。

过上许久，吓傻了的湘勇兵士们才敢围拢过来，看看这两摊不成人形的尸首。

谁也不曾留心，秋日天短，又是黄昏。山间的薄雾又在合拢，似是一意要罩住这惨烈的杀场，不让世人再见。战地残阳，暮景残光，一点点给薄雾湮没。

太阳终于落山了。

英国历史学家莱恩-普尔的代表作

以摩尔人为主线，展现了西班牙中世纪历史的宏大以及活跃在地中海的巴巴里海盗群体的兴衰

MOORS

西班牙摩尔人和地中海巴巴里海盗的故事

斯坦利·莱恩-普尔精选集

[英] 斯坦利·莱恩-普尔 著

张炜晨 李珂 译 刘萌 审阅

BARBARY CORSAIRS

英法百年战争 1415—1453

英法百年战争
1415—1453

THE HUNDRED YEARS WAR
BETWEEN

[上卷]

王一峰 著

英法百年战争

[下卷]

王一峰 著

英法两国争夺欧洲大陆霸主的入场券

近400张图片及战时手绘地图，全面展示了百年战争中英王亨利五世、圣女贞德等一批杰出人物的功业与光辉事迹，细致勾勒了法兰西王国新君主体系建立的关键走向与曲折过程！